Marianne Langwieser
Tatiana Scharowa

OCCHI
Schiffchenspitze
Frivolité

Leopold Stocker Verlag
Graz – Stuttgart

Umschlaggestaltung und Umschlagfoto vorne:
DSR Werbeagentur Rypka GmbH, 8143 Dobl/Graz, www.rypka.at

Bibliografische Information der Deutschen Nationalbibliothek
Die Deutsche Nationalbibliothek verzeichnet diese Publikation in der Deutschen Nationalbibliografie; detaillierte bibliografische Daten sind im Internet unter http://dnb.d-nb.de abrufbar.

Hinweis: Dieses Buch wurde auf chlorfrei gebleichtem Papier gedruckt. Die zum Schutz vor Verschmutzung verwendete Einschweiß folie ist aus Polyethylen chlor- und schwefelfrei herge stellt. Diese umweltfreundliche Folie verhält sich grundwasserneutral, ist voll recyclingfähig und verbrennt in Müllverbrennungsanlagen völlig ungiftig.

Auf Wunsch senden wir Ihnen gerne kostenlos unser Verlagsverzeichnis zu:
Leopold Stocker Verlag GmbH
Hofgasse 5 / Postfach 438
A-8011 Graz
Tel.: +43 (0)316/82 16 36
Fax: +43 (0)316/83 56 12
E-Mail: stocker-verlag@stocker-verlag.com
www.stocker-verlag.com

ISBN 978-3-7020-1334-9

Druck und Bindung: Christian Theiss GmbH, 9431 St. Stefan
Printed in Austria

Inhaltsverzeichnis

Vorwort

Zur ersten Auflage

Dieses Buch ist aus dem Zufall heraus entstanden, der Tatiana Scharowa und mich – eine Russin und eine Russischstudentin – vor fünf Jahren in Graz zusammenführte. Gleich zu Beginn unserer Bekanntschaft und späteren Freundschaft entdeckten wir unser gemeinsames Interesse für alte Textiltechniken. Tatiana zeigte mir ihre Occhi- und Klöppelspitzen, und bald darauf entstand die Idee, darüber ein Buch zu schreiben. Hier liegt es nun vor!

Graz, im Sommer 1998 *Marianne Langwieser*

Zur dritten überarbeiteten Neuauflage

Zwölf Jahre sind seit der Erstausgabe unseres Occhibuches vergangen, als uns der Leopold Stocker Verlag im Herbst 2010 eine überarbeitete Neuausgabe vorschlug. Wir durften uns in den letzten Jahren über viele positive Rückmeldungen unserer Leserinnen freuen und fühlten uns nun sowohl ihnen als auch neuen Leserinnen gegenüber verpflichtet, unseren Occhiklassiker nach so vielen Jahren wirklich neu zu gestalten. So haben wir das Herzstück unserer Arbeit – den Musterteil – um die Hälfte erweitert. Wir konnten dabei einerseits auf den reichen Fundus der noch unveröffentlichten Muster zurückgreifen, andererseits haben wir uns dazu entschlossen, wieder neue Muster zu entwerfen. Vogelmotive erschienen uns dafür besonders geeignet. So steht der Pfau mit seinem prächtigen Federkleid und seiner Glückssymbolik am Cover dieser Neuauflage. Wir wünschen unseren Leserinnen viel Freude mit diesem Buch.

Graz, im Sommer 2011 *Marianne Langwieser* *Tatiana Scharowa*

Einführung

Occhi ist eine heute weitgehend in Vergessenheit geratene alte Knüpftechnik, deren Vorläufer wahrscheinlich bereits im alten China und im alten Ägypten bekannt waren. Über den Orient gelangte diese Technik nach Europa und erfreute sich jahrhundertelang großer Beliebtheit. Damen aus dem Hochadel vertrieben sich mit der Anfertigung von feinen Knotenschnüren die Zeit und ließen sich mit den kostbaren, aus Elfenbein, Gold oder Meißener Porzellan gefertigten Schiffchen porträtieren. In Frankreich erhielt die „orientalische" Knüpftechnik den Namen Frivolité; im deutschen Sprachraum ist neben der Bezeichnung Occhi auch Schiffchenspitze, davor, in Anlehnung an frz. „frivolité" mit der ursprünglichen Bedeutung „unnütz, unbedeutend", „Frivolitätenarbeit" gebräuchlich.

Bis in die zwanziger Jahre unseres Jahrhunderts ist die Schiffchenspitze – in modifizierter und verbesserter Form – bei der Damenwelt beliebt. Modezeitschriften und einschlägige Literatur veröffentlichen Musterzeichnungen und Anwendungsbeispiele für Bekleidung und Weißwäsche: Einsätze, Spitzen, Kragen für Kleider und Blusen u.v.a. Dann gerät das Wissen um die Herstellung der feinen Occhispitze in Vergessenheit.

In den siebziger Jahren erhält die Occhitechnik wiederum einigermaßen Aufschwung, wird aber nur von einem kleinen Kreis von begeisterten Anhängerinnen beherrscht. Und dies völlig zu Unrecht, denn diese Technik bedarf keiner aufwendigen Arbeitsmaterialien. Fest gedrehtes Häkelgarn, zwei kleine Occhischiffchen, die heutzutage aus Plastik hergestellt werden, eine Häkelnadel und ein wenig Fingerfertigkeit genügen, um in Handarbeit kostbare Spitzen herstellen zu können.

Dieses Buch will den Spuren der Occhitechnik nachgehen und den reichen, in den beiden letzten Jahrhunderten angesammelten Musterschatz an ein breites Publikum weitergeben, um so vielleicht zu einer Wiederbelebung dieser alten Knüpftechnik beizutragen.

Der einführende historische Abriß versucht, die spärliche Literatur zur Occhispitze aufzuarbeiten und einen Einblick in die kulturellen Hintergründe dieser Spitzentechnik zu geben.

Der reich bebilderte Einführungsteil zu ihren Grundlagen soll die erste Hürde des Erlernens dieser wenig bekannten, jedoch vergleichsweise einfachen Technik überwinden helfen.

Der umfangreiche Musterteil ist didaktisch geordnet, grafisch übersichtlich gestaltet und von Anfang an mit Anwendungsbeispielen versehen, so daß der Leser gleich vom notwendigen Üben zum vergnüglichen Herstellen kleiner Spitzen und Einsätze übergehen kann. Eine Fundgrube für Geübtere ist der letzte Teil des Buches, der neben bekannten Anwendungsbeispielen der Occhispitze zum Teil von den Autorinnen selbst zusammengestellte Muster für Spitzenkragen und Einsätze bietet. Besonderes Augenmerk wurde auf die moderne Umsetzung dieser Spitzentechnik gelegt.

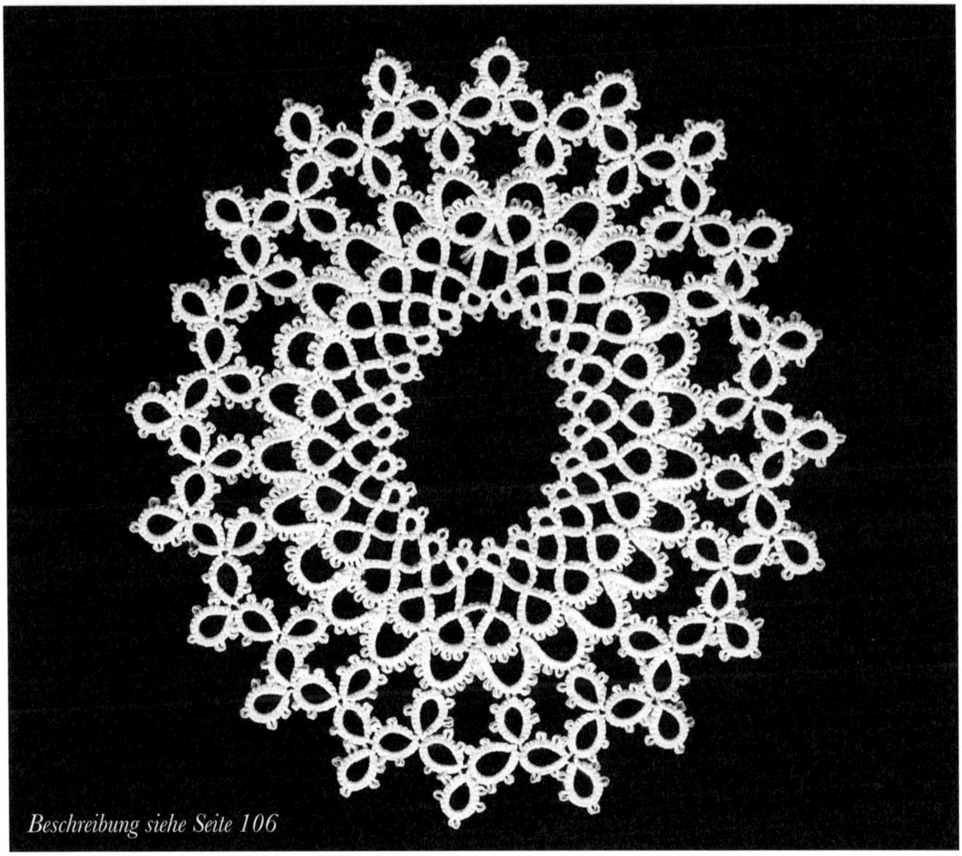

Beschreibung siehe Seite 106

Kleine Geschichte der Occhispitze

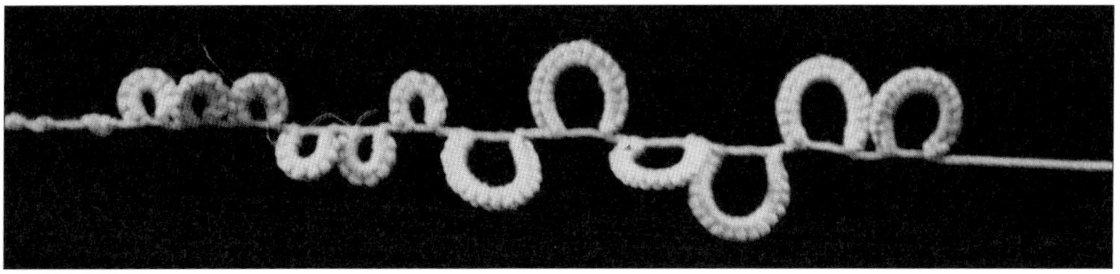

Vom Knoten zur Occhispitze

Die Occhispitze nimmt unter den Spitzentechniken eine Sonderstellung ein. Sie gehört – wie die Klöppel- oder Nadelspitze – nicht zu den sogenannten „echten“ Spitzen und stammt ihren Ursprüngen nach auch nicht aus dem europäischen Raum. Dies ist um so erstaunlicher, als die Spitze an sich eine europäische Erfindung ist, deren erste Entwicklungsschritte im angehenden 16. Jahrhundert in Flandern und Italien getan wurden.

In Venedig kamen um 1540 venezianische Stickerinnen auf die Idee, aus einem Stoffstück eine bestimmte Anzahl von Fäden auszuziehen und die verbleibenden Fäden mittels Knopflochstichs zu verstärken. Damit gaben sie den ersten Anstoß zur Entwicklung der Nadelspitze.

Die Klöppelspitze wiederum entwickelte sich wahrscheinlich parallel in Flandern und Italien aus der Posamentarbeit. Die mit der Herstellung von Litzen, Bändern und Borten beschäftigten Posamentarbeiter webten ihre Erzeugnisse am Rahmen oder flochten sie auf längliche

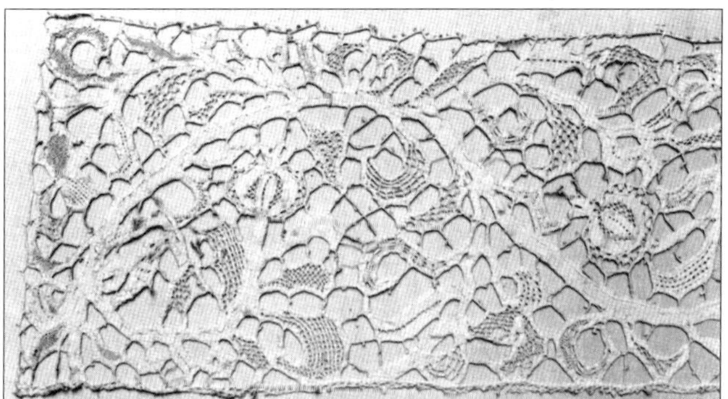

Nadelspitze, 17. Jahrhundert

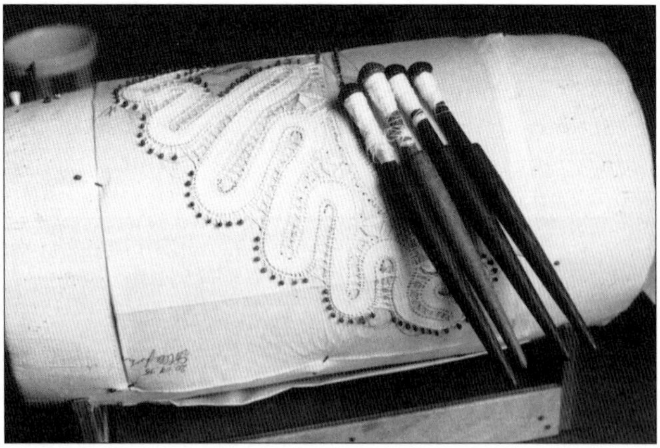

Klöppelspitze auf dem Klöppelkissen

Kissen, wobei sie Stecknadeln benutzten, um die sie kreuzweise die Fäden legten. Die späteren Klöppel entwickelten sich aus Blei-, Knochen- oder Holzgewichten, um die der Faden gewickelt war.[1]

Klöppel- und Nadelspitze traten ihren Siegeszug durch Europa an; sie waren lange Zeit Statussymbol. Die Spitzenindustrie entwickelte sich in einigen europäischen Ländern zu einem der wichtigsten Wirtschaftszweige.

Während über die Nadel- und Klöppelspitze bereits einiges im Detail bekannt und erforscht ist, gibt es in der Geschichte der Occhispitze noch viele Rätsel zu lösen – insbesondere im Hinblick auf den außereuropäischen Ursprung und auf vermeintliche Vorläufer in den alten Hochkulturen Ägyptens und Chinas. So verdeutlichen beispielsweise Grabfunde aus dem Mittleren Reich, daß die Ägypter bereits sehr geschickt und kunstvoll mit Knüpftechniken umzugehen verstanden und Tragnetze sowie Schlußfransen für Mumienbinden fertigten.[2]

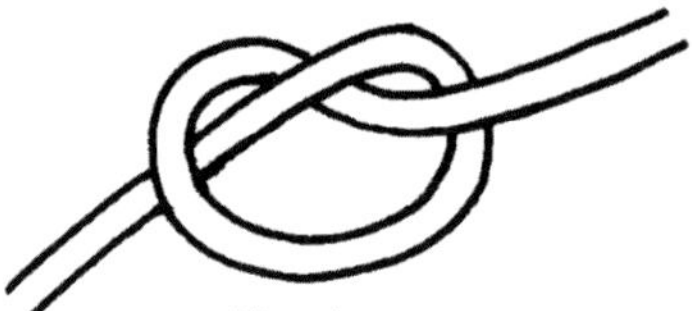

Knoten

Grundlage dieser textilen Erzeugnisse ist der Knoten, der sich wohl in allen frühen Kulturen findet. Im speziellen Fall der Occhispitze, die, genaugenommen, nur aus einer Aneinanderreihung zweier verschiedener Knoten besteht, kommt zum Vorgang des Knüpfens eines Knotens das Schiffchen als Arbeitsgerät hinzu.

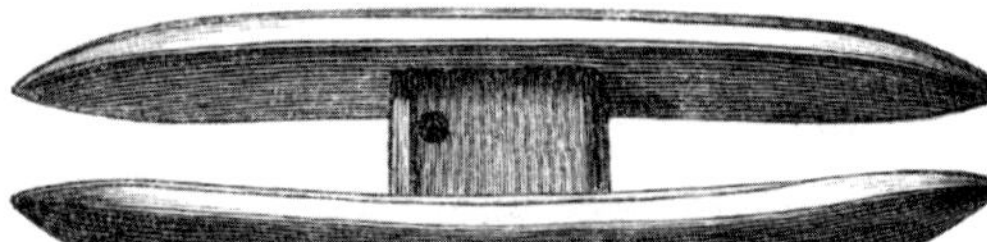

Holzschiffchen

Wann, wie und in welcher Form diese Knüpftechnik über den Orient nach Europa gelangte, läßt sich nicht genau feststellen. Eine der ersten schriftlichen

Quellen, in denen das Knötchenknüpfen im europäischen Raum auftaucht, sind „The Royal Knotter“, ein 1707 erschienener Spottvers auf den englischen König und seine Gemahlin von Sir Charles Sedley (1639–1701), und das „Nutzbare, galante und curieuse Frauenzimmer-Lexicon“ von 1715,[3] das den Knüpfvorgang und die Form des für die Occhitechnik notwendigen Schiffchens genau beschreibt.

„Knötchen machen, oder Knötchen knüpfen ist beym Frauenzimmer eine gebräuchliche Kunst, aus langen gedoppelten weißen Zwirnsfäden durchs Zusammenschlingen, vermöge eines dazu verfertigten Schiffchens, (welches die Franzosen Navette nennen,) ein Knötchen dicht an das andere zu hängen und anzuschlingen. Es werden daraus hernachmals Fransen, oder auch Trotteln und Quasten an die Fenstervorhänge gemacht, oder sonst mancherley ganze Muster auf gewisse Arten von Kleidern und Decken damit genäht.“ [4]

Zusätzlich zu diesen Quellen sind bisher nahezu an die zwanzig Porträts aus dem 18. Jahrhundert bekannt,[5] die Damen der Gesellschaft bei der zur damaligen Zeit in gehobenen Kreisen sehr beliebten Beschäftigung des „Knötchenknüpfens“ zeigen; darunter auch Darstellungen der jüngsten und der ältesten Tochter Maria Theresias, Marie Antoinette, der späteren Gemahlin Ludwigs XVI., und der Erzherzogin Maria Anna, die sich nach dem Tod ihrer Mutter ins Elisabethinenkloster in Klagenfurt zurückgezogen hatte. Ihr Nachlaß enthält wichtige Informationen über die Qualität der zur damaligen Zeit hergestellten Arbeiten. Im Besitz des Klosters sind u.a. vier Occhischiffchen in der damals üblichen Größe, zum Teil mit noch aufgewickeltem, geschlissenem Seidenfaden und den daraus hergestellten Knotenschnüren , wie man sie auch auf dem Porträt Madame Dangés erkennen kann *(Siehe Farbbild neben Seite 16 und Farbbild 1 neben Seite 17).*

Daß man mit diesen „riesigen“ Schiffchen, die angenehm leicht in der Hand liegen, keine zarten Spitzen in der heute bekannten Art knüpfen konnte, erscheint verständlich. Tatsächlich fertigte man im 18. Jahrhundert damit lediglich Knotenschnüre aus dicht aneinandergeknüpften Knoten an, die dann posamentartig auf eine Stoffunterlage aufgenäht oder anderweitig verwendet wurden. *(Siehe Farbbilder 1 und 2 vor Seite 114).*

Die damals verwendeten Schiffchen waren meist aus kostbaren Materialien gefertigt. Die Arbeit des Knötchenknüpfens brachte die zarten Hände der vornehmen Damen besonders vorteilhaft zur Geltung, so daß sie sich gerne mit diesem Accessoire porträtieren ließen. Die Schiffchen aus Gold, Silber, Elfenbein, Perlmutt, Schildpatt, Bernstein, Meißener Porzellan oder Lackarbeit waren überaus kunstvoll gearbeitet, zum Teil sogar mit Edelsteinen besetzt, und galten als kokettes Schmuckstück. Manche dienten gleichzeitig als Schnupftabakdose. Das „Nutzbare, galante und curieuse Frauenzimmer-Lexicon" in der dritten Auflage von 1773 beschreibt die damals verwendeten Schiffchen wie folgt:

> „Schiffchen zum Knötchenmachen, franz. Navette, ist ein kleines Instrument, das aus zwey saubern, glatten, länglicht breit geschnitzten, oben und unten aber zugespitzten hölzernen, elfenbeinernen, oder auch von Porcellan gebrannten Platten besteht, die innwendig in der Mitte an einen schmalen Steg geheftet sind, worüber das Frauenzimmer beym Knötchenmachen den Zwirn zu winden, mit dem Schiffchen aber statt der Stricknadel den Knoten zu schlingen pflegt. Die schönste Proportion dieses Instruments ist, wenn es nicht gar zu breit ist, und an beiden Seiten in eine feine Spitze abläuft. In der Meißner Porcellan-Fabrik verkauft man Schiffchen und Seidenwindchen mit Blumen für 4, mit Guirlanden für 5, mit Landschaften und Figuren für 8 Thaler." [6]

Die Marquise de Pompadour (1721–1764) soll im Besitz sehr kostbarer Schiffchen gewesen sein, die sie auch bei gesellschaftlichen Ereignissen in dem in späterer Zeit nach ihr benannten Damenbeutel – dem Pompadour – mit sich trug. Ein sehr wertvolles Schiffchen hat sie der Fama nach während einer Theatervorstellung verloren.

Der Schritt vom Knüpfen einzelner Knoten zum Knüpfen eines Ringes aus mehreren Knoten wurde wahrscheinlich Anfang des 19. Jahrhunderts vor dem

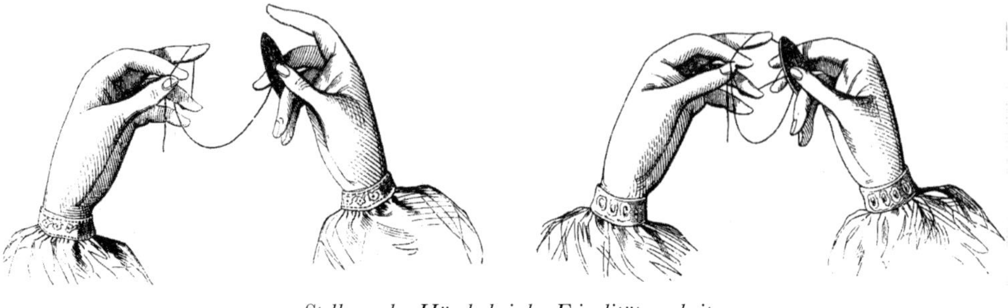

Stellung der Hände bei der Frivolitätenarbeit

Hintergrund der bereits vorhandenen Spitzentechniken vollzogen. Von der Stellung der Hände her hat sich dabei nur wenig geändert. Die linke Hand faßt, wie beim Knötchenknüpfen auch, den letzten Knoten mit Daumen und Zeigefinger; der Faden ist ringförmig um den Handrücken geschlungen und bildet den Knoten. Die rechte Hand, die beim Knötchenknüpfen den Faden nach dem Knüpfen straffzuziehen hatte, tut dies beim Knüpfen der Grundelemente der Occhitechnik ebenso.

Die neu entdeckten Ringe bestehen nun aus einzelnen Doppelknoten, die aus einem Rechts- und einem Linksknoten geknüpft sind, letzterer entspricht dem Knoten beim Knötchenknüpfen. Der sogenannte Josephinenknoten besteht aus mehreren nacheinander gearbeiteten und gemeinsam zusammengeschlungenen Rechtsknoten und ist möglicherweise als Zwischenschritt in der Entwicklung vom Knötchenknüpfen zum Knüpfen eines Ringes anzusetzen.

Die Entwicklung von Ringen in Occhitechnik aus einem einfachen Knoten scheint einfach, ist vom Entwicklungsschritt her jedoch genial. Werden die einzelnen Doppelknoten nicht dicht aneinander gearbeitet, sondern wird ein kleiner Abstand gelassen, so entstehen Pikots oder Ösen verschiedener Größe. Anfangs wurden in dieser Technik einfache Langetten gearbeitet, die manchmal mit einer Häkelarbeit kombiniert waren. Knüpfte man einzelne Ringe gleicher oder verschiedener Größe mit oder ohne Pikots nacheinander, so ergaben sich bereits mehrere Variationsmöglichkeiten.

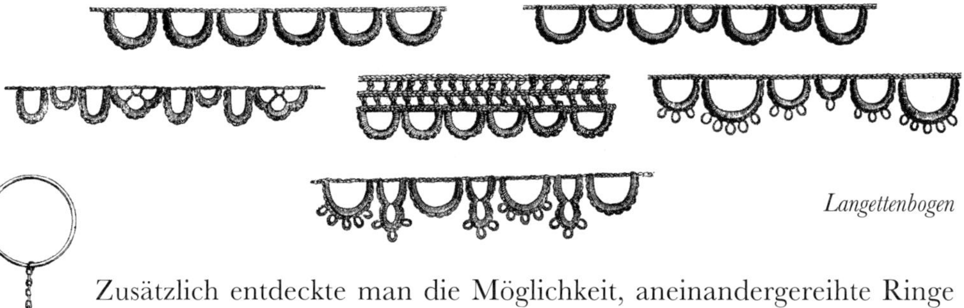

Langettenbogen

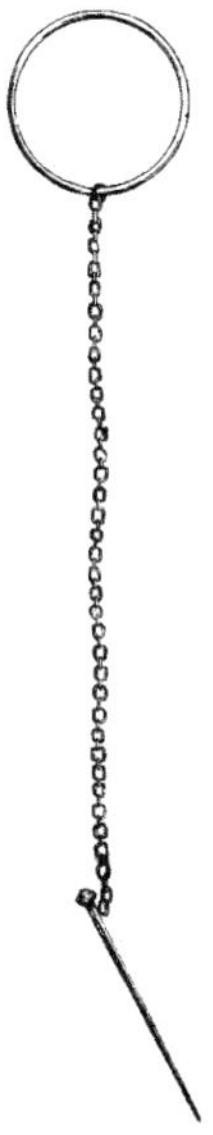

Zusätzlich entdeckte man die Möglichkeit, aneinandergereihte Ringe zu runden oder ovalen Motiven zu schließen, und verband diese durch Nähen oder Häkeln zu größeren Stücken.

In England, wo sich die Frivolitätenarbeit unter dem Namen „Tatting" besonderer Beliebtheit erfreute, verbreitete Mademoiselle Eleonore Ricgo de la Branchardière in ihren Büchern die Idee, einzelne Ringe mit Hilfe einer Nadel aneinander anzuschließen.[7]

Mit einem Frivolitätenhäkchen, das mit einer Kette an einem Ring befestigt war und am linken Daumen getragen wurde, zog man beim Arbeiten eines Ringes den Faden durch ein Pikot des vorhergehenden Ringes, führte das Schiffchen durch die entstandene Schlaufe und fand damit ein Verfahren, einzelne Ringe miteinander zu verbinden.

Frivolitäten-häkchen

Die im 19. Jahrhundert in Occhitechnik gearbeiteten Spitzen, Einsätze, Kragen und Deckchen erzielten ihre duftige Wirkung vor allem durch die Vielzahl an Pikots.

Nach der Insel Wight werden in England Occhispitzen in großen Stücken auch als Isle-of-Wight-Spitzen bezeichnet. In Irland wurden im 19. Jahrhundert zur Linderung der Not unter der Bevölkerung u.a. Occhispitzen kommerziell hergestellt und verkauft. Sie boten den ärmeren Bevölkerungsteilen eine zusätzliche Verdienstmöglichkeit.

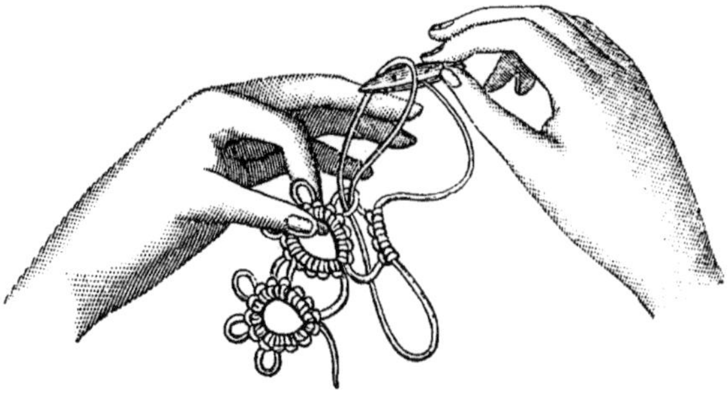

Das Anschlingen des Pikots

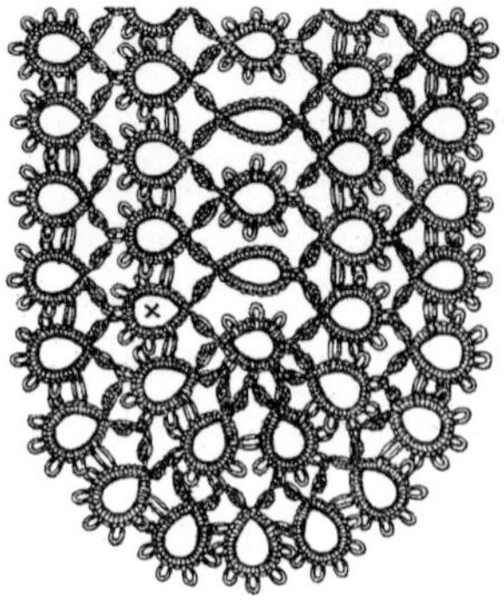

Kravatten-Ende aus Frivolitäten

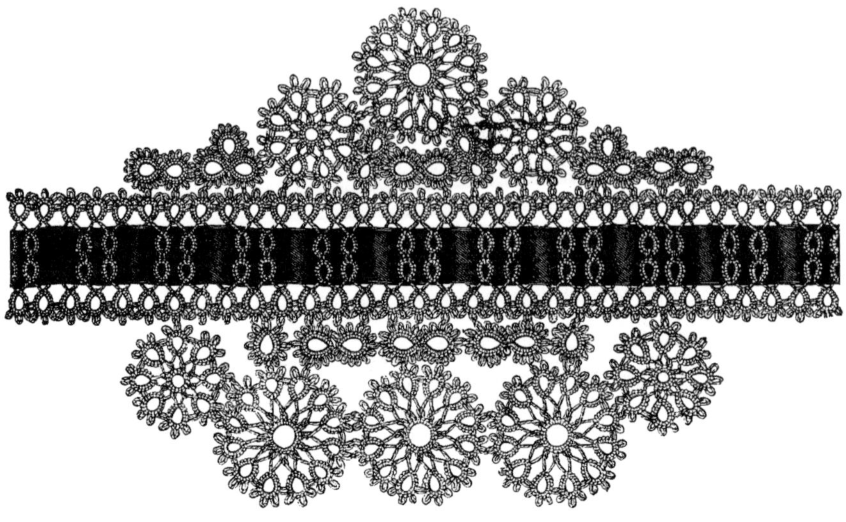

Fanchon aus Frivolitäten

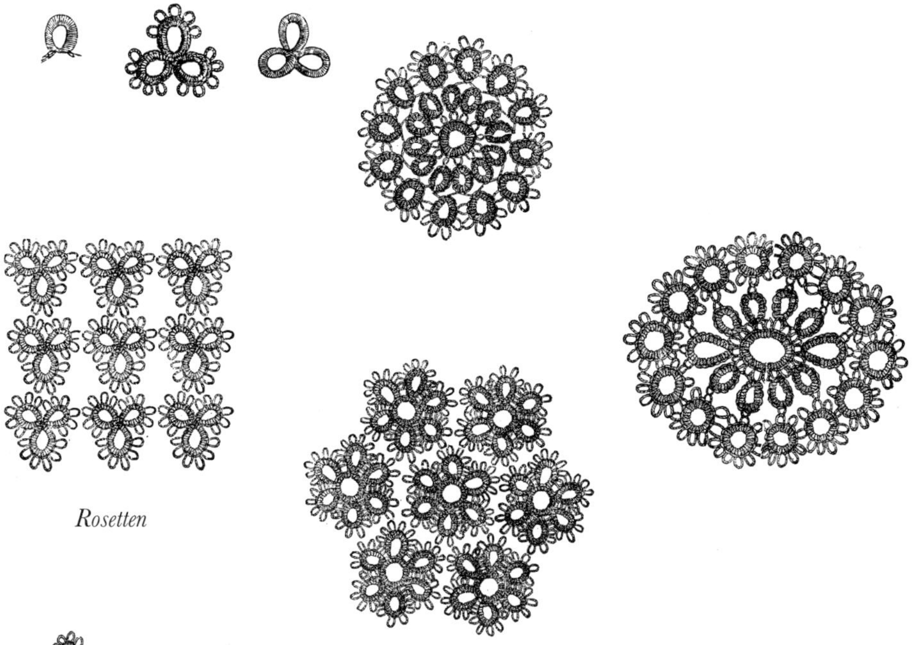

Rosetten

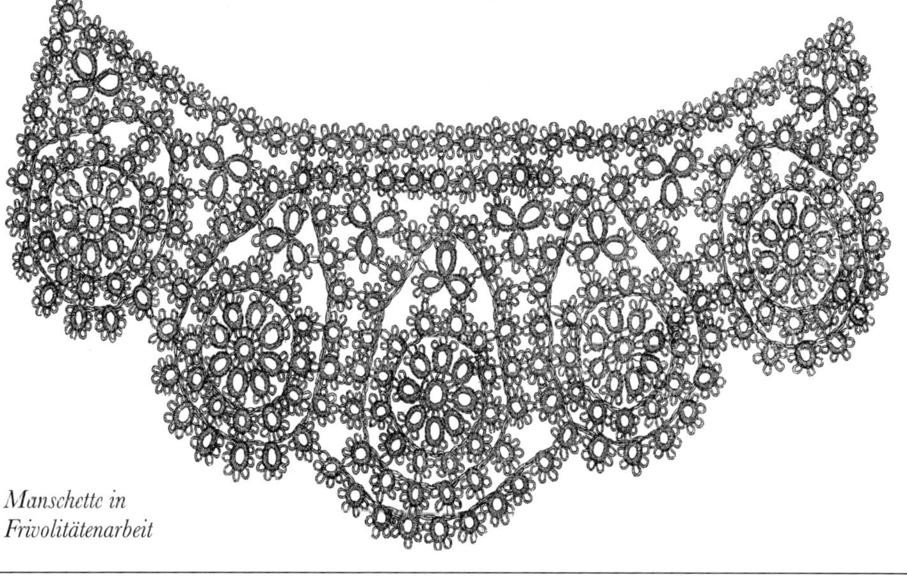

Manschette in Frivolitätenarbeit

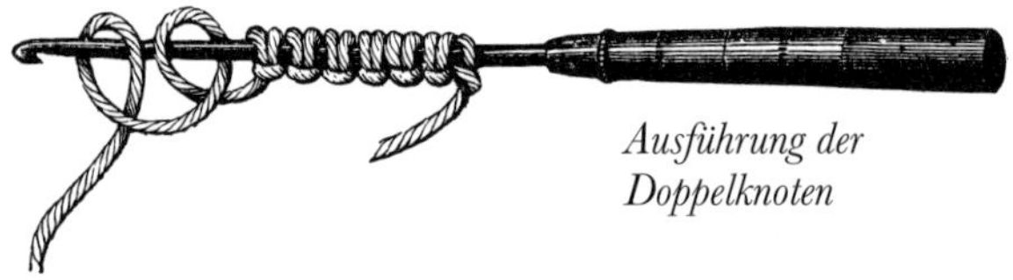

Ausführung der Doppelknoten

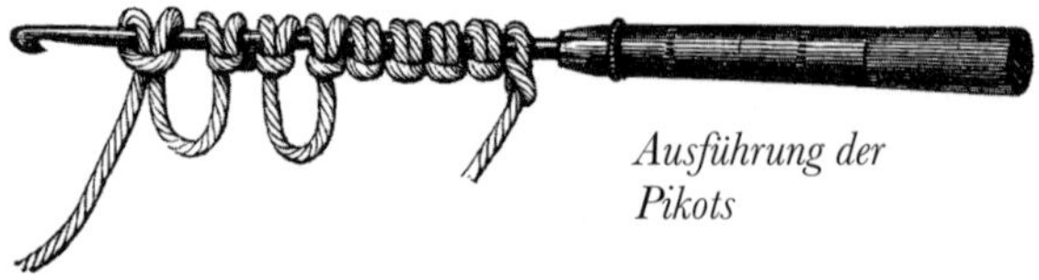

Ausführung der Pikots

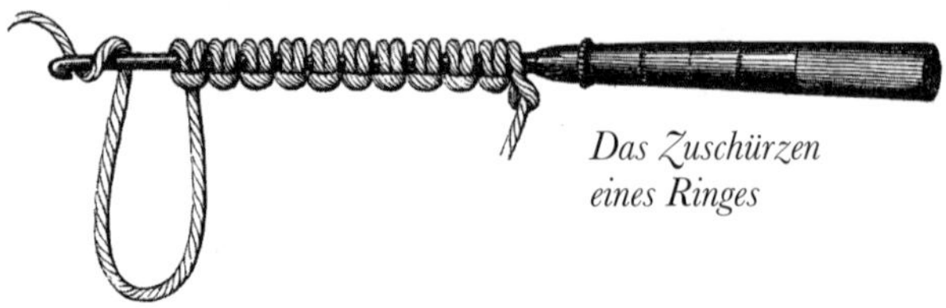

Das Zuschürzen eines Ringes

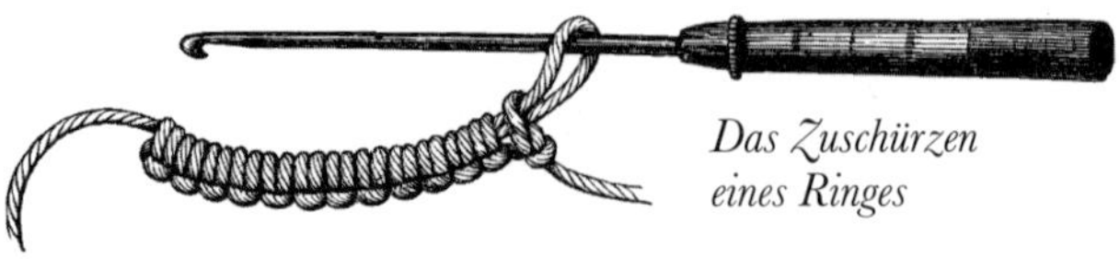

Das Zuschürzen eines Ringes

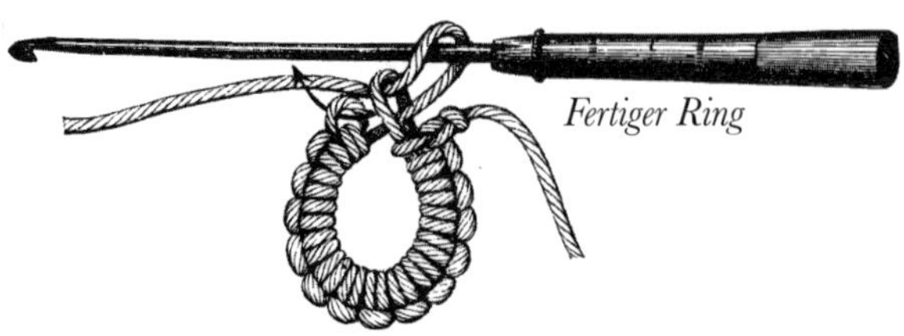

Fertiger Ring

Frivolitätenhäkelei

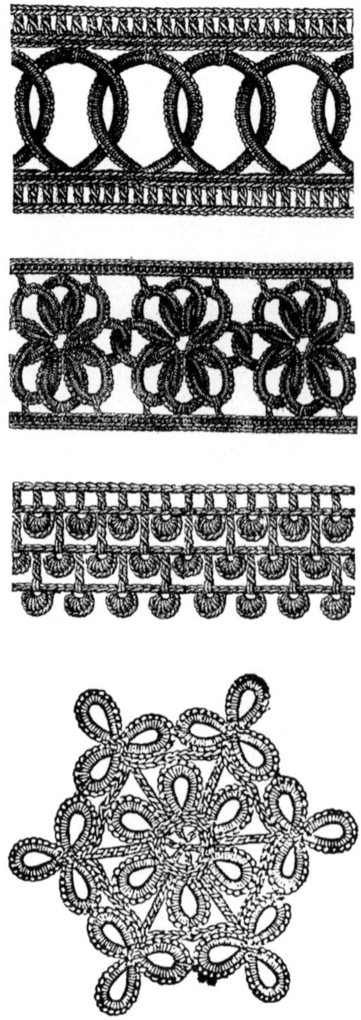

Gehäkelte Frivolitäten

1868 veröffentlicht „Der Bazar" einen Lehrgang zur sogenannten Frivolitätenhäkelei. Diese sei einfacher und rascher zu erlernen, die Frivolitäten selbst seien gediegener, gleichmäßiger und ließen sich besser waschen. Ihr Hauptvorzug jedoch sei die viel größere Mannigfaltigkeit in den Dessinfiguren und im Arrangement derselben.[8]

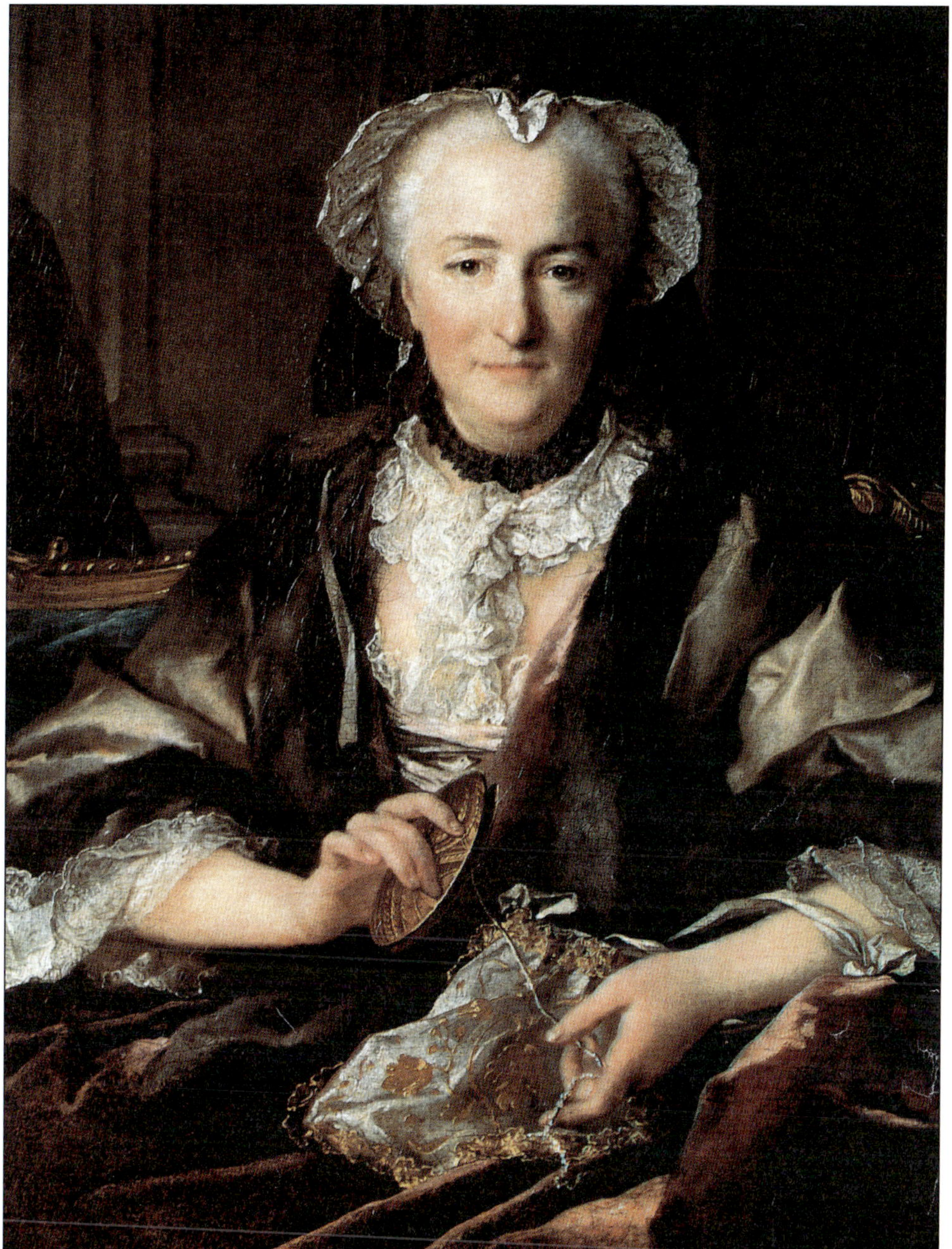

Louis Tocqué: Madame Dangé, 1753

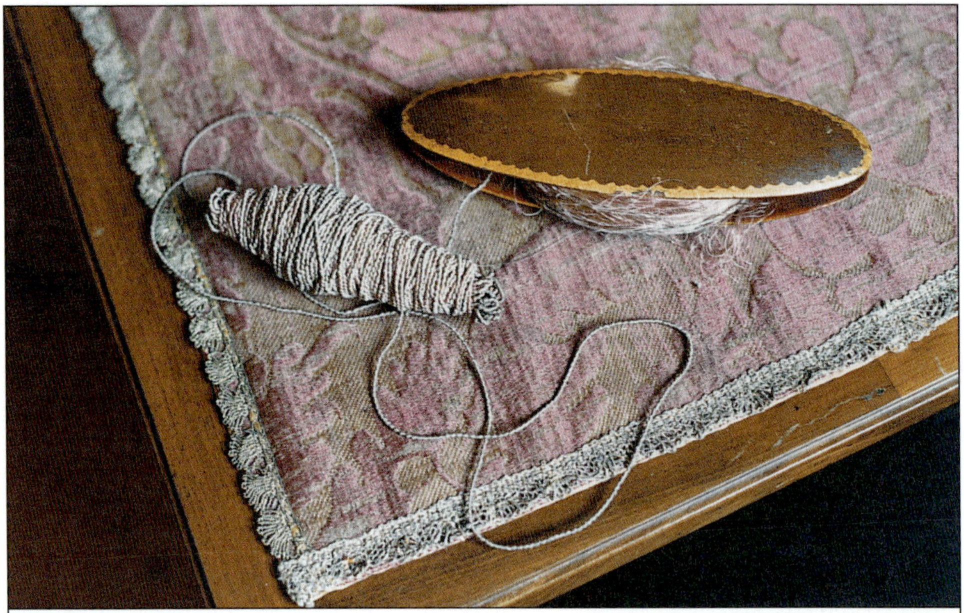

1) Holzschiffchen der Erzherzogin Maria Anna, 18. Jhdt.

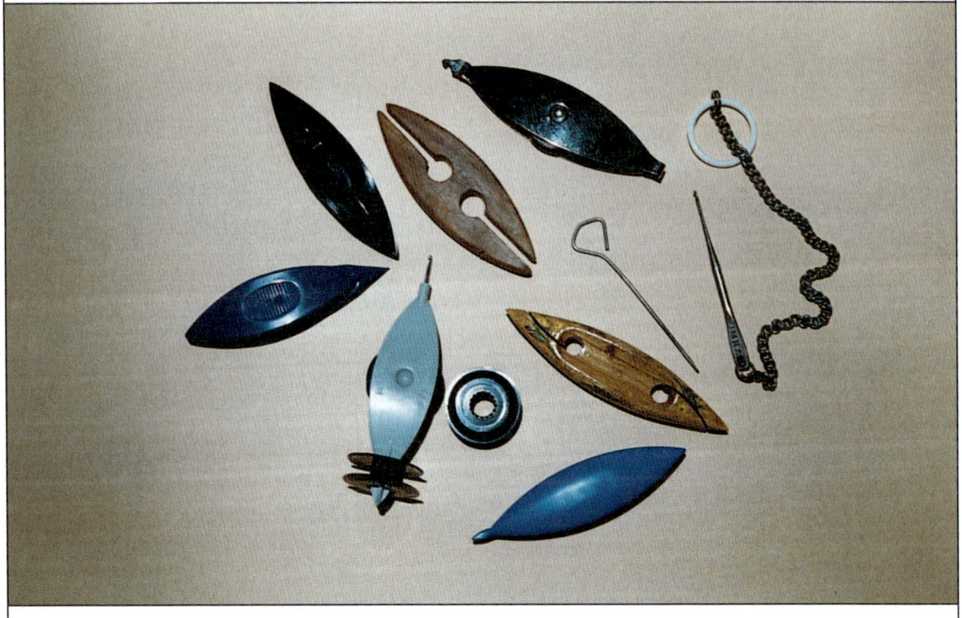

2) Occhischiffchensammlung von Helma Siepmann, Hattingen

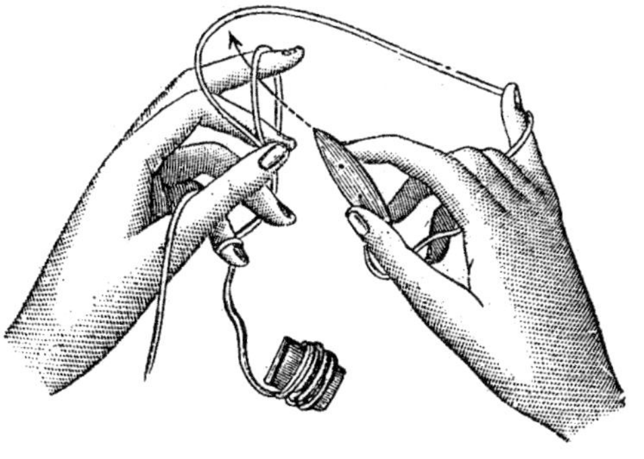

Das Anlegen des Hilfsfadens

Ab der Mitte des 19. Jahrhunderts entdeckte man die Möglichkeit, mit zwei oder mehreren Schiffchen zu arbeiten. Der Knüpffaden wurde nicht mehr um die linke Hand herum zu einem Ring geschlungen und mit Daumen und Zeigefinger wieder erfaßt, sondern über den Handrücken geführt und ein-, zweimal um den kleinen Finger gewickelt. Von dort hing er, durch das Schiffchen beschwert, herab. Den Spannfaden trug ein zweites Schiffchen. Damit ergaben sich neue Möglichkeiten der Musterbildung. Zum Ring kam als weiteres Gestaltungsmittel der Bogen hinzu. Zudem erübrigte sich mit der Verwendung eines zweiten Schiffchens das mühsame Zusammenfügen der einzelnen Motive durch Nähen oder Häkeln und damit auch die Vielzahl der zu vernähenden Fäden. Das Muster konnte durch den verbindenden Bogen durchgehend gearbeitet werden.

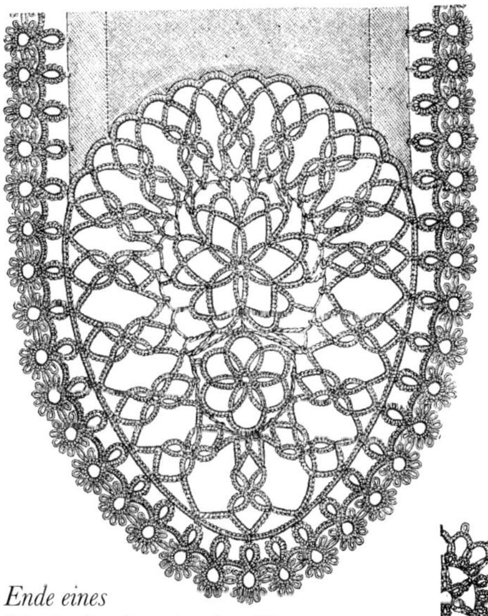

Ende eines Haubenbandes oder einer Kravatte mit Frivolitätengarnitur

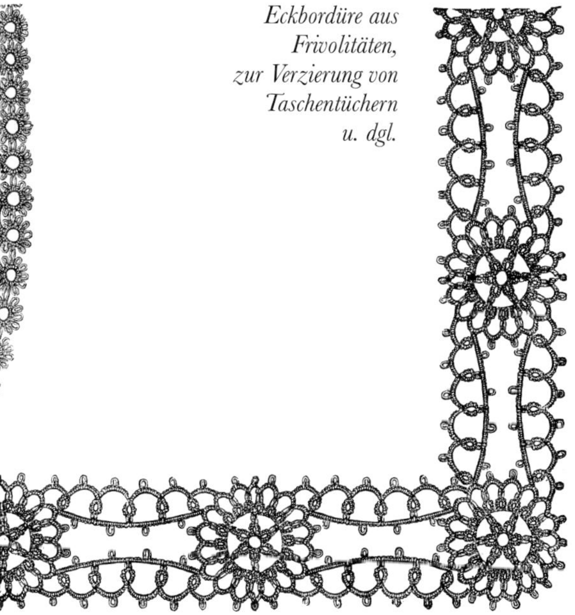

Eckbordüre aus Frivolitäten, zur Verzierung von Taschentüchern u. dgl.

Diese Weiterentwicklung ergab sich durch die neuen Schiffchen, die wesentlich kleiner waren als ihre Vorgänger im 18. Jahrhundert. Sie bestanden nun auch schon aus weniger kostbaren Materialien, denn die Occhispitze hatte in den bürgerlichen Haushalt Einzug gehalten.

Anfang des 20. Jahrhunderts erlebte die immer weiter ausgereifte Technik der Occhispitze, die mit der Zeit in Vergessenheit geraten und der jüngeren Generation nur noch als Beschäftigung ihrer Großmütter in Erinnerung war, eine Renaissance.

„'Frivolités' nannten unsere Mütter und Großmütter die Erzeugnisse der Schiffchentechnik... Hauptsächlich waren es runde Rosetten mit vielen, vielen zarten, duftig wirkenden Ösen ('Pikots'), die unsere Mütter in ihrer Jugend gemacht und zu Krägelchen, Manschetten und Deckchen zusammengesetzt. Wenn aber nach dem Waschen der hübschen Dingerchen nicht einer Kammerzofe geduldige Finger mittels einer Nadel jedes einzelne Öschen an seinen Platz zurückgebracht, so wirkten sie unordentlich. Das mag wohl ein Hauptgrund gewesen sein, warum die Arbeit beinahe in Vergessenheit geraten wäre."[9]

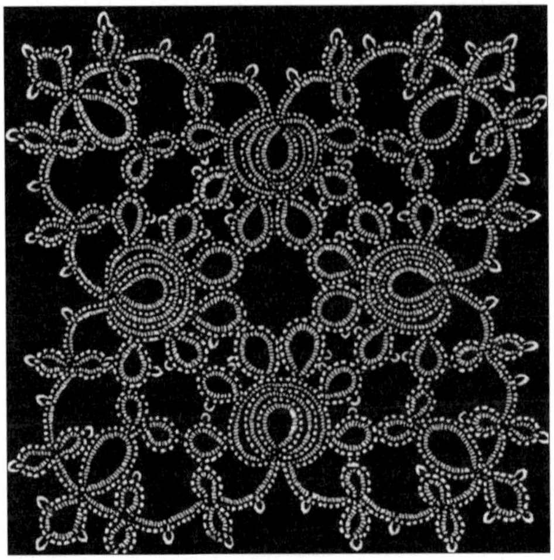

Neue Muster wurden entworfen, die den Geschmack der Zeit widerspiegelten. Wieder wurden Bücher über die Occhispitze herausgegeben, Muster in Zeitschriften veröffentlicht. Jede der Autorinnen reagierte auf den Zeitgeschmack und ließ beim Entwerfen der Spitzen dennoch ihren eigenen Stil einfließen.

Emmy Liebert schließt mit ihren Büchern an die Tradition des 19. Jahrhunderts an. Stilbildendes Element bleiben die Pikots.

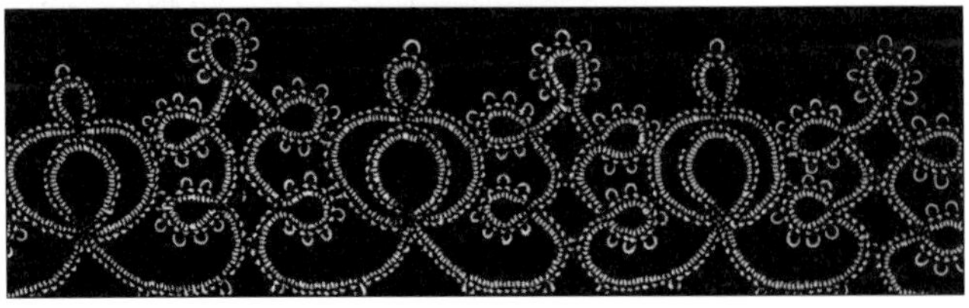

Tina Frauberger, 1913

Die Muster von Tina Frauberger bestechen durch ihre an Granatäpfel erinnernden Doppel- und Dreifachringe, die sie zu immer wieder neuen Mustern zusammenstellt.

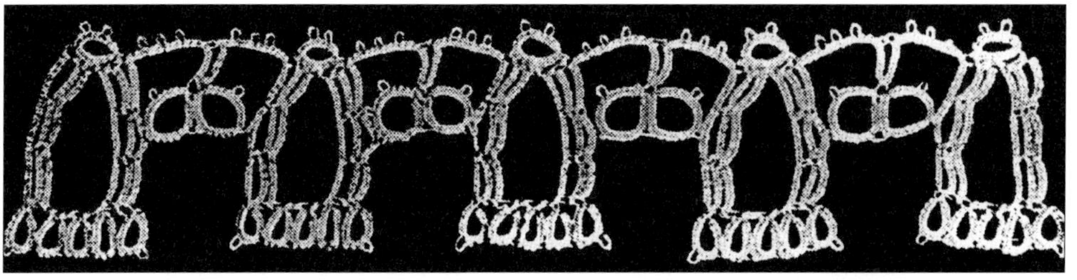

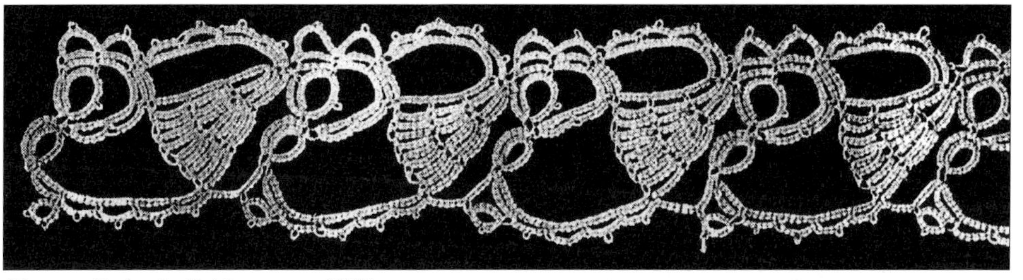

Eleonore Endrucks-Leichtenstern, 1920

Ganz neue Wege geht Eleonore Endrucks-Leichtenstern. Sie trennt sich von der vorherrschenden dekorativen Wirkung der Pikots. Diese haben in ihren Spitzen primär funktionale Bedeutung; sie dienen dem Anschluß an Ringe und Bogen. Charakteristisch für ihre Spitzen ist die klare Linienführung. Anklänge an den Jugendstil verleihen ihren Arbeiten eine für die Occhispitze neue, ungewohnte Wirkung.

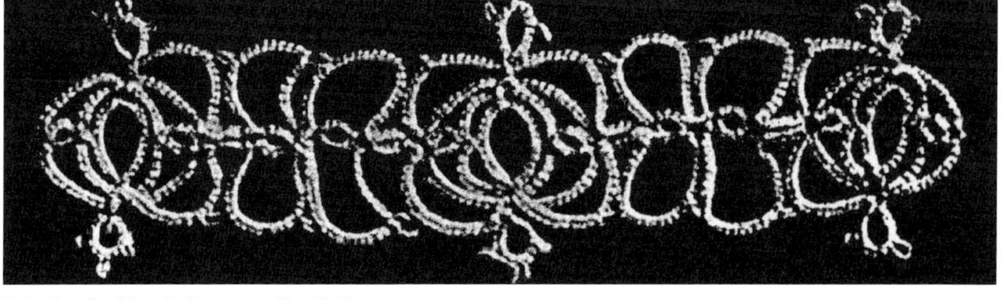

Martha Burkhardt-Rapperswil, 1917

In eine ähnliche Richtung gehen die Spitzen von Martha Burkhardt-Rapperswil. Die meisten sind mit nur einem Schiffchen und einem Hilfsfaden gearbeitet, d.h. der Knüpffaden kommt direkt vom Knäuel.

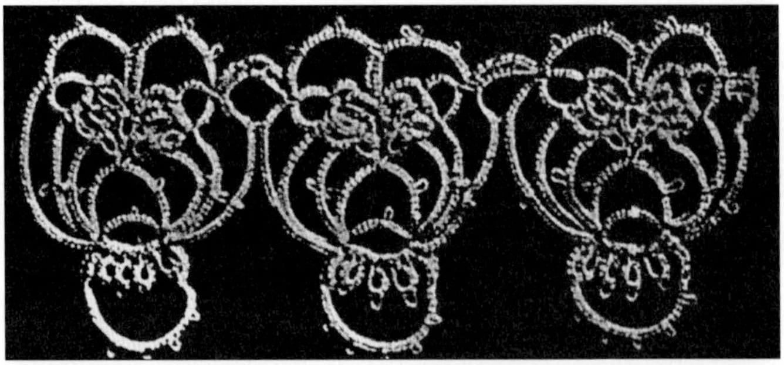

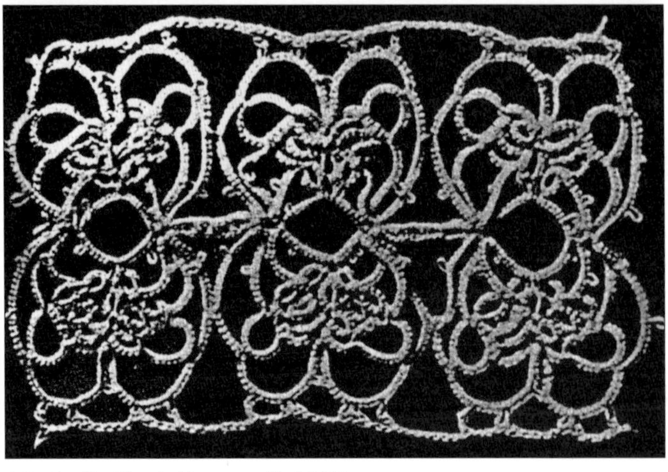

Martha Burkhardt-Rapperswil, 1917

Nach dem Ersten Weltkrieg geht das Wissen um die Occhispitze vielerorts verloren. Erst in den siebziger Jahren erwacht das Interesse an der Occhispitze erneut. Wieder werden Bücher und Zeitschriften zum Thema herausgegeben und die Technik um einige Kreativknoten erweitert.[10] Vielerorts bemühen sich begeisterte Anhänger dieser Knüpftechnik, ihr Wissen und die Freude an dieser entspannenden Tätigkeit an andere weiterzugeben. Mittlerweile ist die Occhispitze weltweit verbreitet.

Grundlagen der Occhitechnik

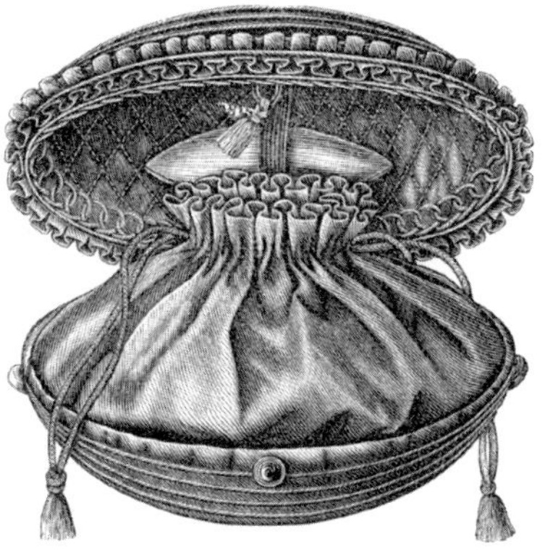

Behälter zur Frivolitätenarbeit, geöffnet

Dieses Kapitel ist für Anfänger gedacht, die sich noch nie mit Occhi beschäftigt haben und sich erst die Grundkenntnisse dieser Knüpftechnik aneignen müssen. Für ein rasches und unkompliziertes Erlernen der richtigen Handhaltung beim Anfertigen der einzelnen Knoten ist es ratsam, den Grundkurs Schritt für Schritt durchzuarbeiten.

Ist Ihnen die Occhitechnik bereits ein wenig bekannt, so überfliegen Sie die nächsten Seiten und machen Sie sich lediglich mit der von uns entwickelten Occhischrift vertraut.

Arbeits-material

Festgedrehtes Häkel- oder Perlgarn in Weiß und Rot

2 Occhischiffchen möglichst verschiedener Farbe

1 Häkelnadel

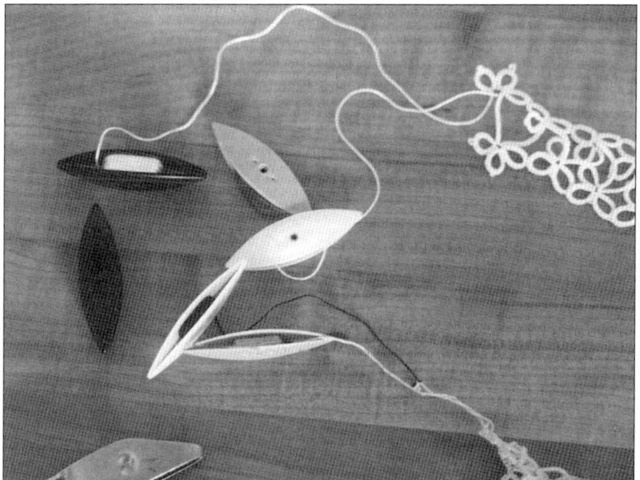

Occhischiffchen

Das Occhischiffchen besteht aus zwei leicht gebogenen Plättchen, die durch einen Steg miteinander verbunden sind. Die Enden dieser meist mandelförmigen Plättchen berühren einander beinahe, so daß der Faden gerade noch durch den Spalt dazwischen hindurchgleiten kann. Im Handel sind u.a. Schiffchen mit angeschlossenem Häkelhaken und auswechselbarer Spule erhältlich.

Arbeitsvorbereitung

Aufwickeln des Garns auf das Schiffchen

Führen Sie den Fadenanfang durch den Steg des Schiffchens, der mit einer kleinen Bohrung versehen ist, durch und knoten Sie ihn an das Schiffchen an. Halten Sie dieses in der rechten Hand zwischen Daumen und Zeigefinger. Drehen Sie nun das Schiffchen, halten Sie den Faden vom Knäuel mit Daumen und Zeigefinger der linken Hand und führen Sie ihn durch den schmalen Spalt zwischen den beiden Plättchen des Schiffchens hindurch. Wickeln Sie soviel Faden auf das Schiffchen, wie es aufnehmen kann. Wickeln Sie den Faden jedoch nicht über den seitlichen Rand des Schiffchens hinaus, da er während des Knüpfprozesses durch die Reibung Schaden nehmen könnte.

Verfahren Sie mit dem zweiten Schiffchen ebenso wie mit dem ersten.

Tipp: *Ist der Faden überdreht, so lassen Sie ihn einfach aushängen. Das Schiffchen hängt dabei am Faden herab und dreht sich zuerst so lange in die eine, dann in die andere Richtung, bis die normale Drehung des Fadens wiederhergestellt ist.*

Grundkurs

Die Occhispitze basiert auf einer Aneinanderreihung von Ringen und Bogen. Ringe werden mit einem Schiffchen gearbeitet, Bogen mit zweien. Pikots dienen als Zierelemente oder als Verbindung zwischen Ringen und Bogen.

Arbeiten mit zwei Schiffchen

Verwenden Sie ein weißes und ein andersfarbiges Schiffchen. Bewickeln Sie das weiße Schiffchen mit weißem Garn, das zweite Schiffchen mit rotem. Verknoten Sie die beiden Fadenenden miteinander und fassen Sie den Knoten mit Daumen und Mittelfinger[11] der linken Hand. Lassen Sie den weißen Faden mit dem weißen Schiffchen über den gespreizten Zeigefinger der linken Hand hin zum kleinen Finger laufen und wickeln Sie ihn ein- oder zweimal um den kleinen Finger. Das weiße Schiffchen hängt in ca. 6 cm Entfernung vom kleinen Finger am Faden herab. Die Fadenführung der linken Hand ist jener beim Häkeln ähnlich. *(Siehe Farbbild 1 neben Seite 24)*

Rechtsknoten

Erfassen Sie das zweite Schiffchen in einer Entfernung von ca. 20 cm mit Daumen und Zeigefinger der rechten Hand und führen Sie danach den Faden von hinten nach vorne um die Finger der rechten Hand. *(Siehe Farbbild 2 neben Seite 24)*

Führen Sie nun das zweite Schiffchen – ohne es loszulassen – unter dem gespannten weißen Faden durch, dieser gleitet dabei zwischen dem Zeigefinger der rechten Hand und dem Schiffchen hindurch. *(Siehe Farbbild 3 neben Seite 24)*

Holen Sie das Schiffchen oberhalb des weißen Fadens wieder zurück, dieser gleitet dabei zwischen dem rechten Daumen und dem unteren Teil des Schiffchens durch. *(Siehe Farbbild 4 neben Seite 24)*

Ziehen Sie daraufhin den roten Faden mit dem Schiffchen wie beim Nähen von Hand straff.

Lockern Sie gleichzeitig den weißen Faden durch Senken des Zeigefingers. Der Knoten springt um und wird nun mit dem weißen Faden gebildet. Der weiße Faden ist der Knüpffaden. *(Siehe Farbbild 5 neben Seite 24)*

Bei weiterhin gespanntem, rotem Einlagefaden wird nun der Knoten durch Heben des linken Zeigefingers festgezogen und am roten Spann- oder Einlagefaden ganz nach unten geschoben.

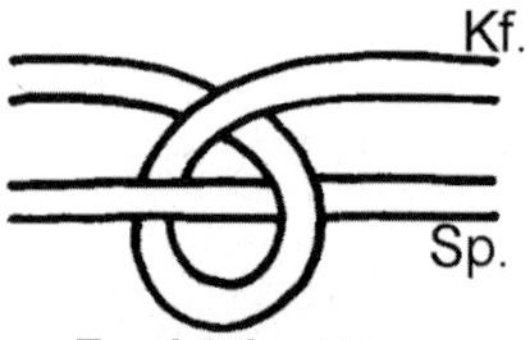

Rechtsknoten

Wiederholen Sie den Knüpfvorgang, schürzen Sie dabei den folgenden Rechtsknoten dicht an den vorhergehenden Knoten an. Ergreifen Sie den jeweils letzten Knoten mit Daumen und Mittelfinger der linken Hand und knüpfen Sie einen weiteren Knoten.

Durch mehrmaliges Wiederholen des Rechtsknotens entsteht eine weiße, gedrehte Schnur. Der rote Faden dient als Spann- oder Einlagefaden und ist nicht zu sehen.

Linksknoten

Für den Linksknoten erfassen Sie bei gleichbleibender Haltung der linken Hand das zweite Schiffchen in einer Entfernung von ca. 10 cm mit Daumen und Zeigefinger der rechten Hand. *(Siehe Farbbild 1 neben Seite 25).* Führen Sie das Schiffchen nun oberhalb des weißen Fadens zur linken Hand, der weiße Faden gleitet dabei zwischen rechtem Daumen und Schiffchen durch. *(Siehe Farbbild 2 neben Seite 25).* Holen Sie das Schiffchen unterhalb des weißen Fadens wieder zurück, dieser gleitet dabei zwischen Zeigefinger und Schiffchen durch. *(Siehe Farbbild 3 neben Seite 25).* Ziehen Sie den roten Faden ganz straff und lockern Sie gleichzeitig den weißen Faden durch Senken des linken Zeigefingers. Ziehen Sie den Knoten bei gespanntem Einlagefaden durch Heben des linken Zeigefingers fest und schieben Sie ihn dicht an den vorhergehenden Knoten an. Der weiße Faden bildet den Knoten, der rote Faden dient als Spann- oder Einlagefaden. *(Siehe Farbbild 4 neben Seite 25).* Schürzen Sie den nächsten Linksknoten dicht an den vorhergehenden Knoten an. Durch mehrmaliges Wiederholen entsteht wieder eine weiße Schnur – diesmal in die andere Richtung gedreht.

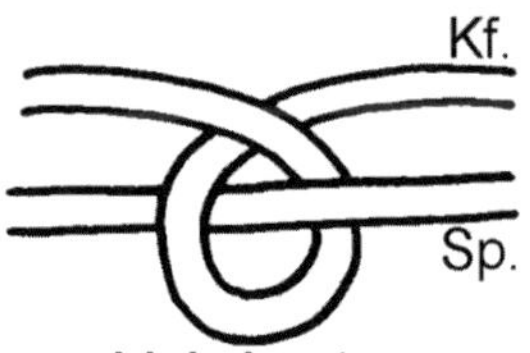

Linksknoten

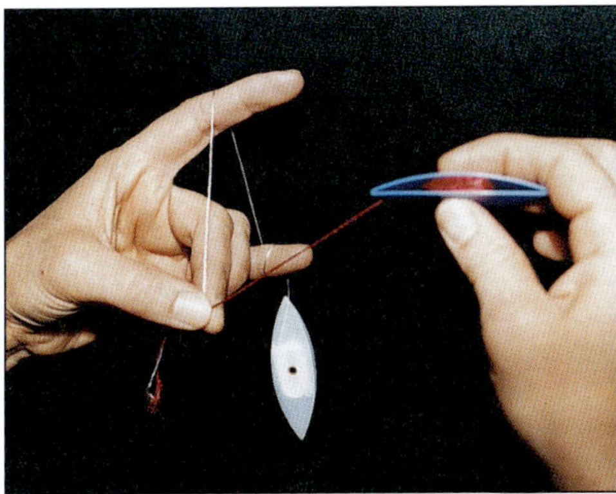

1) Fadenführung linke Hand

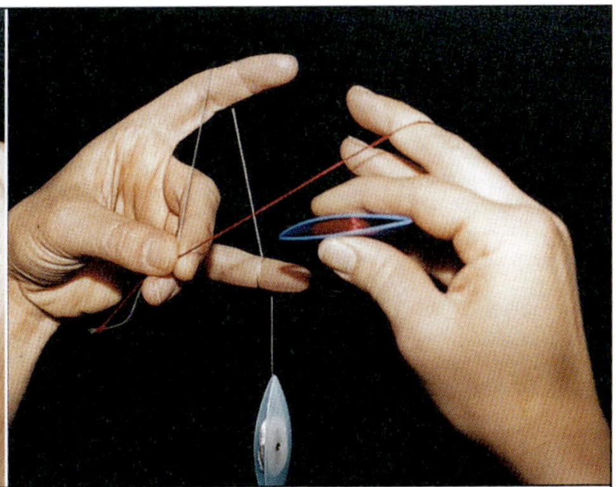

2) Fadenführung rechte Hand

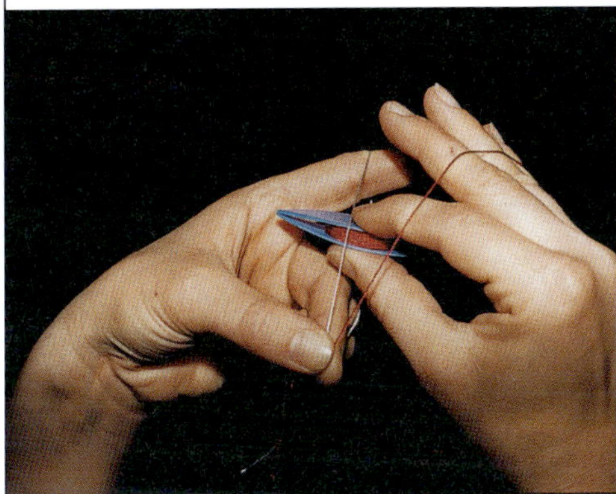

3) Schiffchen unterhalb durchführen

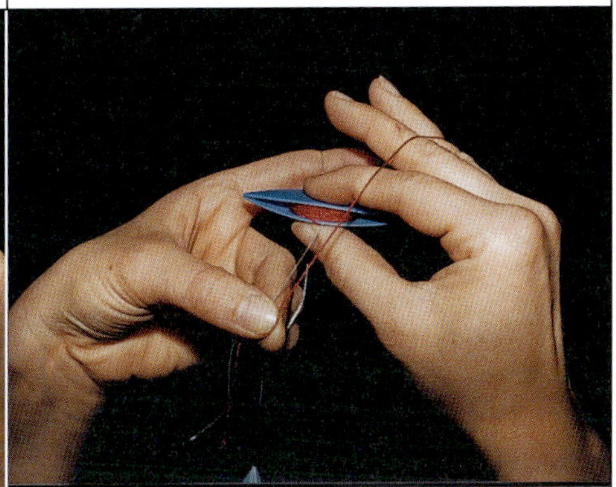

4) Schiffchen oberhalb zurückholen

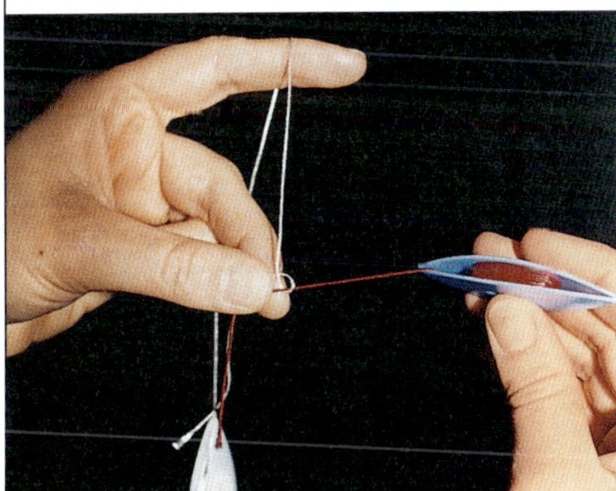

5) Spannfaden straffziehen

DER RECHTSKNOTEN

(siehe Text Seite 23ff.)

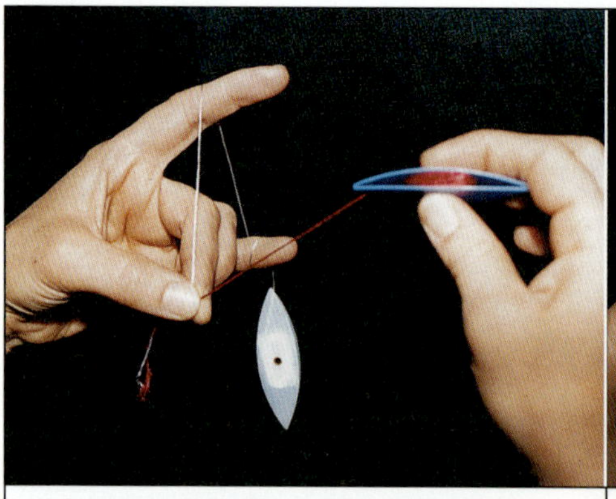

1) Fadenführung rechte und linke Hand

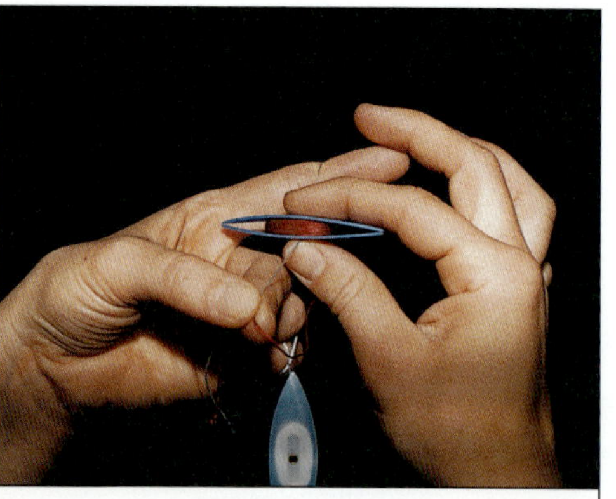

2) Schiffchen oberhalb zur linken Hand führen

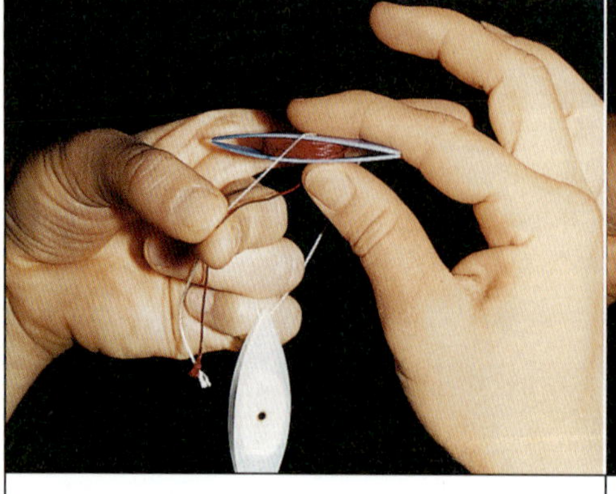

3) Schiffchen unterhalb zurückholen

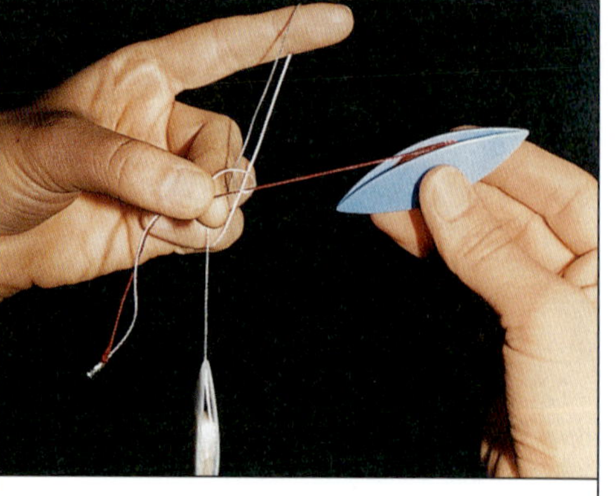

4) Spannfaden straffziehen

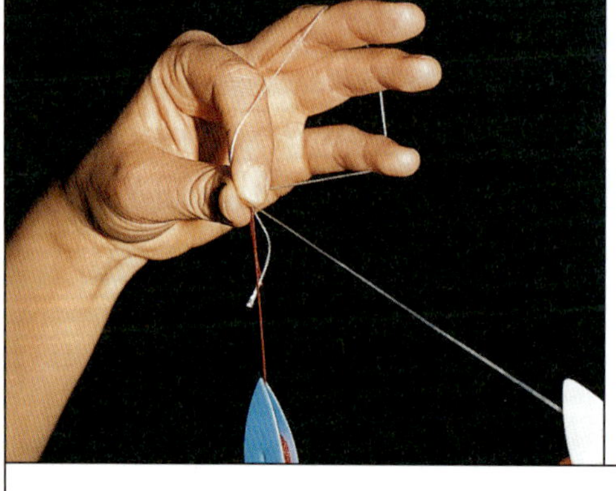

5) Faden zu einem Ring fassen

DER LINKSKNOTEN
(Abb. 1–4, siehe Text Seite 24)

RING *(Abb. 5, siehe Text Seite 26)*

DOPPELKNOTEN

Der Doppelknoten besteht aus je einem Rechts- und einem Linksknoten. Arbeiten Sie einen Rechts- und einen Linksknoten, schürzen Sie die Knoten dicht aneinander. Der weiße Faden bildet die Knoten, der rote dient wieder als Einlage- oder Spannfaden und ist nicht zu sehen.

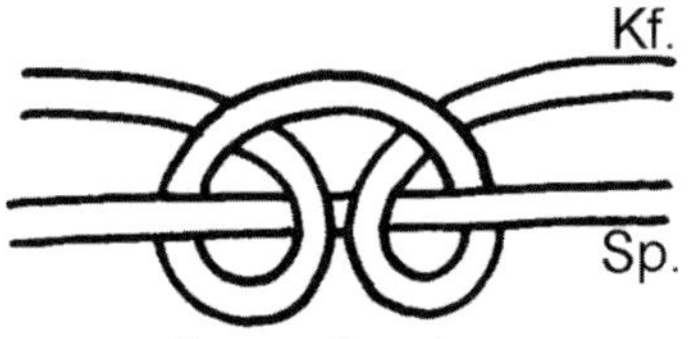

Doppelknoten

PIKOT (ÖSE)

Arbeiten Sie einige Doppelknoten nacheinander. Schließen Sie darauf den nächsten Rechtsknoten nicht direkt an den vorhergehenden Doppelknoten an, sondern lassen Sie dazwischen einen kleinen Abstand. Fassen Sie nun den Rechtsknoten mit Daumen und Mittelfinger der linken Hand und arbeiten Sie darauf einen Linksknoten.

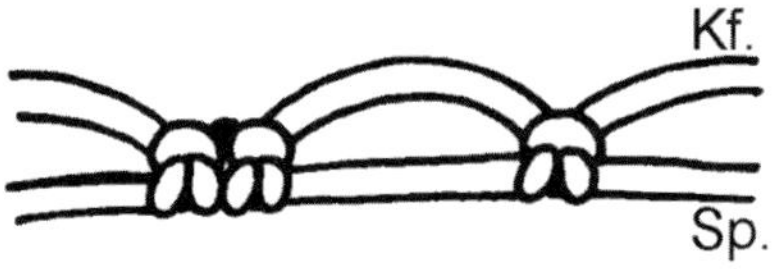

Abstand lassen

Schieben Sie hierauf den eben ausgeführten Doppelknoten an den vorhergehenden Doppelknoten. Es entsteht eine kleine Öse.

Pikots oder Ösen dienen als Schmuckelemente und als Verbindungsmöglichkeit zwischen Ringen und Bogen.

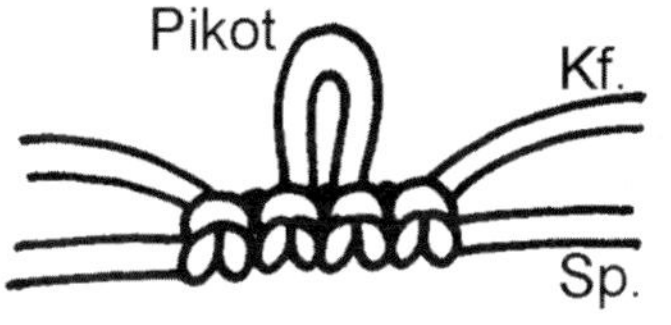

Die Schwierigkeit beim Erlernen der Occhitechnik besteht darin, den roten Spannfaden ganz straffzuziehen, so daß der weiße Knüpffaden die Knoten bildet und nicht umgekehrt! Haben Sie mit sich etwas Geduld, bis Ihnen diese ungewohnte Knüpftechnik vertraut ist, und beginnen Sie mit dem Knüpfen eines Ringes erst, wenn Sie den Doppelknoten richtig beherrschen.

RING

Fassen Sie den letzten Doppelknoten mit Daumen und Mittelfinger der linken Hand. Führen Sie den weißen Faden über die Finger der linken Hand und von hinten nach vorne wieder zurück zu einem Ring und erfassen Sie den Faden mit Daumen und Mittelfinger der linken Hand. Das Schiffchen mit dem roten Faden hängt herab und wird nicht verwendet. *(Siehe Farbbild 5 neben Seite 25)*

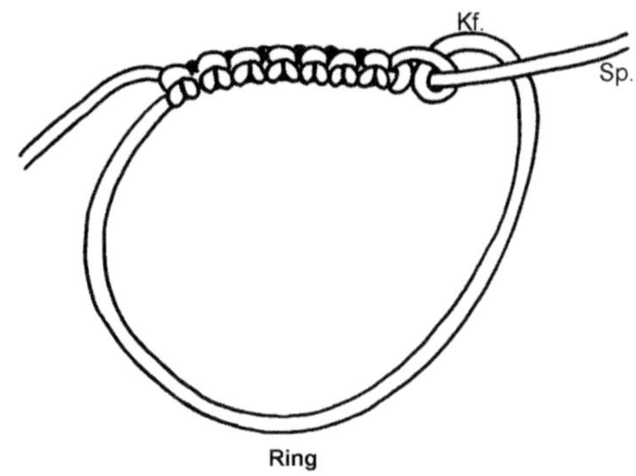

Knüpfen Sie nun mit dem weißen Faden 16 Doppelknoten. Da der weiße Faden Einlage- und Knüpffaden zugleich ist, muß der Fadenring bei Bedarf durch Abspreizen des kleinen Fingers der linken Hand erweitert werden. Die Doppelknoten lassen sich auf dem Fadenring hin und her schieben.

Sind alle 16 Doppelknoten geknüpft, so lassen Sie den Fadenring von der linken Hand gleiten, legen Sie den ersten und den letzten Doppelknoten zu einem Ring und fassen Sie die beiden mit Daumen und Zeigefinger der linken Hand. Ziehen Sie darauf mit der rechten Hand den Spannfaden an, bis der Ring völlig geschlossen ist.

BOGEN

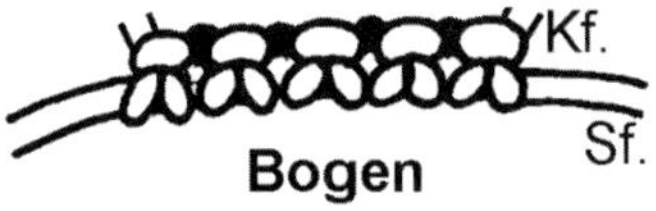

Arbeiten Sie wieder mit beiden Schiffchen weiter. Verwenden Sie den weißen Faden als Knüpf- und den roten als Spannfaden und knüpfen Sie 10 Doppelknoten. Es entsteht ein weißer Bogen.

Arbeiten Sie einige Ringe und Bogen nacheinander, verwenden Sie einmal den roten, dann wieder den weißen Faden als Knüpffaden. Beachten Sie dabei die Lage der Knoten auf den Bogen.

RING MIT PIKOT (ÖSE)

Arbeiten Sie für einen Ring mit einem Pikot mit dem weißen Faden zuerst 8 Doppelknoten, schließen Sie den nächsten Rechtsknoten nicht direkt an den vorhergehenden Doppelknoten an, sondern lassen Sie einen kleinen Abstand dazwischen. Fassen Sie nun den Rechtsknoten mit Daumen und Zeigefinger der linken Hand und arbeiten Sie darauf einen Linksknoten. Schieben Sie den eben ausgeführten Doppelknoten an den vorhergehenden. Arbeiten Sie weitere 7 Doppelknoten und schließen Sie den Ring durch Zusammenziehen.

Die Größe der Pikots ist abhängig von der Länge des Abstands, der zwischen den einzelnen Doppelknoten eingehalten wird. Um regelmäßige Pikots zu erhalten, ist es zweckmäßig, Schablonen aus Karton- oder Plastikstreifen zu verwenden, die man beim Knüpfen zwischen die beiden Doppelknoten hält.

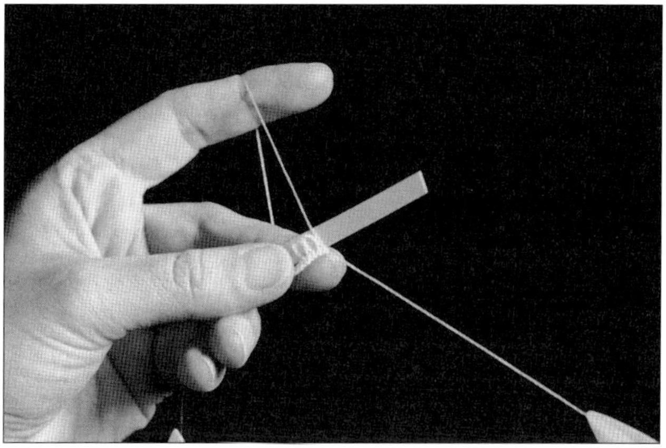
Arbeiten mit einer Schablone

Reihen Sie zu Übungszwecken mehrere Ringe und Bogen verschiedener Größe aneinander und versehen Sie diese mit mehreren, unterschiedlich großen Pikots.

LINKS ANSCHLIESSEN

Arbeiten Sie mit dem weißen Garn laut Angabe einen Ring aus 8 Doppelknoten, 1 Pikot, 8 Doppelknoten, 1 Pikot, 8 Doppelknoten, 1 Pikot, 8 Doppelknoten. Ziehen Sie den Ring zusammen und beginnen Sie mit dem weißen Faden einen weiteren Ring. Knüpfen Sie 8 Doppelknoten, schließen Sie nun anstelle eines Pikots den zweiten Ring an den ersten wie folgt an:

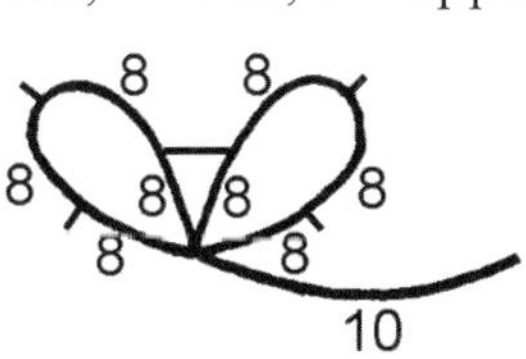

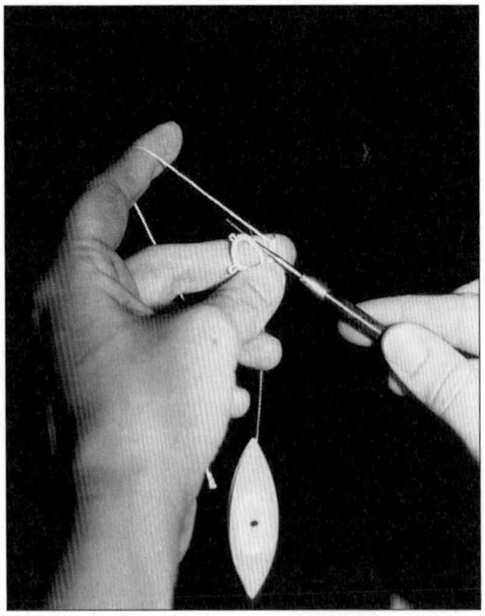

Einsatz der Häkelnadel beim Links anschließen

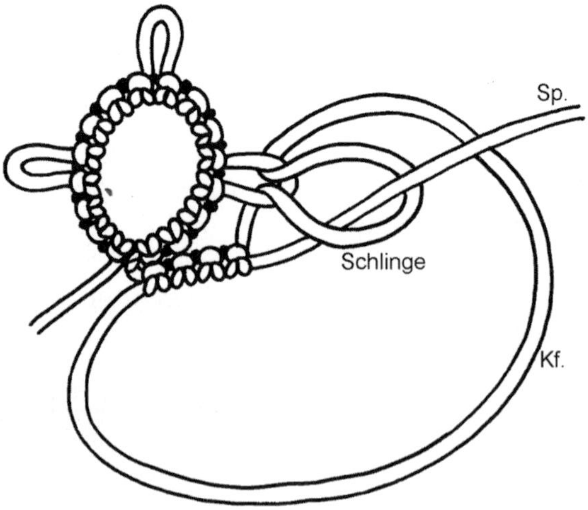

Links anschließen

Die rechte Hand läßt das Schiffchen los, ergreift eine Häkelnadel, sticht mit dieser in das letzte Pikot des vorhergehenden Ringes ein, erfaßt damit den Faden vom Fadenring und zieht ihn durch das Pikot des ersten Ringes zu einer großen Schlinge.

Die rechte Hand ergreift nun das Schiffchen mit dem Spannfaden und führt es von hinten nach vorne durch die Schlinge. Ziehen Sie nun den Spannfaden straff und arbeiten Sie darauf einen Linksknoten und weitere 7 Doppelknoten, 1 Pikot, 8 Doppelknoten, 1 Pikot, 8 Doppelknoten. Schließen Sie den Ring durch Zusammenziehen. Das Anschließen und der Linksknoten zählen als 1 Doppelknoten. Enden Sie mit einem Bogen aus 10 Doppelknoten.

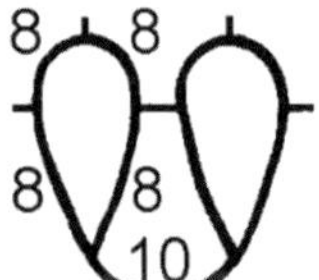

Arbeiten Sie aus weißem Garn einen Ring aus 8 Doppelknoten, 1 Pikot, 8 Doppelknoten, 1 Pikot, 8 Doppelknoten, 1 Pikot, 8 Doppelknoten, **wenden** Sie die Arbeit und knüpfen Sie mit dem roten Faden als Knüpf- und dem weißen Faden als Spann- oder Einlagefaden einen Bogen aus 10 Doppelknoten. Arbeiten Sie den zweiten Ring wieder aus weißem Garn und schließen Sie ihn, wie oben beschrieben, an den ersten Ring an. So entstehen weiße Ringe und rote Bogen.

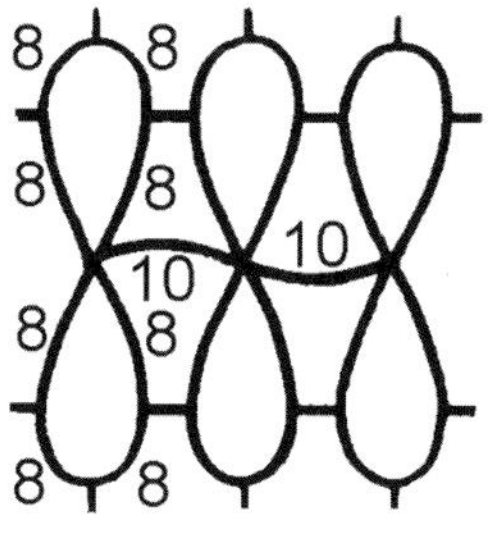

Arbeiten Sie laut Angabe einen Ring aus weißem Garn, **wenden** Sie die Arbeit, und arbeiten Sie darauf einen Ring aus rotem Garn. Bringen Sie darauf die Arbeit in die Ausgangsposition zurück: der weiße Ring liegt links, der rote rechts, arbeiten Sie einen Bogen mit dem weißen Faden als Knüpffaden und schließen Sie einen weißen Ring an den ersten weißen Ring an. **Wenden** Sie die Arbeit und schließen Sie einen roten Ring an den ersten roten Ring an. Arbeiten Sie einen Bogen mit dem roten Faden als Knüpffaden.

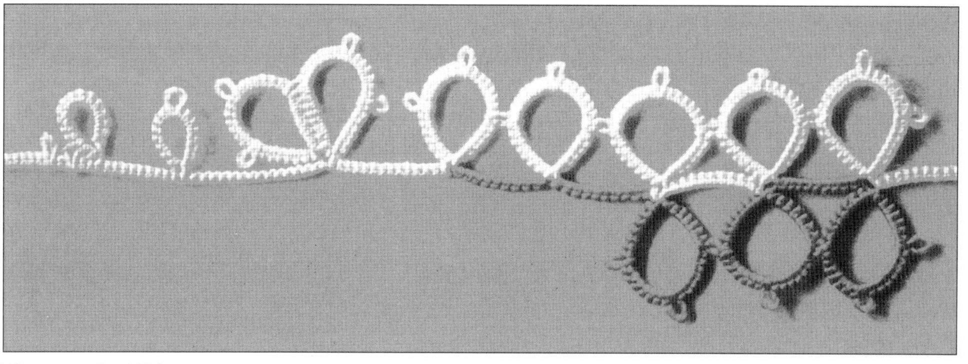

Gesamter Occhilehrgang

Sie haben sich hiermit die Grundkenntnisse der Occhitechnik angeeignet und sind jetzt in der Lage, den Großteil der von uns im Musterteil vorgestellten Occhimuster zu knüpfen.

Occhischrift

Für den Grundkurs haben wir zur größeren Übersichtlichkeit einen weißen und einen roten Faden als Knüpf- oder Spannfaden sowie ein weißes und ein andersfarbiges Schiffchen verwendet. Dadurch erhalten wir zweifarbige Spitzen. In der Regel wird man jedoch eher mit einer Farbe arbeiten.

Damit aus der Occhischrift dennoch klar ersichtlich ist, welcher Faden zum Nacharbeiten einer bestimmten Spitze gerade der Knüpffaden sein soll, ist es ratsam, weiterhin mit zwei verschiedenfarbigen Schiffchen zu arbeiten. Bezeichnen Sie das weiße Schiffchen als Schiffchen Nr. 1 und das andersfarbige als Schiffchen Nr. 2. Aus der Occhischrift ersehen Sie nun, welches der beiden Schiffchen gerade den Knüpffaden trägt. Dieser liegt immer in der linken Hand.

Ring (R)

$\mathbf{R}_1$ bedeutet, daß der Ring mit dem Schiffchen Nr. 1 gearbeitet wird
$\mathbf{R}_2$ bedeutet, daß der Ring mit dem Schiffchen Nr. 2 gearbeitet wird

Bogen (B)

$\mathbf{B}_1$ das Schiffchen Nr. 1 trägt den Knüpffaden
$\mathbf{B}_2$ das Schiffchen Nr. 2 trägt den Knüpffaden

Doppelknoten

8 Die Zahlen geben die Anzahl der Doppelknoten an

Pikot

△ Zierpikot
▲ Pikot anschließen
▼ Doppelringe anschließen
— Faden weiterspannen
JK Josephinenknoten
o Perlen einknüpfen
△10 Zierpikot in der Länge von 10 Doppelknoten

Musterzeichnung

→ Beginn einer Reihe oder Runde
1., 2., Reihenfolge der Ringe und Bogen
1.1, 1.2 1. Reihe oder Runde sowie Reihenfolge der Ringe und Bogen
2.1, 2.2 2. Reihe oder Runde sowie Reihenfolge der Ringe und Bogen
3 4 6 8 Anzahl der Doppelknoten

Jedes Muster im Musterteil ist mit einer Musterzeichnung und der dazugehörigen Occhischrift versehen. Die Musterzeichnung gibt Aufschluß über das Fortlaufen des Musters. Dabei ist folgendes zu beachten:

Pfeile bezeichnen den Beginn einer neuen Reihe oder Runde.

Der erste Rapport gibt die Reihenfolge der nacheinander zu arbeitenden Ringe und Bogen an. Er ist mit Ordnungszahlen in Fettdruck versehen (**1., 2., 3.,** ... oder **1.1, 1.2, 1.3,** ...).

Der zweite Rapport hingegen gibt die Anzahl der zwischen den Pikots zu arbeitenden Doppelknoten an.

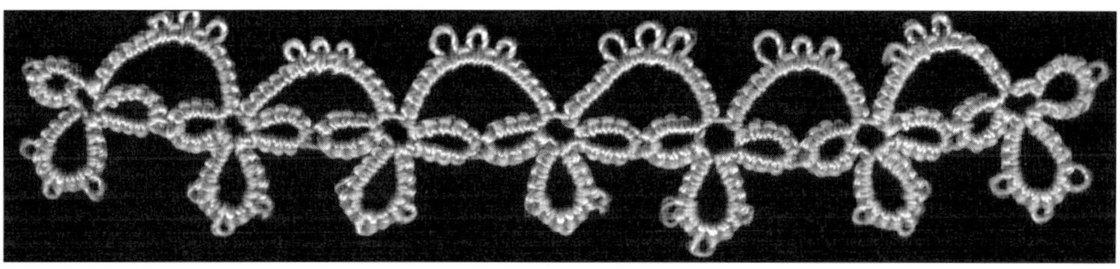

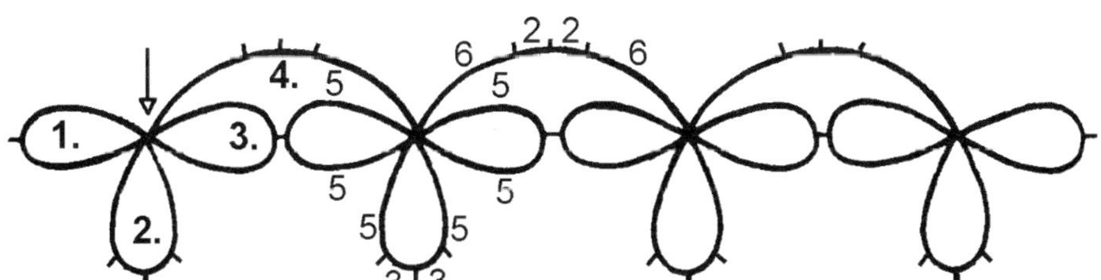

1. R_1 (5 ▲ 5)
2. R_1 (5 Δ 3 Δ 3 Δ 5)
3. R_1 (5 Δ 5)
4. B_2: 6 Δ 2 Δ 2 Δ 6

Nützliche Tipps

Anfangsöse

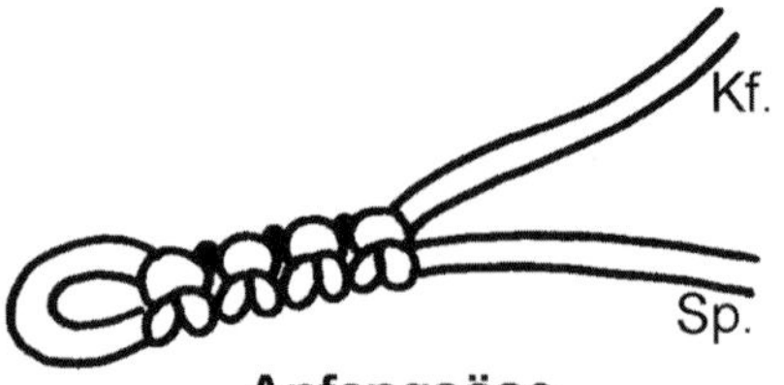

Anfangsöse

Die Anfangsöse kann zu Beginn einer einfarbigen Spitze gearbeitet werden. Knoten Sie dazu den Faden an das erste Schiffchen an und wickeln Sie ihn auf das Schiffchen. Danach wickeln Sie so viel Faden, wie das zweite Schiffchen aufnehmen kann, vom Knäuel ab. Schneiden Sie den Faden ab, knoten Sie das Fadenende nun am zweiten Schiffchen fest und bewickeln Sie das zweite Schiffchen mit dem zuvor abgewickelten Faden. Dadurch erhalten Sie einen durchgehenden Faden zwischen den beiden Schiffchen und vermeiden das Verknoten der Anfangsfäden.

Fassen Sie eine Sicherheitsnadel zwischen „Knüpf- und Spannfaden", bevor Sie nun den ersten Knoten knüpfen. Sie erhalten dadurch eine kleine Schlaufe mit einem sauber geknüpften ersten Knoten.

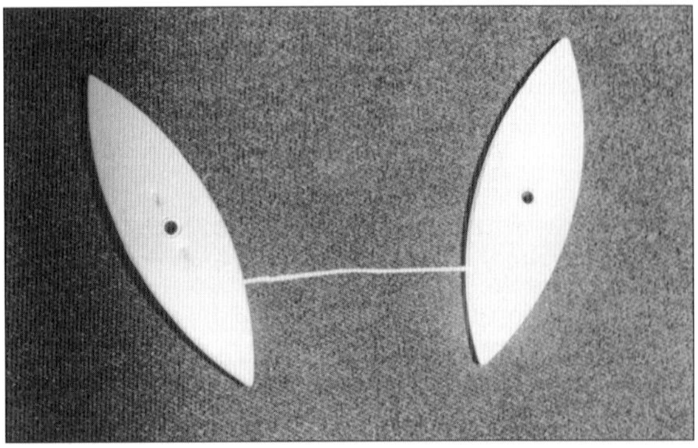

Der Faden läuft durchgehend von einem Schiffchen zum anderen.

Neuen Faden anlegen

Grundsätzlich ist zu sagen, daß man es möglichst vermeiden sollte, Fäden vernähen zu müssen, denn die festgeschürzten Knoten der fertigen Spitze erlauben es nur bedingt, eine Nähnadel durch sie hindurchzuführen und den Fadenanfang oder das Fadenende zu vernähen. Beginnen Sie daher Ihre Arbeit mit einer Anfangsöse, und Sie vermeiden dadurch das Vernähen der beiden Anfangsfäden.

Bemerken Sie, daß der **Spannfaden** zu Ende geht, so berechnen Sie die restliche Fadenlänge so, daß Sie am Beginn eines Bogens einen neuen Faden anlegen, der restliche alte, abgeschnittene Faden ist noch an die 30 cm lang. Bewickeln Sie nun das Schiffchen mit neuem Faden. Wickeln Sie darauf den alten Faden nochmals auf das Schiffchen auf, fassen Sie den alten **und** den neuen Faden mit einer Zugabe von ca. 10 cm mit Daumen und Zeigefinger der linken Hand und knüpfen Sie darauf den Bogen mit doppeltem Spannfaden. Knüpfen Sie einen Ring mit einfachem Faden und einen weiteren Bogen mit doppeltem Spannfaden. Nun können Sie die beiden Fadenenden – den Anfang des neuen Fadens und das Ende des alten Fadens – abschneiden und, wie gewohnt, weiterknüpfen.

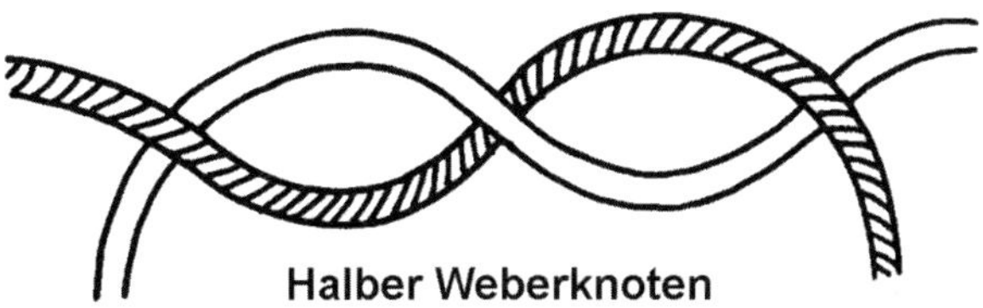

Halber Weberknoten

Bemerken Sie, daß der **Knüpffaden** zu Ende geht, so greifen Sie zu einem kleinen Trick. Vertauschen Sie rechtzeitig Knüpf- und Spannfaden, indem Sie einen halben Weberknoten ausführen, so daß nun wieder der Spannfaden der zu Ende gehende Faden ist. Knüpfen Sie darauf noch einen Ring oder Bogen und verfahren Sie beim Anlegen des neuen Fadens wie beschrieben.

Tipp für Fortgeschrittene: *Knüpfen Sie den neuen Faden in Occhi verkehrt (siehe Seite 85) mit.*

Wollen Sie die beiden Fadenenden lieber miteinander verknoten und diese nach Beendigung der Arbeit vernähen, so legen Sie einen neuen Faden am besten zwischen Ringen oder zwischen Ringen und Bogen an, d.h. immer am Beginn eines neues Abschnitts. Verknoten und sichern Sie dadurch die beiden Fäden mit dem Weberknoten und fahren Sie mit der Arbeit fort. Zum Vernähen teilen Sie entweder den Faden und

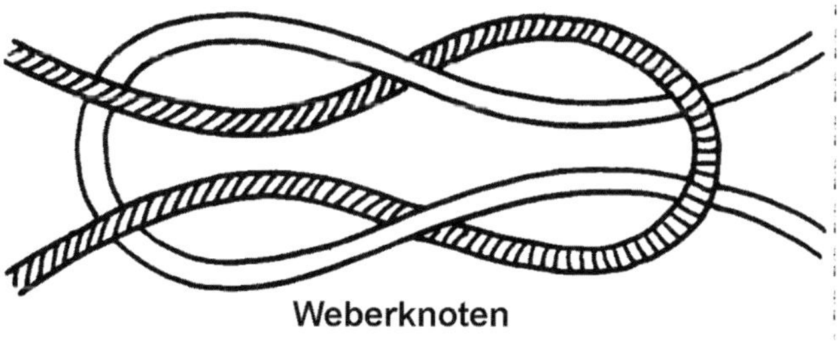

Weberknoten

vernähen die Fadenenden auf der Rückseite der Arbeit mit einer dünnen Nähnadel, oder Sie stechen dabei jeweils einmal von hinten, dann wieder von vorne zwischen die Doppelknoten ein.

Am Ende einer Spitze und bei Occhispitzen, die mit 1 Schiffchen gearbeitet sind, werden die Fäden immer vernäht.

Arbeiten Sie mit einem Faden, der nicht besonders glatt ist, so wird es in manchen Fällen auch ausreichend sein, die Fadenenden einfach mittels Weberknotens miteinander zu verknoten, auf den Knoten einen Tupfer Nagellack zu geben und die Fäden danach abzuschneiden. Synthetische Fasern können Sie auch unter Zuhilfenahme eines Feuerzeugs sichern. Bedenken Sie dabei jedoch, daß Ihr Stück mehrere Waschvorgänge unbeschadet überstehen soll, und wählen Sie lieber eine Methode, die die Fadenenden gut sichert!

Gehen **Knüpf- und Spannfaden** gleichzeitig zu Ende, so hätten Sie an einer Stelle gleich vier Fäden zu verknoten bzw. zu vernähen. Dazu ein kleiner Trick:

Wickeln Sie den neuen Faden zuerst auf das erste Schiffchen, hierauf wickeln Sie nun soviel Faden vom Knäuel, wie sie zum Bewickeln des zweiten Schiffchens benötigen; bewickeln Sie damit nun das zweite Schiffchen *(Siehe Abbildung Seite 32)* und knoten Sie den nun durchgehenden Faden an die letzten gearbeiteten Doppelknoten an. – Oder:

Bewickeln Sie das erste und das zweite Schiffchen getrennt mit Garn, knoten Sie daraufhin die Fadenenden aneinander; wickeln Sie den Knoten 20–30 cm auf eines der Schiffchen auf und schließen Sie den neuen Faden an die Arbeit an. Auf diese Weise bleiben Ihnen jeweils nur zwei Fäden an einer Stelle zu überknüpfen oder zu vernähen.

Sollte die von Ihnen gearbeitete Spitze später auf einen Stoff aufgenäht werden, so knoten Sie den neuen Faden einfach nur an; arbeiten Sie die Spitze zu Ende, legen Sie diese auf den Stoff auf und ziehen Sie die Fadenenden durch den Stoff. Auf dessen Rückseite können die Fadenenden dann entweder mehrmals verknotet oder vernäht werden.

Fehler ausbessern

Schneiden Sie das betreffende Stück kurzerhand mit der Schere ab, ohne dabei die übrigen Teile der Spitze zu beschädigen, und beginnen Sie das fehlerhafte Teilstück von neuem. – Oder:

Lösen Sie die betreffenden Knoten mit Hilfe einer Nadel wieder auf. Wollen Sie einen Ring auflösen, so müssen Sie zuerst den letzten Knoten lockern und den Faden zu einer großen Schlinge ziehen. Schieben Sie nun die mittleren Doppelknoten des Ringes mit Daumen und Zeigefinger auseinander, so daß Sie den Einlagefaden des Ringes sehen können. Ziehen Sie nun mit einer Nadel am Einlagefaden an und erweitern Sie dadurch den Ring so weit, bis Sie wieder Doppelknoten für Doppelknoten mit der Nadel auflösen können.

Musterteil

Der Musterteil ist nach Schwierigkeitsgrad geordnet und wird von kurzen Tipps für Fortgeschrittene unterbrochen. Jedes Muster wird durch eine Musterzeichnung und die dazugehörige Occhischrift verdeutlicht. Anfängern empfehlen wir, von vorne zu beginnen, um sich langsam mit der Occhitechnik vertraut zu machen.

Falls nicht anders angegeben, stammen die Muster aus handschriftlich tradierten und vervielfältigten Musterzeichnungen aus dem Moskauer Raum. Bei einigen sind die ursprünglichen „westlichen" Quellen noch nachvollziehbar und dann auch im Anhang angemerkt.

Arbeitsmaterial

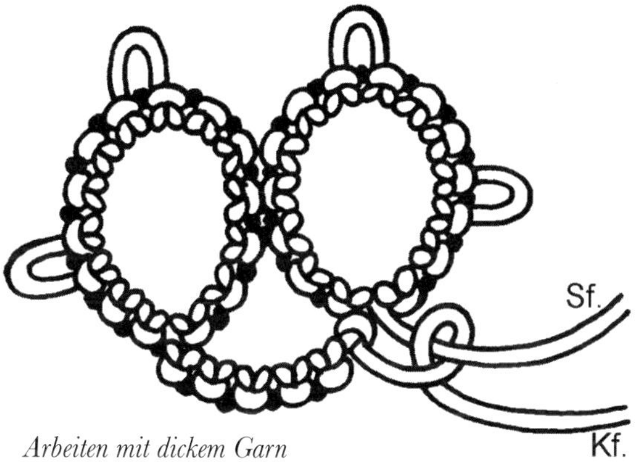

Arbeiten mit dickem Garn

Verwenden Sie für Spitzen unbedingt reißfestes, nicht zu locker gedrehtes Garn, das nicht zu glatt sein sollte, denn sehr glattes Garn erschwert das Fadenanknüpfen und -vernähen. Die Stärke des Garns ist vom Verwendungszweck abhängig. Für den Anfang ist es jedoch günstig, nicht allzu feines Garn zu verwenden. Zum Experimentieren mit der Occhitechnik ist jeder Faden geeignet. Die meisten Spitzen im Musterteil sind aus Cordonnct-Kunstseide „Rotunda" gearbeitet.

Tipp: *Arbeiten Sie mit dickem Garn, so beenden Sie einen Bogen mit einem zusätzlichen Rechtsknoten. Knüpfen Sie dann einen Ring und beginnen Sie den nächsten Bogen mit einem zusätzlichen Linksknoten. Arbeiten Sie laut Musterzeichnung weiter. Die Spitze liegt glatt auf.*

SPITZEN UND EINSÄTZE

OCCHISPITZEN – MIT EINEM SCHIFFCHEN GEARBEITET

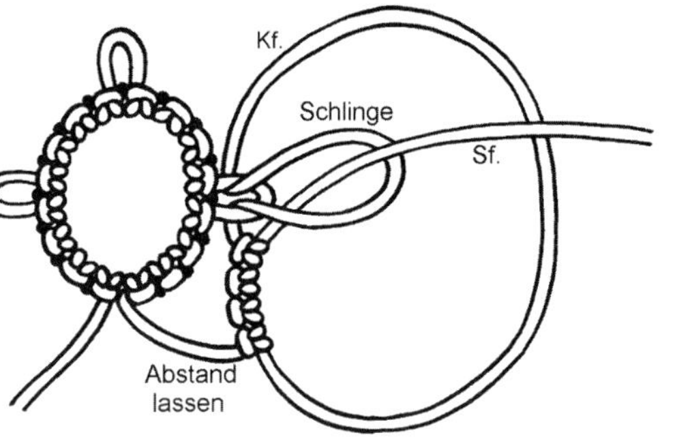

Bei Occhispitzen aus dem 19. Jahrhundert ist zu beobachten, daß sie sich meist aus vielen einzelnen Motiven zusammensetzen, die wiederum durch Nähen oder Häkeln miteinander verbunden sind. Sie wurden zumeist mit nur einem Schiffchen gearbeitet. Die Musterungsmöglichkeit war dabei auf das Aneinanderreihen von Ringen beschränkt, die entweder zu Rosetten dicht aneinandergearbeitet oder durch das Einhalten eines Abstands zwischen den einzelnen Ringen durch einen Faden miteinander verbunden wurden.

Aus der Musterzeichnung geht das daraus hervor, daß bei den Bogen keine Zahlenangaben vorliegen, da hier ja keine Knoten geknüpft werden, sondern nur der Faden weitergespannt wird. In der Occhischrift ist das Weiterspannen des Fadens durch — bezeichnet. Die Occhischrift enthält nur **R**.

Beginn: Anfangsfaden mitknüpfen

Fassen Sie den Faden zu einem Ring und knüpfen Sie den ersten Rechtsknoten. Ziehen Sie den Anfangsfaden mit der Häkelnadel durch die Schlinge (1), die

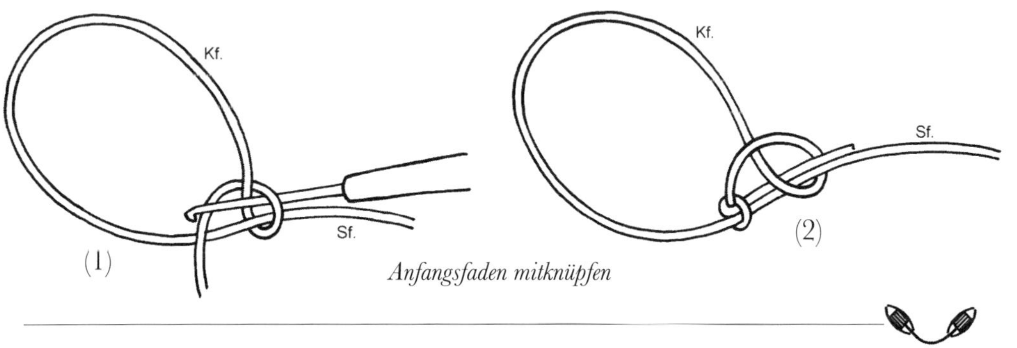

Anfangsfaden mitknüpfen

durch den ersten Rechtsknoten gebildet wird, und knüpfen Sie darauf einen Linksknoten. Bevor Sie den Knoten festschürzen, ziehen Sie den Anfangsfaden wieder mit der Häkelnadel durch die Schlinge (2). Knüpfen Sie den Anfangsfaden auf diese Weise noch einige Doppelknoten lang mit. Arbeiten Sie den Ring laut Vorlage zu Ende und schneiden Sie den Anfangsfaden mit der Schere ab.

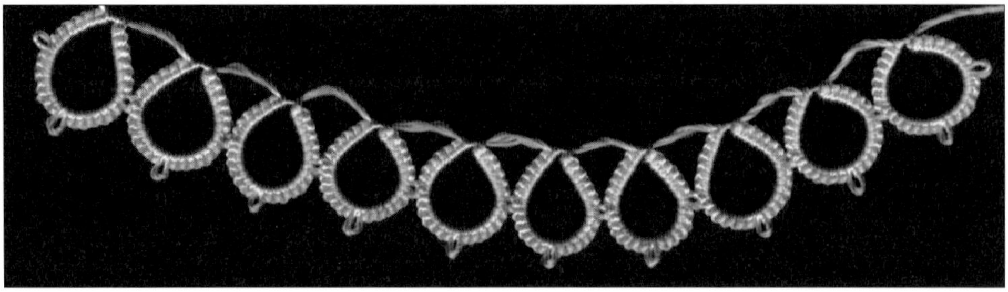

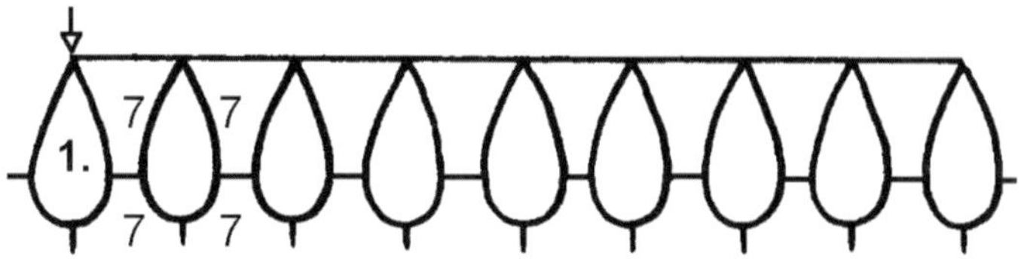

1. R (7▲7△7△7) —

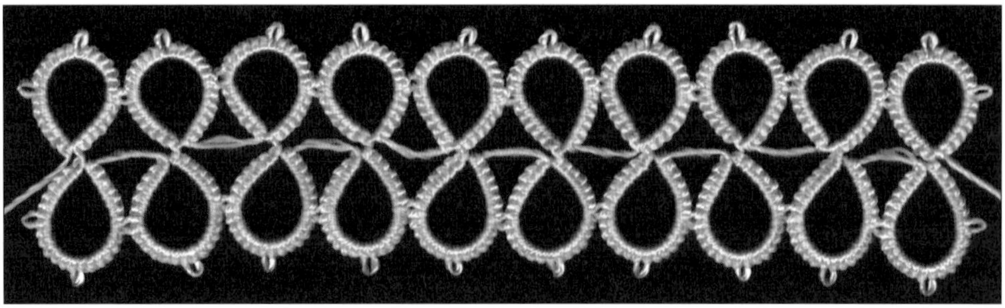

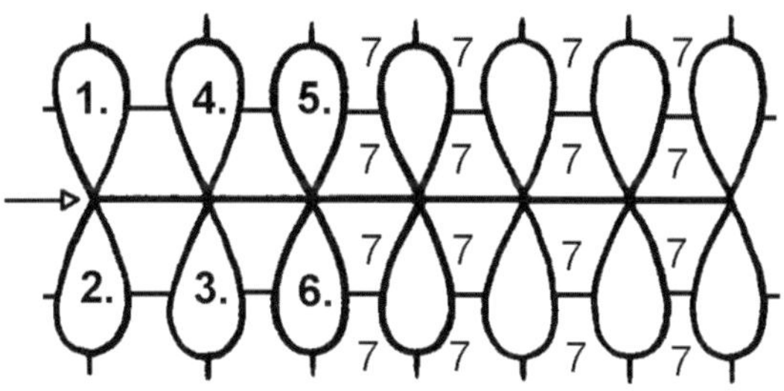

1. R (7▲7△7△7) wenden
2. R (7▲7△7△7) —
3. R (7▲7△7△7) wenden
4. R (7▲7△7△7) —
5. R (7▲7△7△7) wenden
6. R (7▲7△7△7) —

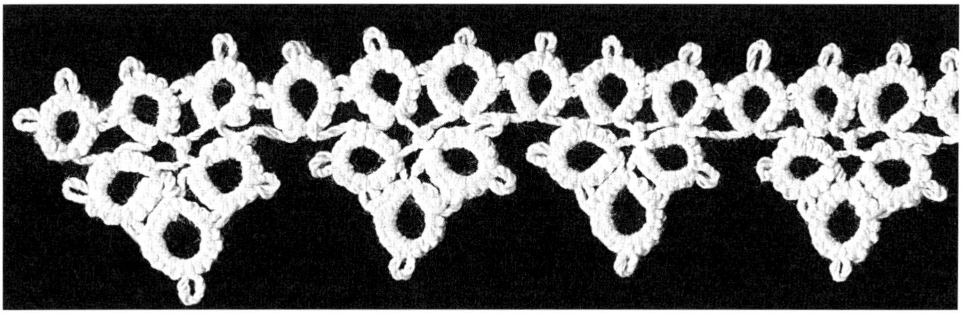

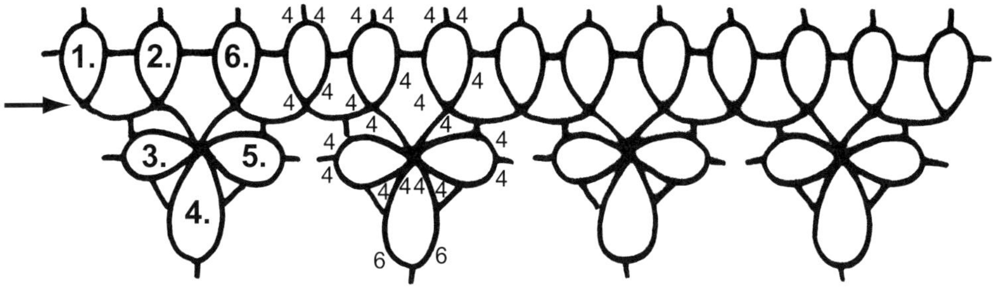

1. R (4△4△4△4) – Faden weiterspannen
2. R (4▲4△4△4) – Faden weiterspannen
3. R (4▲4△4△4)
4. R (4▲6△6△4)
5. R (4▲4△4△4) – Faden weiterspannen
6. R (4▲4△4△4) – anschließen

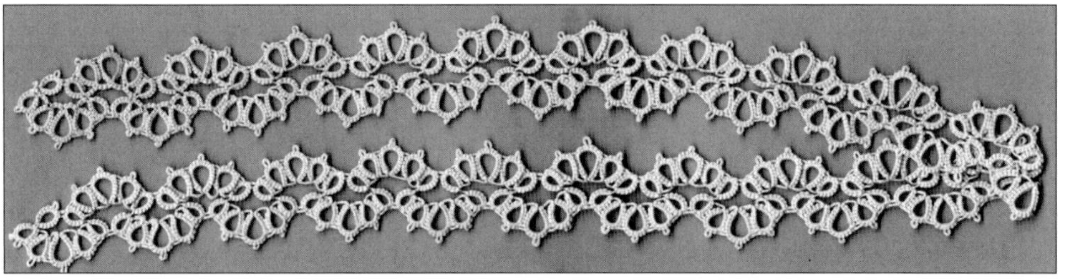

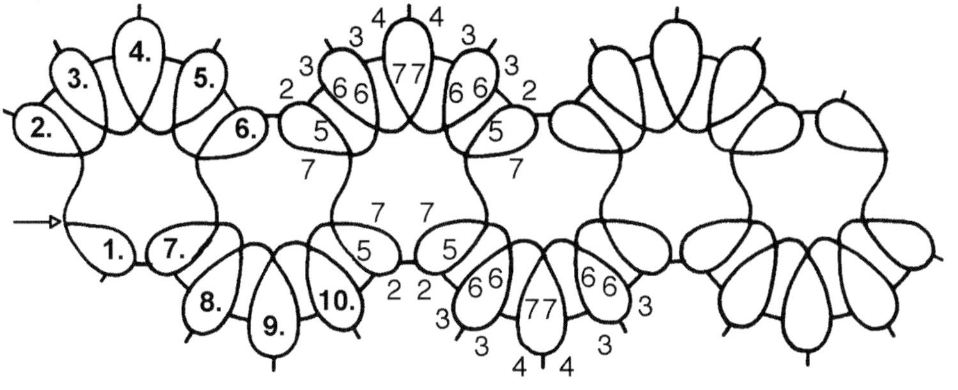

1. R (5▲2△7) — wenden
2. R (7▲2△5) —
3. R (6▲3△3△6) —
4. R (7▲4△4△7) —
5. R (6▲3△3△6) —
6. R (5▲2△7) — wenden
7. R (7▲2△5) —
8. R (6▲3△3△6) —
9. R (7▲4△4△7) —
10. R (6▲3△3△6) —

EIN SCHIFFCHEN + GARNKNÄUEL

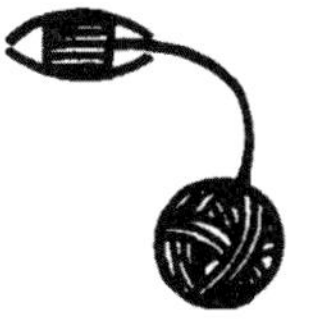

Ersehen Sie aus der Occhischrift, daß immer dasselbe Schiffchen in der rechten Hand liegt – nur $\mathbf{R_1}$ und $\mathbf{B_2}$ oder nur $\mathbf{R_2}$ und $\mathbf{B_1}$ –, so können Sie auf das zweite Schiffchen verzichten. Lassen Sie den Faden vom Schiffchen direkt zum Garnknäuel laufen und beginnen Sie die Spitze mit einer Anfangsöse.

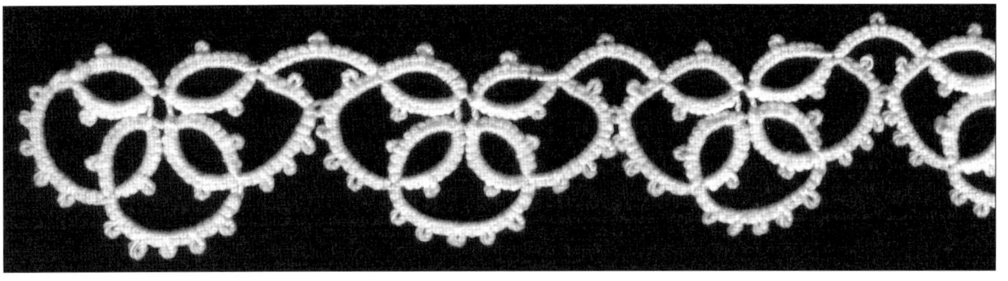

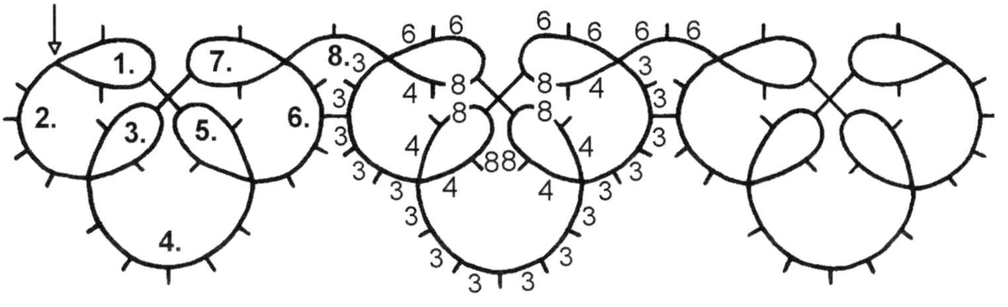

1. R_1 (6△6△8△4)
2. B_2: 3△3▲3△3△3
3. R_1 (4△8▲8△4)
4. B_2: 3△3△3△3△3△3
5. R_1 (4△8▲8△4)
6. B_2: 3△3△3△3△3
7. R_1 (4△8▲6△6)
8. B_1: 6△6

Occhispitzen – mit zwei Schiffchen gearbeitet

In der Regel werden Occhispitzen heutzutage mit zwei Schiffchen gearbeitet. Ringe und Bogen werden sowohl mit dem ersten – $\mathbf{R_1}$, $\mathbf{B_1}$ – als auch mit dem zweiten Schiffchen – $\mathbf{R_2}$, $\mathbf{B_2}$ – gefertigt.

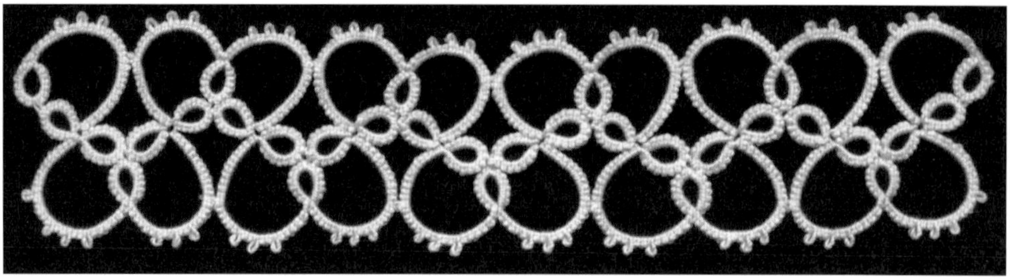

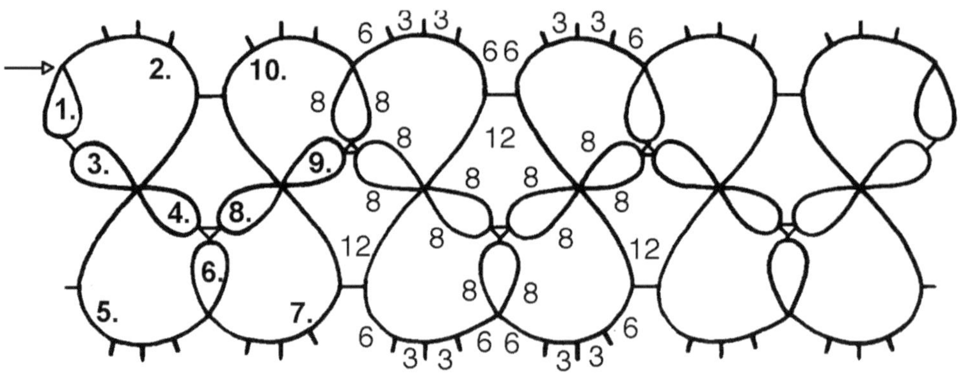

1. R_1 (8▲8)
2. B_2: 6△3△3△6△12
3. R_1 (8▲8)
4. R_2 (8△8)
5. B_1: 12▲6△3△3△6
6. R_2 (8▲8)
7. B_1: 6△3△3△6△12
8. R_2 (8▲8)
9. R_1 (8△8)
10. B_2: 12▲6△3△3△6

(Siehe Farbbild 3 nach Seite 49, Farbbild 2 vor Seite 66 und Farbbild 1 nach Seite 127)

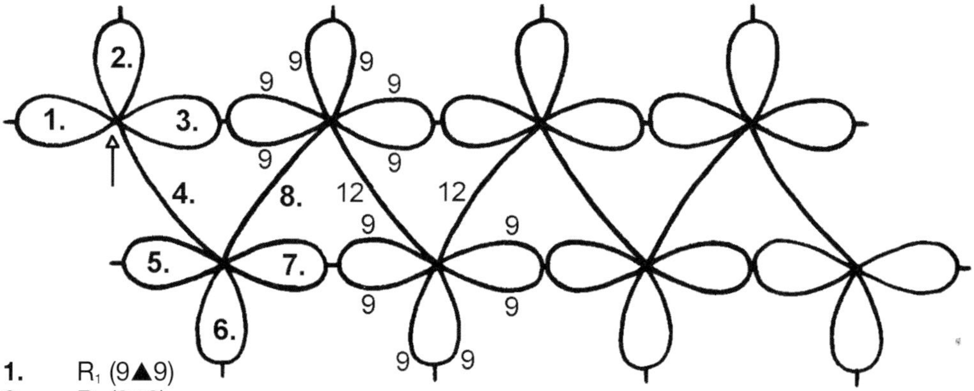

1. R_1 (9▲9)
2. R_1 (9Δ9)
3. R_1 (9Δ9)
4. B_2: 12
5. R_2 (9▲9)
6. R_2 (9Δ9)
7. R_2 (9Δ9)
8. B_1: 12

(Siehe Farbbild 3 nach Seite 65)

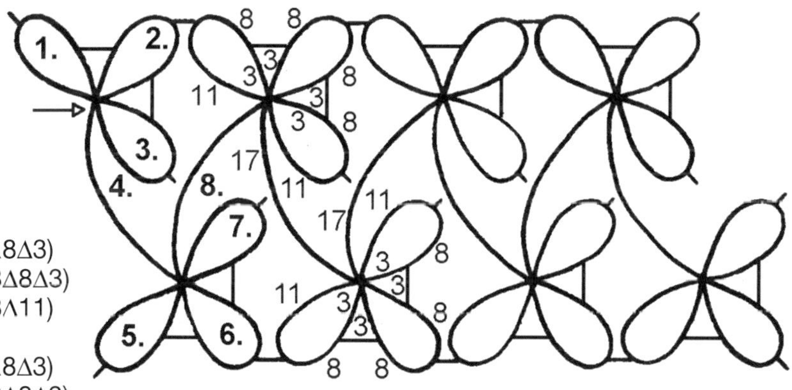

1. R_1 (11▲8Δ3)
2. R_1 (3▲8Δ8Δ3)
3. R_1 (3▲8Λ11)
4. B_2: 17
5. R_2 (11▲8Δ3)
6. R_2 (3▲8Δ8Δ3)
7. R_2 (3▲8Δ11)
8. B_1: 17

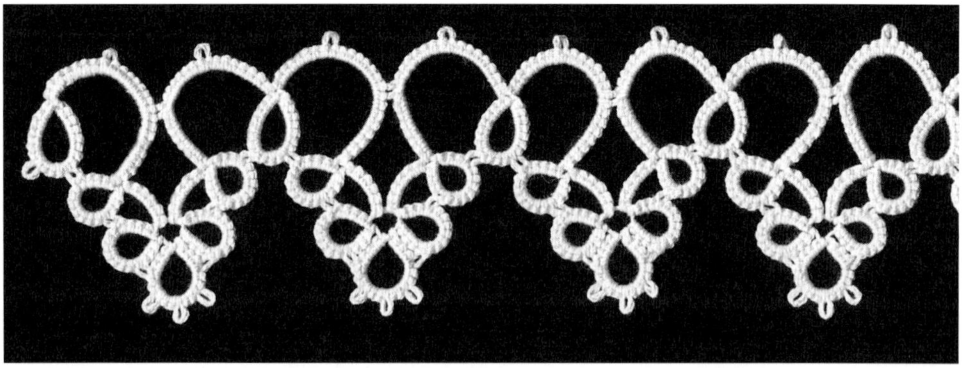

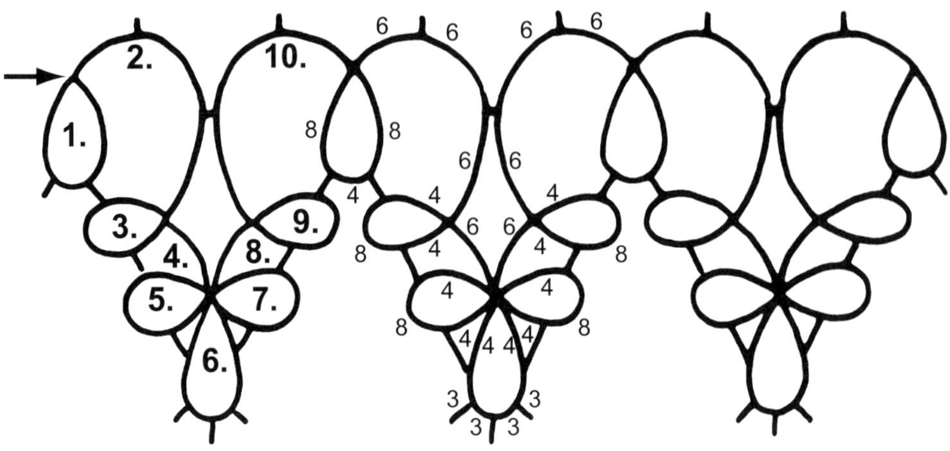

1. R_1 (8Δ4Δ8) in der Folge (8▲4Δ8)
2. B_2: 6Δ6Δ6
3. R_1 (4▲8Δ4)
4. B_2: 6
5. R_1 (4▲8Δ4)
6. R_1 (4▲3Δ3Δ3Δ3Δ4)
7. R_1 (4▲8Δ4)
8. B_2: 6
9. R_1 (4▲8Δ4)
10. B_2: 6▲6Δ6

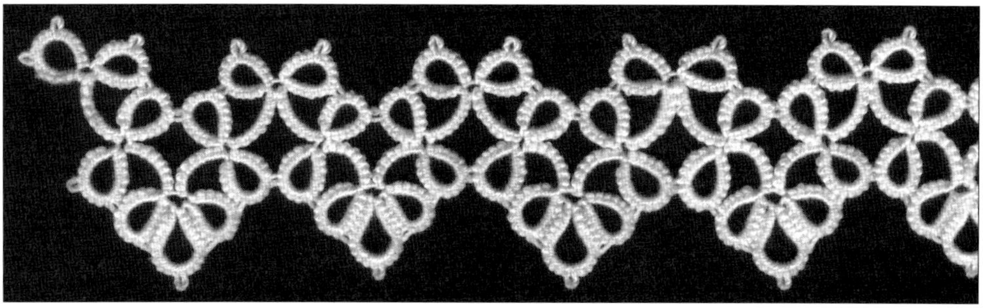

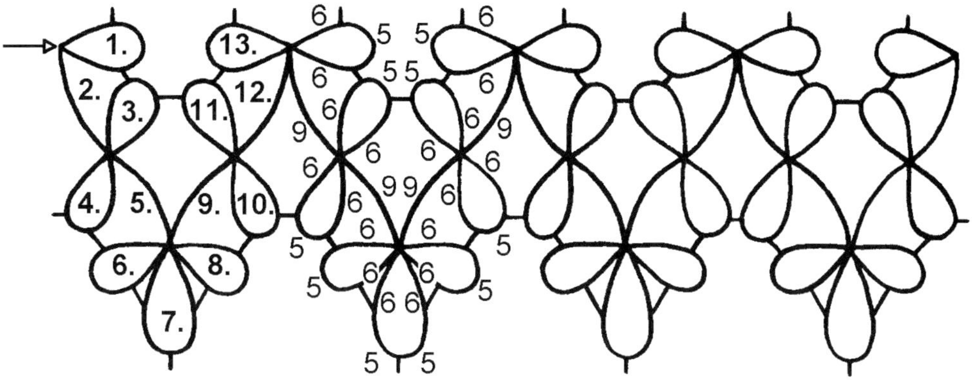

1. R_1 (6△5△6)
2. B_2: 9
3. R_1 (6▲5△6)
4. R_2 (6▲5△6)
5. B_1: 9
6. R_2 (6▲5△6)
7. R_2 (6▲5△5△6)
8. R_2 (6▲5△6)
9. B_1: 9
10. R_2 (6▲5△6)
11. R_1 (6▲5△6)
12. B_2: 9
13. R_1 (6▲5△6)

NEUE REIHE

Beginnen Sie eine neue Reihe, ohne den Knüpfvorgang zu unterbrechen, indem Sie die erste Reihe nach Musterzeichnung zu Ende arbeiten und die zweite Reihe direkt an die erste Reihe anschließen. In der Musterzeichnung und in der Occhischrift läuft die Numerierung weiter (**2., 3., 4.,** ...); in der Occhischrift ist das Übergangsmotiv nicht fett, sondern mager (2., 3., 4., ...) gedruckt.

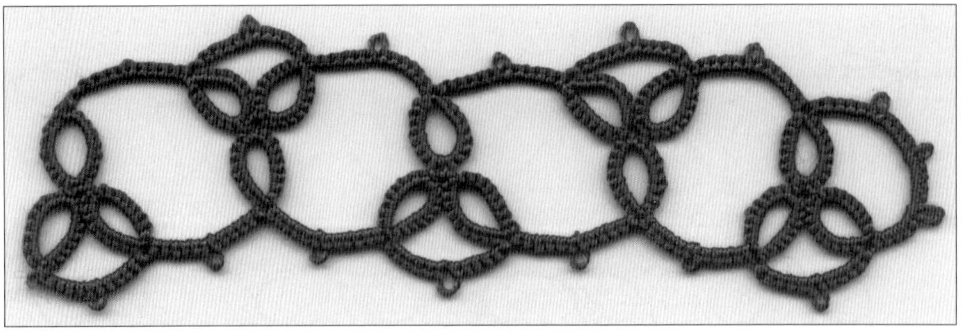

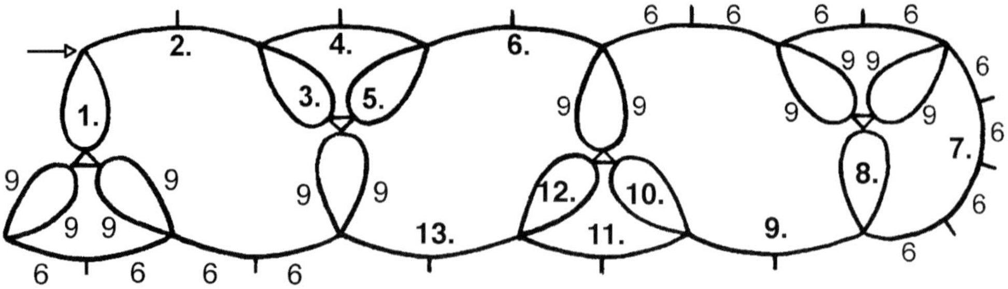

1. R_1 (9Δ9)
2. B_2: 6Δ6
3. R_1 (9Δ9)
4. B_2: 6Δ6
5. R_1 (9▲9)
6. B_2: 6Δ6

---

7. B_2: 6Δ6Δ6Δ6

---

8. R_1 (9▲9)
9. B_2: 6Δ6
10. R_1 (9▲9)
11. B_2: 6Δ6
12. R_1 (9▲9)
13. B_2: 6Δ6

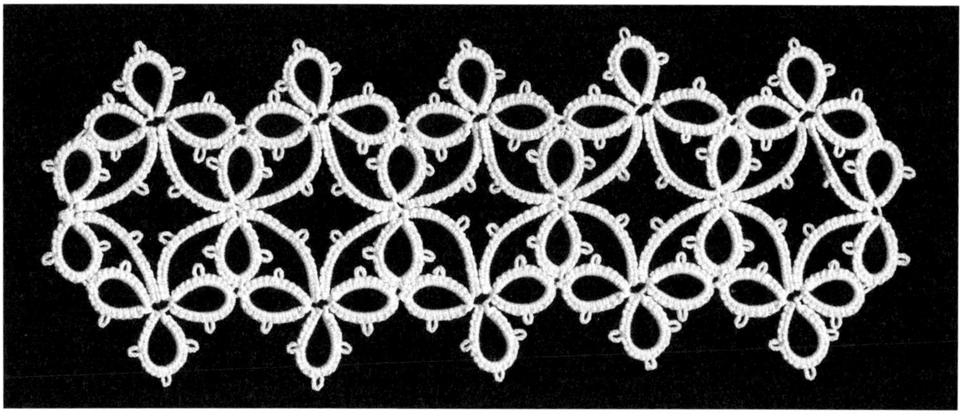

(Siehe Farbbild 2 vor Seite 66)

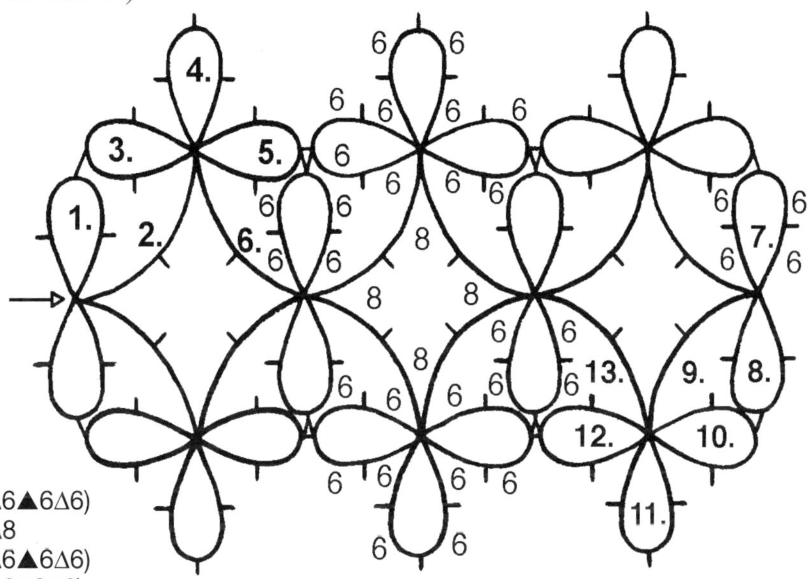

1.	R_1 (6Δ6▲6Δ6)
2.	B_2: 8Δ8
3.	R_1 (6Δ6▲6Δ6)
4.	R_1 (6Δ6Δ6Δ6)
5.	R_1 (6Δ6Δ6Δ6)
6.	B_2: 8Δ8
7.	R_1 (6Δ6▲6Δ6)
8. - 12.	wie **1. - 5.**
13.	B_2: 8Δ8 anschließen

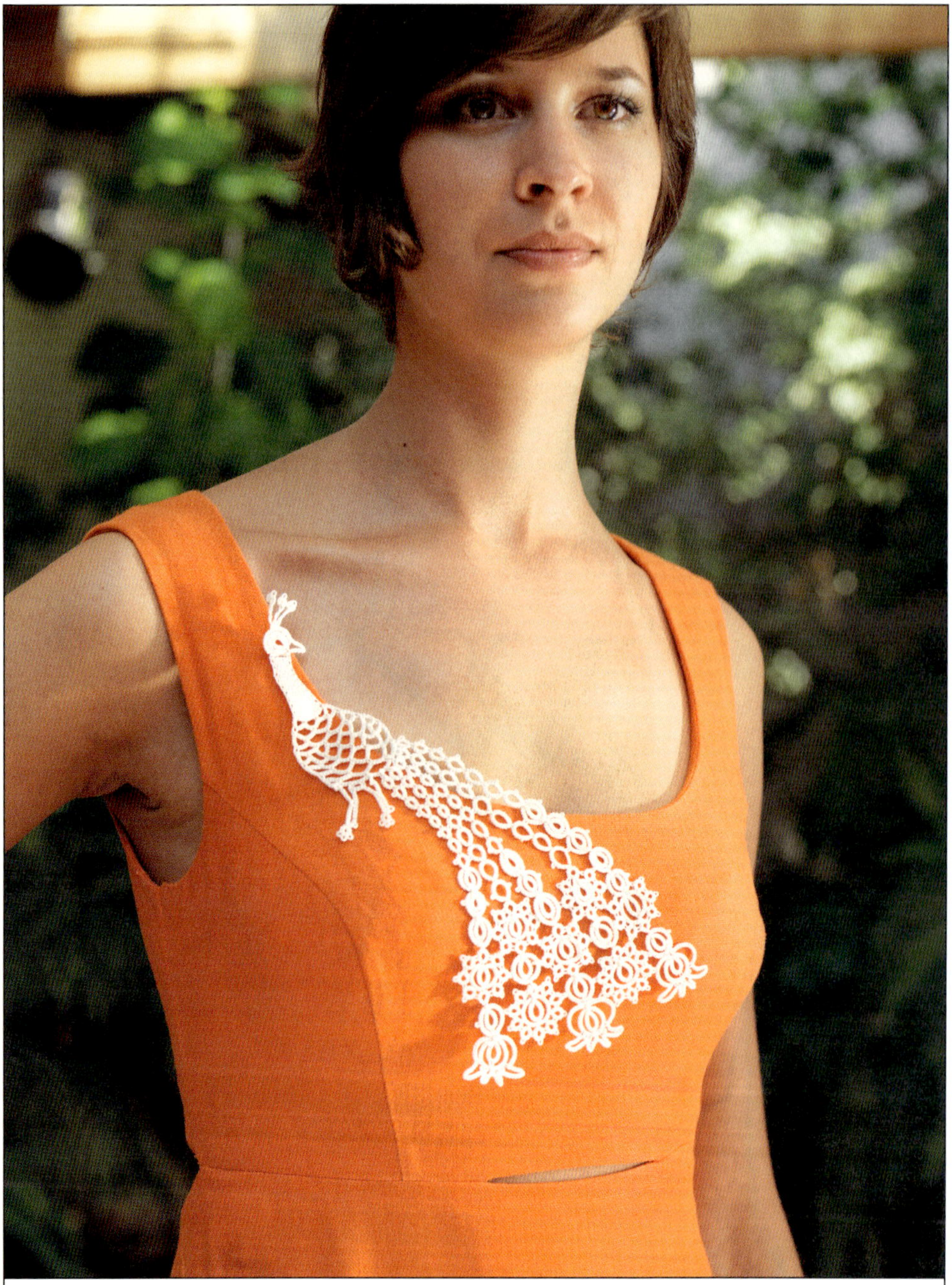

Leinenkleid mit schmückendem Pfau (s. S. 130 ff.)

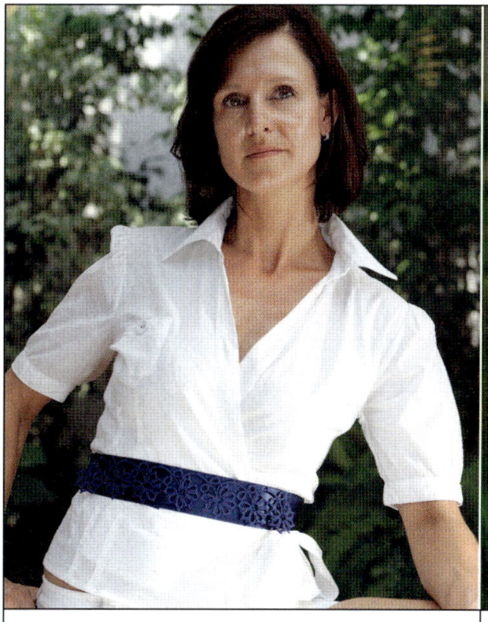

1) Schärpe (s. S. 55)

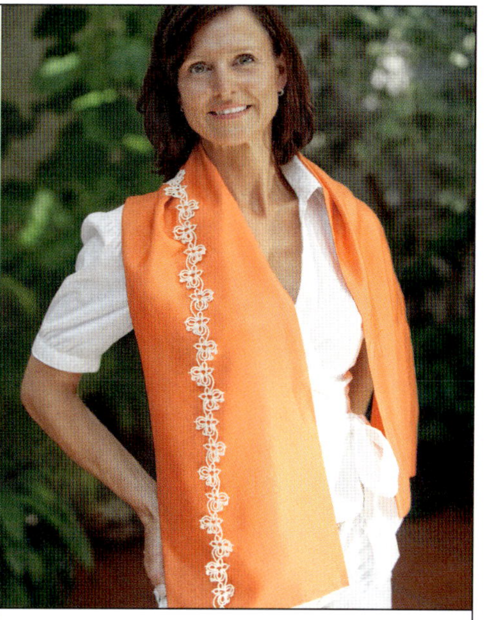

2) Seidenschal mit Schmetterlingen (s. S. 133)

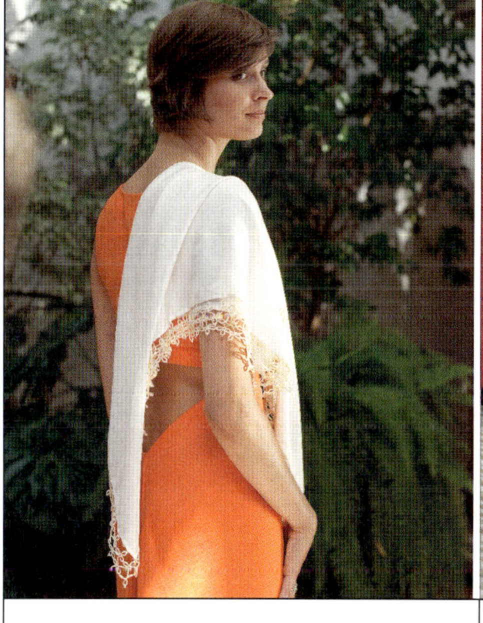

3) Tuch mit Occhi-Spitze (s. S. 45)

4) Pfau auf Seidenschal (s. S. 134 f.)

RING AUF DEM BOGEN

Wird ein Ring auf einem Bogen gearbeitet, so ist das in der Occhischrift durch die Bezeichnung **B_1/R_1** oder **B_2/R_1** usw. angegeben.
z.B.: **B_1/R_1: 5 Δ 5 (5 Δ 5) 5 Δ 5**

Die Zahlen innerhalb der runden Klammern beziehen sich auf den Ring, die Zahlen vor und nach der Klammer auf den Bogen.

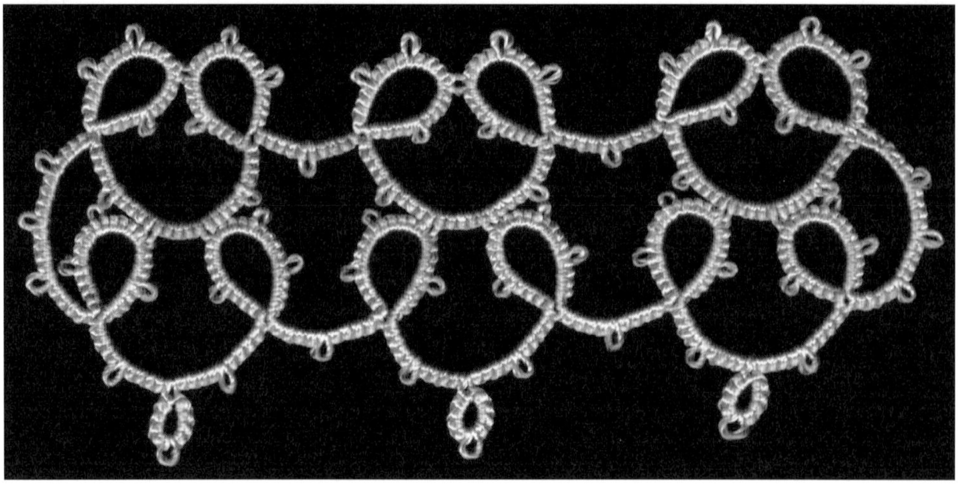

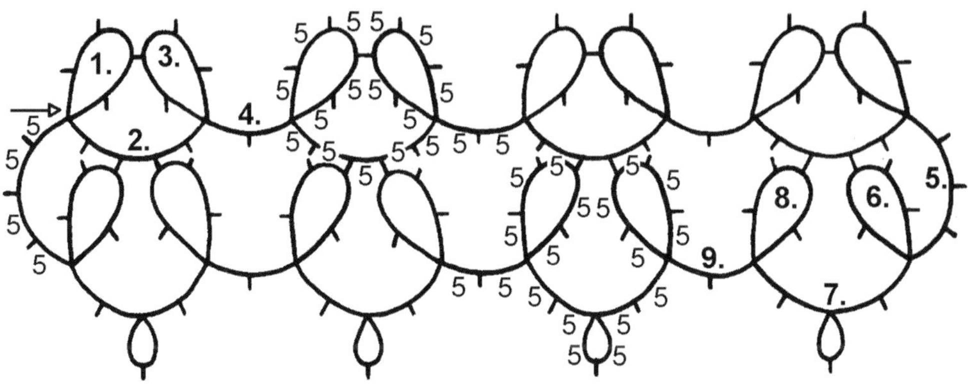

1. R_1 (5Δ5Δ5Δ5Δ5)
2. B_2: 5Δ5Δ5Δ5Δ5
3. R_1 (5Δ5▲5Δ5Δ5)
4. B_2: 5Δ5

5. B_1: 5Δ5Δ5Δ5

6. R_2 (5Δ5Δ5▲5Δ5)
7. B_1/R_1: 5Δ5(5Δ5)5Δ5
8. R_2 (5Δ5▲5Δ5Δ5)
9. B_1: 5Δ5

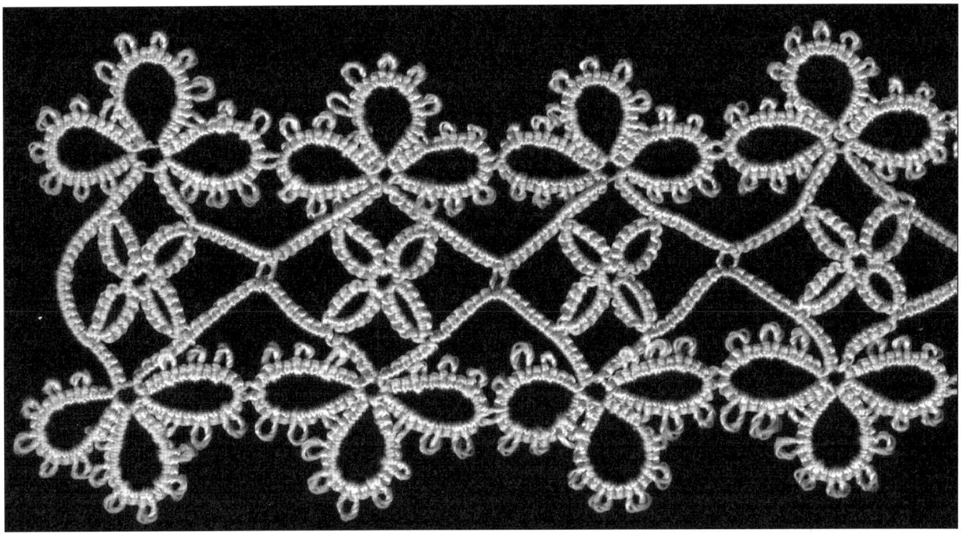

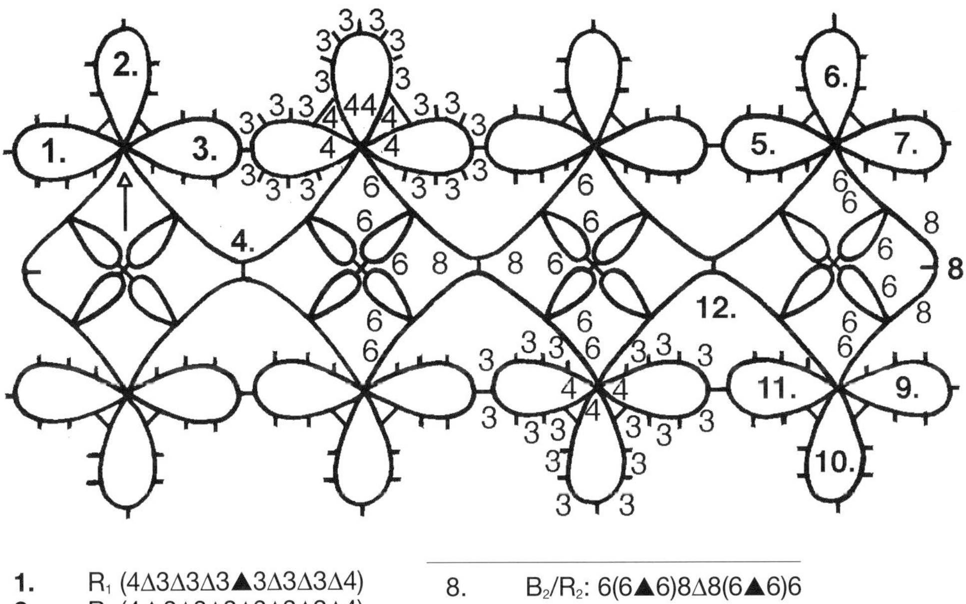

1. R_1 (4Δ3Δ3Δ3▲3Δ3Δ3Δ4)
2. R_1 (4▲3Δ3Δ3Δ3Δ3Δ3Δ4)
3. R_1 (4▲3Δ3Δ3Δ3Δ3Δ3Δ4)
4. B_2/R_2: 6(6▲6)8Δ8(6Δ6)6
5.-7. wie **1.-3.**

8. B_2/R_2: 6(6▲6)8Δ8(6▲6)6

9.-11. wie **1.-3.**
12. B_2/R_2: 6(6▲6)8▲8(6▲6)6

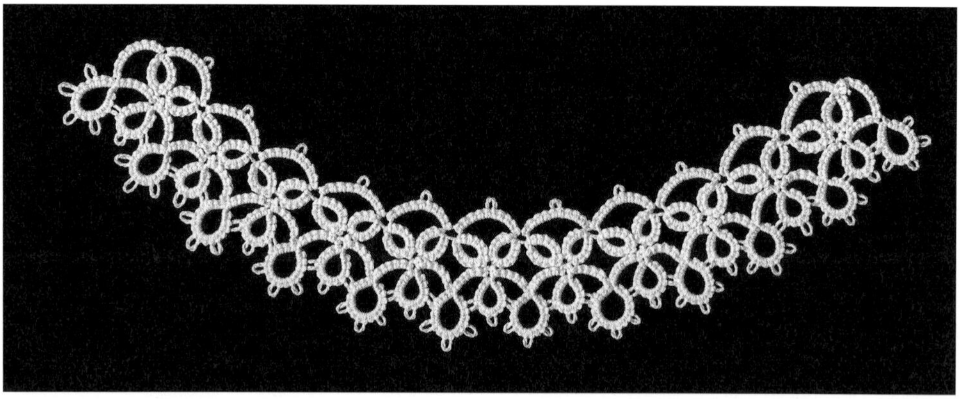

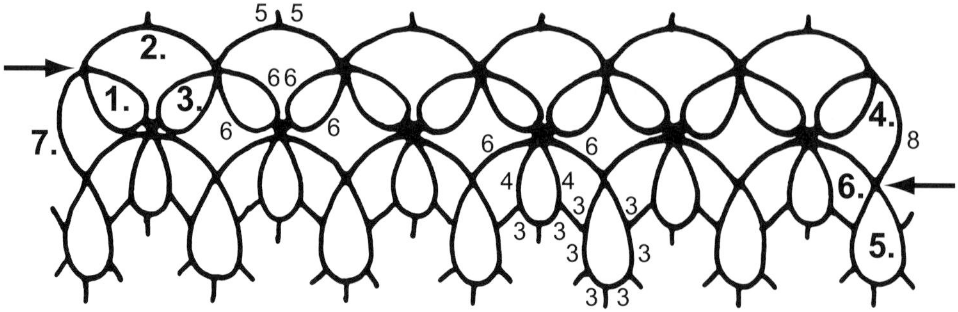

1. Reihe
1. R_1 (6△6)
2. B_2: 5△5
3. R_1 (6▲6)
4. B_2: 8

2. Reihe
5. R_2 (3△3△3△3△3△3)
in der Folge
R_2 (3▲3△3△3△3△3)
6. B_1/R_2: 6 (4▲3△3△4)△6

---

7. B_1: 6

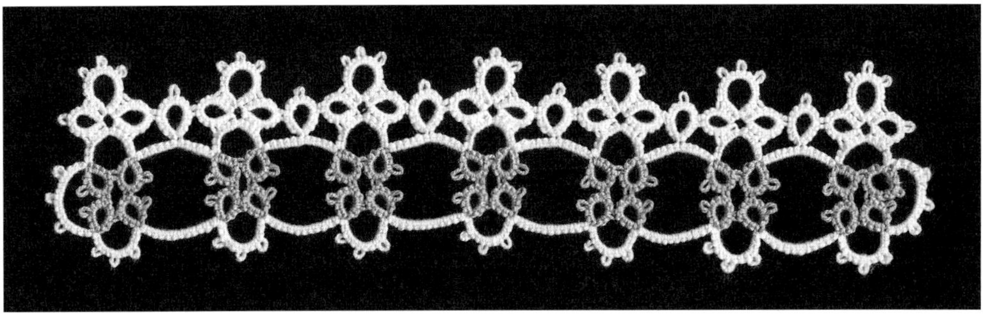

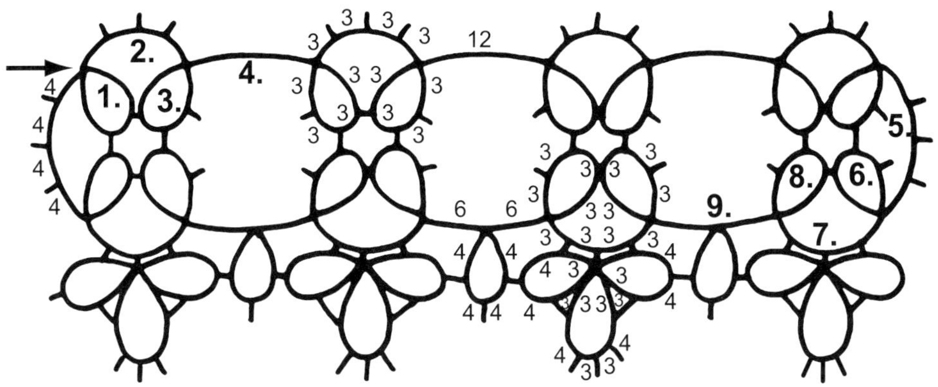

1. Reihe

1. R_1 (3△3△3△3)
2. B_2: 3△3△3△3
3. R_1 (3▲3△3△3)
4. B_2: 12

---

5. B_2: 4∧4∧4∧4

---

2. Reihe

6. R_1 (3△3▲3△3)
7. B_2/R_2: 3△3(3▲4△4△3)(3▲4△3△3△4△3)(3▲4△4△3) 3▲3
8. R_1 (3▲3▲3△3)
9. B_2/R_2: 6 (4▲4△4△4) 6

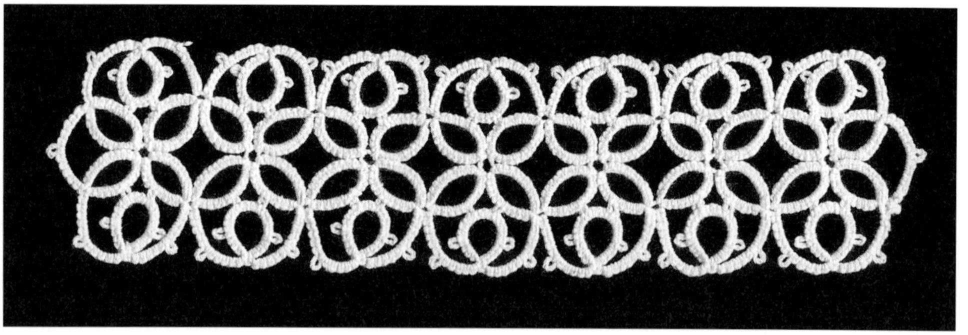

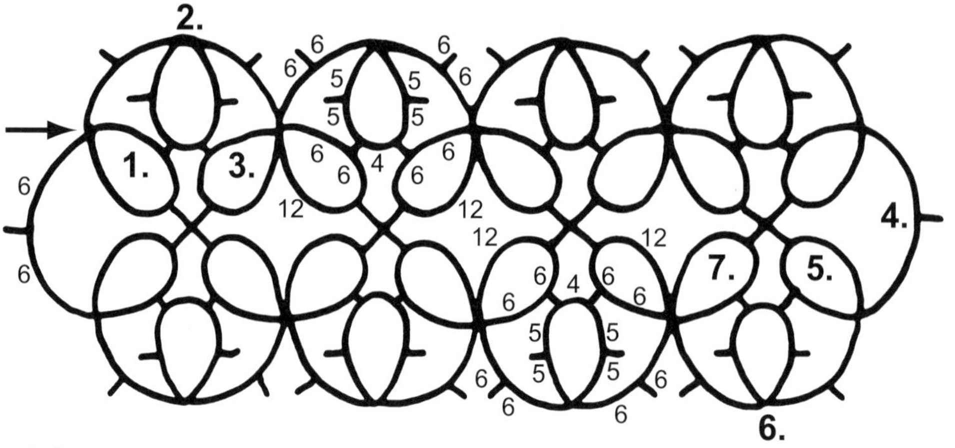

1. Reihe

1. R₁ (12△6△6)

2. B₂/R₁: 6△6 (5△5▲4△5△5) 6△6

3. R₁ (6▲6△12)

---

4. B₂: 6△6

---

2. Reihe

5. R₁ (12△6△6)

6. B₂/R₁: 6△6 (5△5▲4△5△5) 6△6

7. R₁ (6▲6▲12)

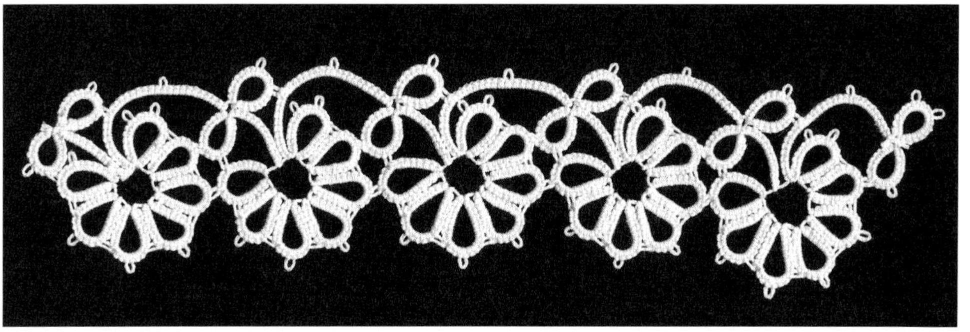

(Siehe Farbbild 1 vor Seite 50)

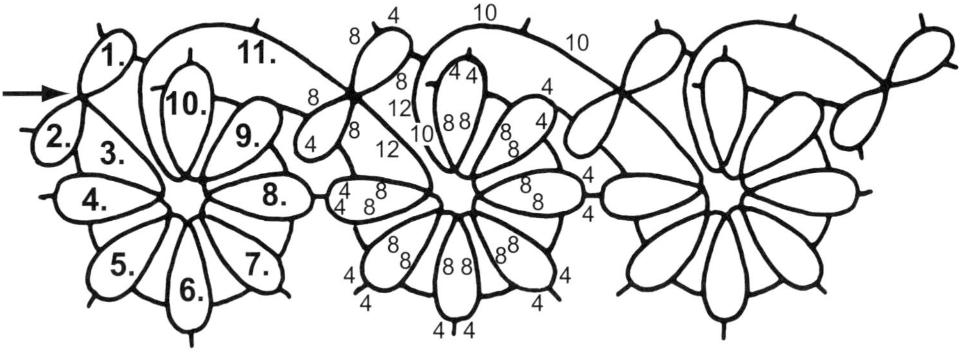

1. R1 (8△4△8)
2. R2 (8△4△8)
3. B1: 12
4. R2 (8▲4△4△8)
5. **– 10.** wie 4. zu arbeiten
11. B1: 10▲10△10

ANSCHLIESSEN

Schließen Sie an der in der Occhischrift mit **anschließen** bezeichneten Stelle an das betreffende Pikot – siehe Musterzeichnung – an. Stechen Sie dazu mit der Häkelnadel von hinten in das Pikot ein und ziehen Sie den Spannfaden von vorne nach hinten durch das Pikot zu einer Schlinge. Führen Sie das Schiffchen mit dem Spannfaden durch die Schlinge und schürzen Sie den soeben entstandenen Knoten dicht an den vorhergehenden an. Arbeiten Sie laut Angabe weiter.

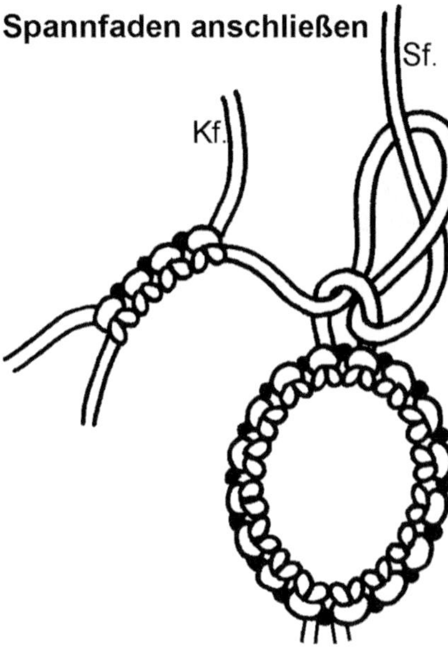

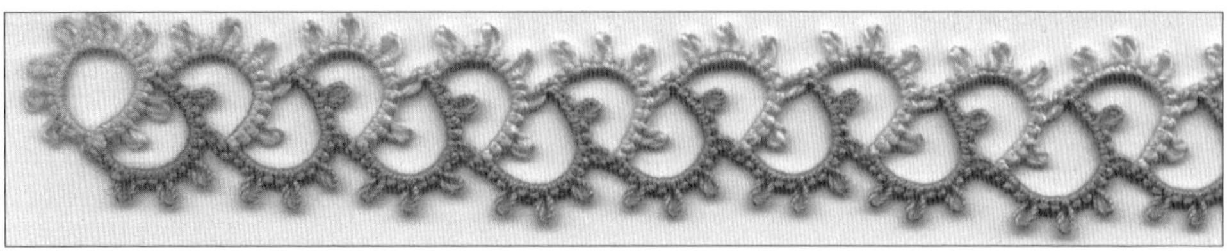

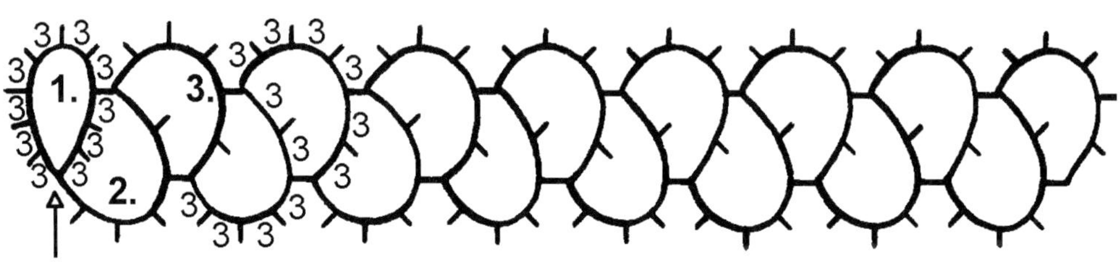

1. R_1 (3Δ3Δ3Δ3Δ3Δ3Δ3Δ3Δ3)

2. B_2: 3Δ3Δ3Δ3Δ3Δ3 anschließen
3. B_1: 3Δ3Δ3Δ3Δ3Δ3 anschließen

(Siehe zweifarbige Spitzen Seite 75)

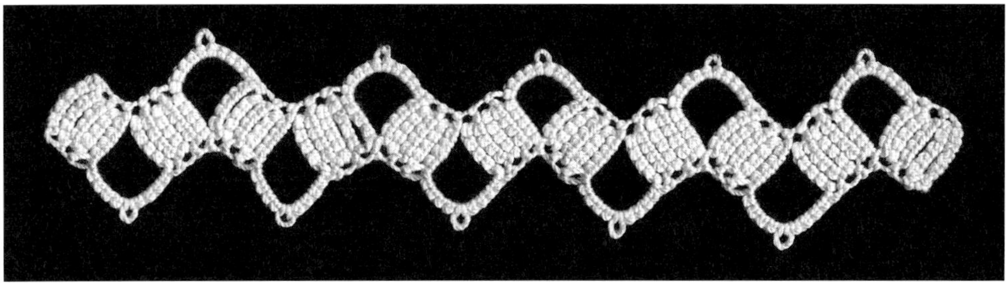

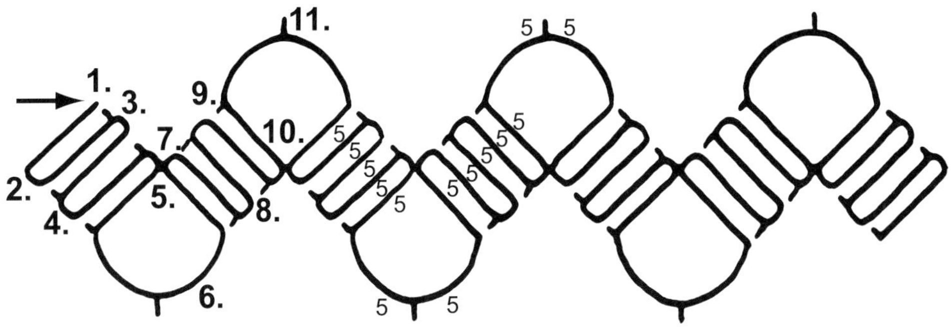

1. B_1: 5
2. B_2: 5 anschließen und wenden
3. B_1: 5 anschließen und wenden
4. B_2: 5 anschließen und wenden
5. B_1: 5 anschließen und wenden
6. B_2: 5Δ5Δ5
7. B_1: 5 anschließen und wenden
8. B_2: 5 anschließen und wenden
9. B_1: 5 anschließen und wenden
10. B_2: 5 anschließen und wenden
11. B_1: 5Δ5Δ5

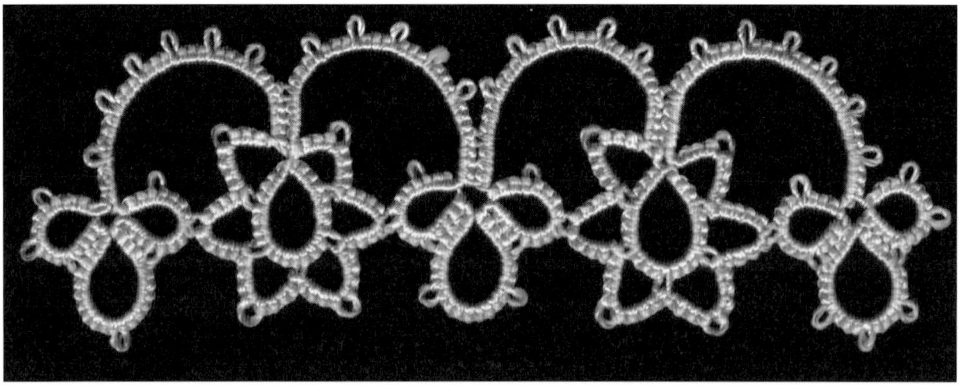

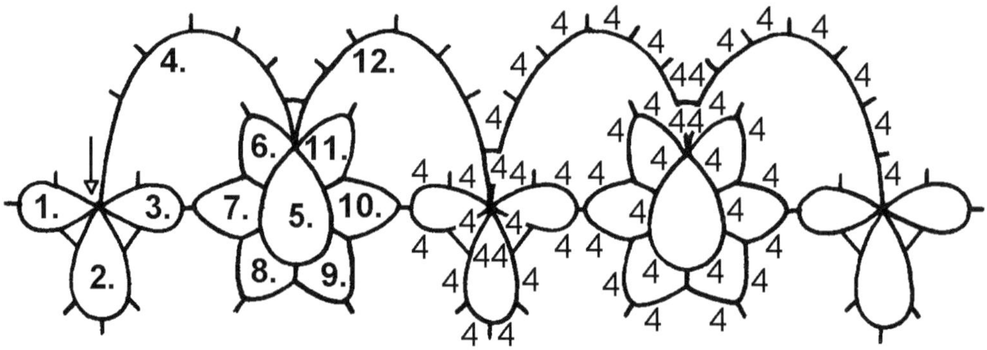

1. R_1 (4Δ4▲4Δ4)
2. R_1 (4▲4Δ4Δ4Δ4Δ4)
3. R_1 (4▲4Δ4Δ4)
4. B_2: 4▲4Δ4Δ4Δ4Δ4Δ4Δ4Δ4
5. R_2 (4Δ4Δ4Δ4Δ4Δ4)
6. B_1: 4Δ4 anschließen
7. B_1: 4▲4 anschließen
8. B_1: 4Δ4 anschließen
9. B_1: 4Δ4 anschließen
10. B_1: 4Δ4 anschließen
11. B_1: 4Δ4 anschließen
12. B_2: 4▲4Δ4Δ4Δ4Δ4Δ4Δ4Δ4

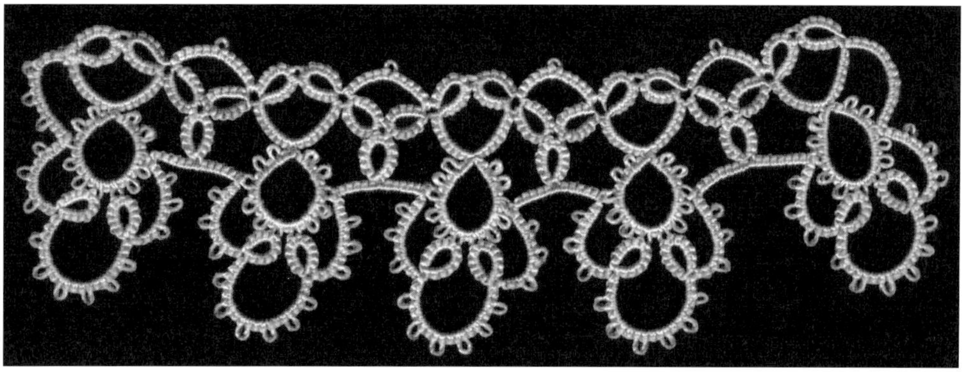

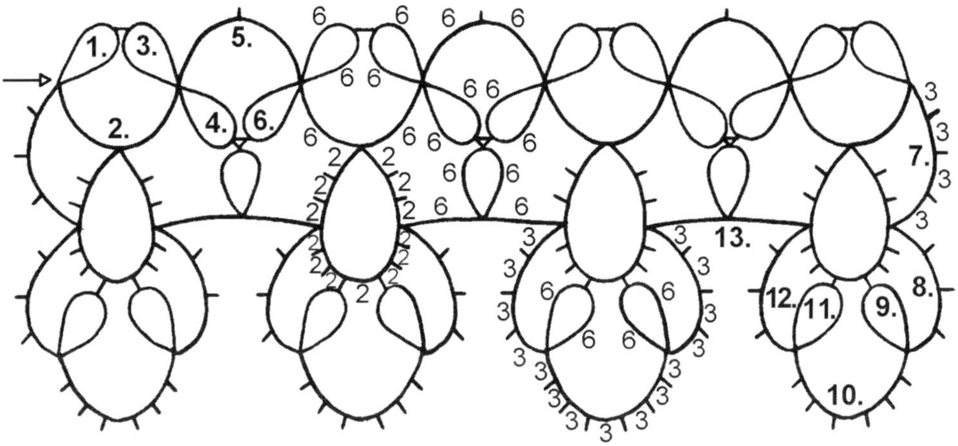

1. R_1 (6Δ6)
2. B_2/R_2: 6(2Δ2Δ2Δ2Δ2Δ2Δ2Δ2Δ2Δ2Δ2Δ2)6
3. R_1 (6▲6)
4. R_2 (6Δ6)
5. B_1: 6Δ6
6. R_2 (6▲6)

---

7. B_1: 3Δ3Δ3Δ3 anschließen

---

8. B_1: 3Δ3Δ3Δ3
9. R_2 (6▲6)
10. B_1: 3Δ3Δ3Δ3Δ3Δ3Δ3
11. R_2 (6▲6)
12. B_1: 3Δ3Δ3Δ3 anschließen
13. B_2/R_2: 6(6▲6)6 anschließen

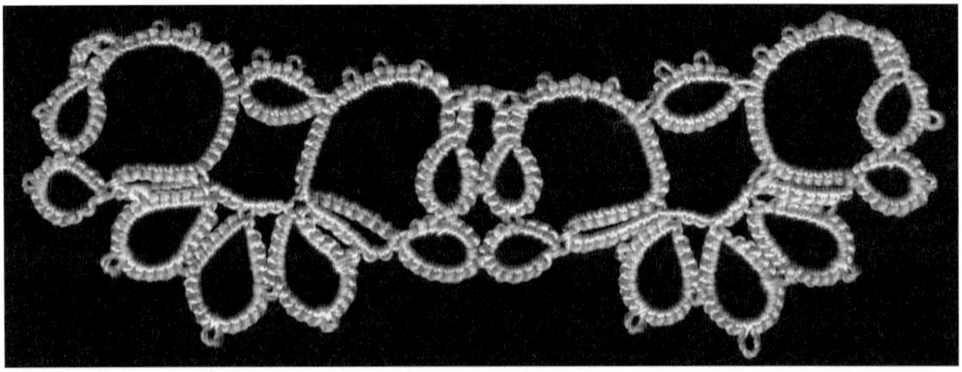

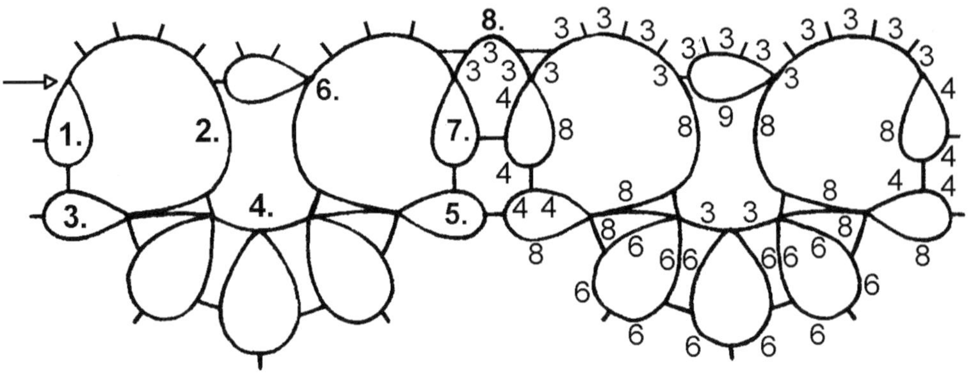

1. R_1 (4▲4Δ8)
2. B_2: 3▲3Δ3Δ3Δ3Δ3Δ8Δ8
3. R_1 (4▲4▲8)
4. B_1/R_1: 8 anschließen (6▲6Δ6Δ6)3(6▲6Δ6Δ6)3(6▲6Δ6Δ6)8 anschließen
5. R_1 (8Δ4Δ4)
6. B_2/R_2: 8▲8(9▲3Δ3Δ3)3Δ3Δ3Δ3Δ3
7. R_1 (8▲4Δ4)
8. B_2: 3▲3Δ3

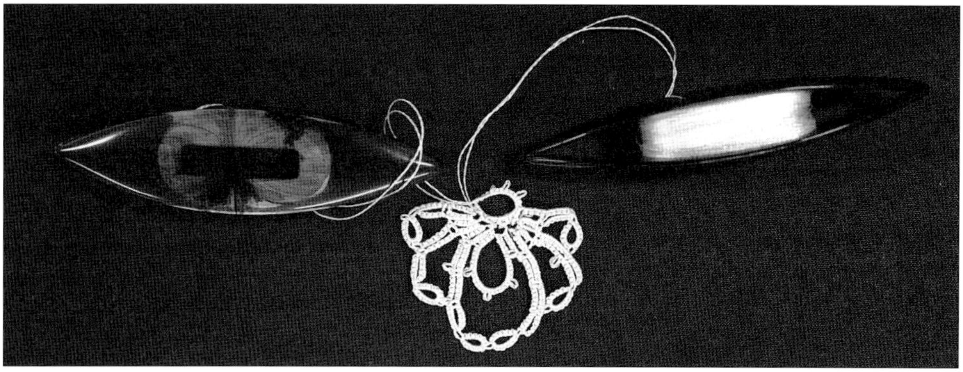

(*Siehe Farbbild 1 neben Seite 89*)

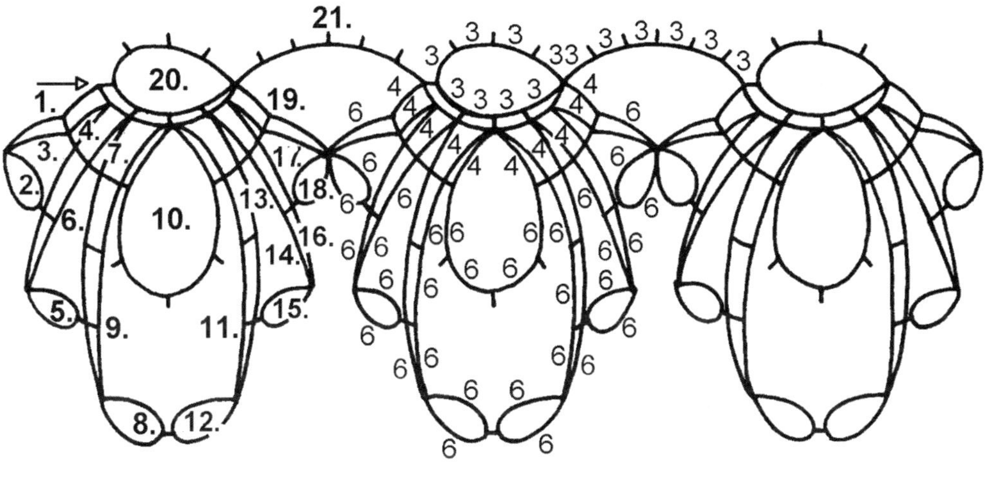

1. B_1: 4Δ6
2. R_2 (6Δ6)
3. B_2: 6▲Δ4 anschließen
4. B_1: 4▲Δ6▲Δ6
5. R_2 (6Δ6)
6. B_2: 6▲6▲Δ4 anschließen
7. B_1: 4▲Δ6Δ6▲Δ6
8. R_2 (6Δ6)
9. B_2: 6▲6▲6▲Δ4 anschließen
10. R_2 (4▲6Δ6Δ6Δ6Δ4)
11. B_1: 4▲Δ6Δ6Δ6
12. R_2 (6▲6)
13. B_2: 6▲Δ6▲6▲Δ4 anschließen
14. B_1: 4▲Δ6Δ6
15. R_2 (6▲6)
16. B_2: 6▲Δ6▲Δ4 anschließen
17. B_1: 4▲Δ6
18. R_2 (6▲6)
19. B_2: 6▲4 anschließen
20. R_1 (3▲3▲3▲3▲3Δ3Δ3Δ3)
21. B_1:(3Δ3Δ3Δ3Δ3Δ3)

NEUE REIHE ODER RUNDE BEGINNEN – ANSCHLUSS AN DIE VORREIHE

Besteht eine Spitze aus mehreren Reihen oder Runden (**1.1, 2.1** usw.), so gibt es verschiedene Möglichkeiten, an die Vorreihe anzuschlingen. Ausschlaggebend ist dabei die Stelle des Anschlusses. Beginnt die nächste Reihe mit dem Anschluß an ein Pikot der Vorreihe, so ziehen Sie den Faden, der im besten Fall durchgehend vom einen zum anderen Schiffchen läuft, mit der Häkelnadel durch das betreffende Pikot und schieben Sie das Schiffchen durch die so entstandene Schlinge. Ziehen Sie nun den Spannfaden an und schürzen Sie den folgenden Knoten dicht an den letzten an.

Verfahren Sie ebenso beim weiteren Anschluß an ein Pikot der Vorreihe. Ziehen Sie wieder den Spannfaden durch das betreffende Pikot zu einer Schlinge, führen Sie das Schiffchen durch diese hindurch und ziehen Sie den Spannfaden an.

Sie können auch direkt an einen versäuberten Rand anschließen.

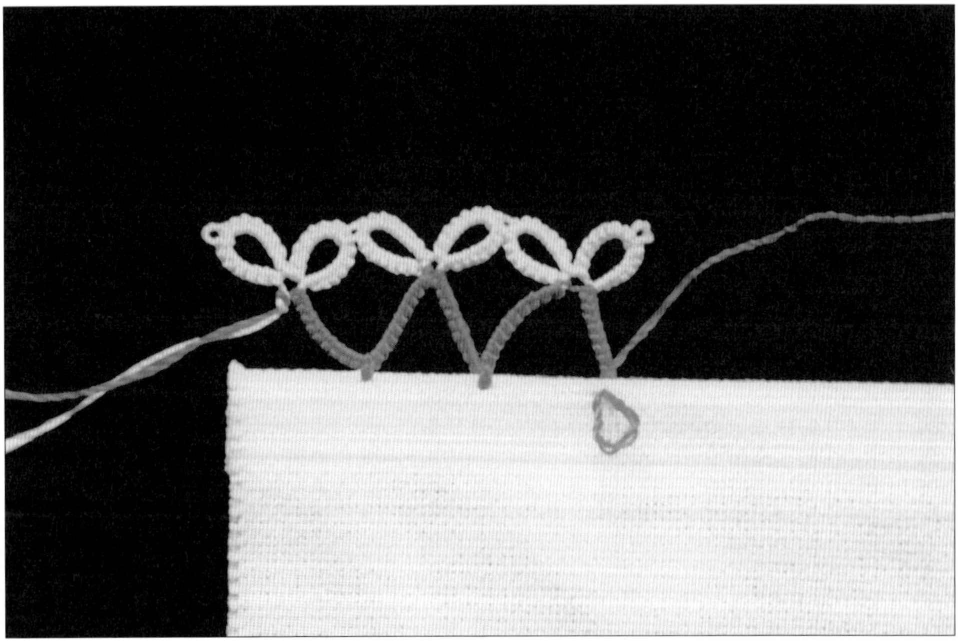

Anschließen an einen versäuberten Rand

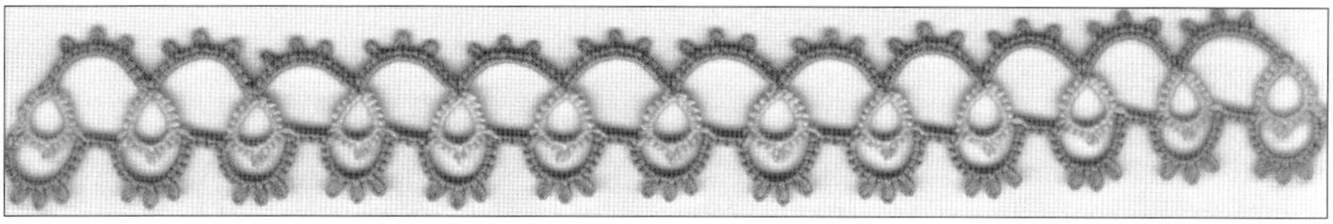

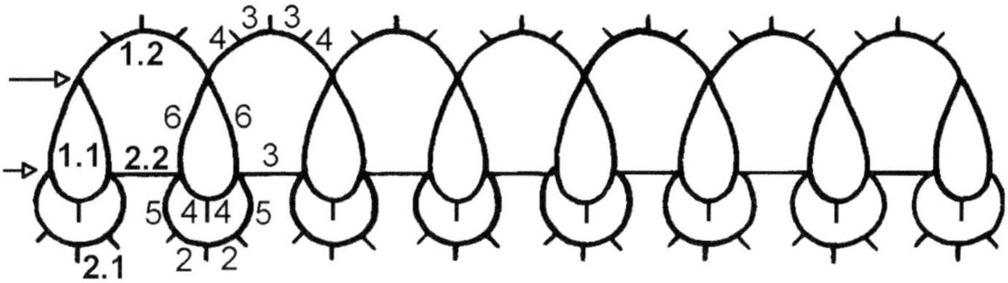

1.1 R_1 (6Δ4Δ4Δ6)
1.2 B_2: 4Δ3Δ3Δ4
2.1 B_2: 5Δ2Δ2Δ5 anschließen
2.2 B_2: 3 anschließen

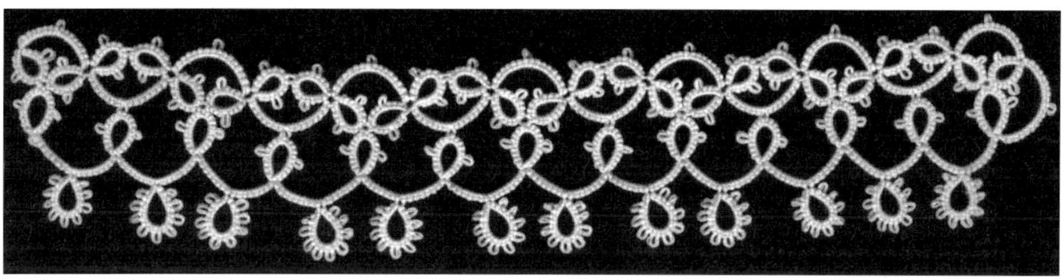

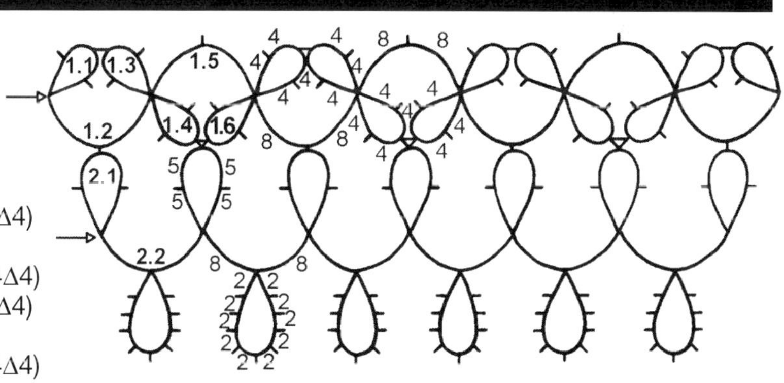

1.1 R_1 (4Δ4Δ4Δ4)
1.2 B_2: 8Δ8
1.3 R_1 (4Δ4▲4Δ4)
1.4 R_2 (4Δ4Δ4Δ4)
1.5 B_1: 8Δ8
1.6 R_2 (4Δ4▲4Δ4)
2.1 R_1 (5Δ5▲5Δ5)
2.2 B_2/R_2: 8(2Δ2Δ2Δ2Δ2Δ2Δ2Δ2Δ2Δ2)8

JOSEPHINENKNOTEN

Der Josephinenknoten (JK) besteht aus mehreren nacheinander gearbeiteten Rechtsknoten. Arbeiten Sie mit einem Schiffchen wie für einen Ring fünf Rechtsknoten nacheinander und ziehen Sie daraufhin den Fadenring straff zusammen. In der Musterzeichnung wird der JK durch o bezeichnet, in der Occhischrift durch JK (Anzahl der Rechtsknoten).

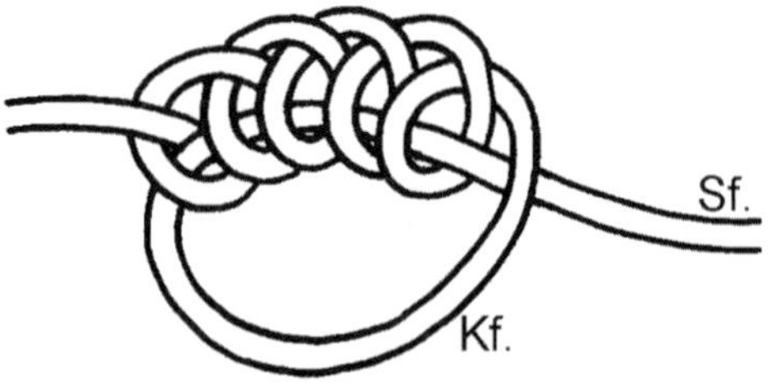

Josephinenknoten

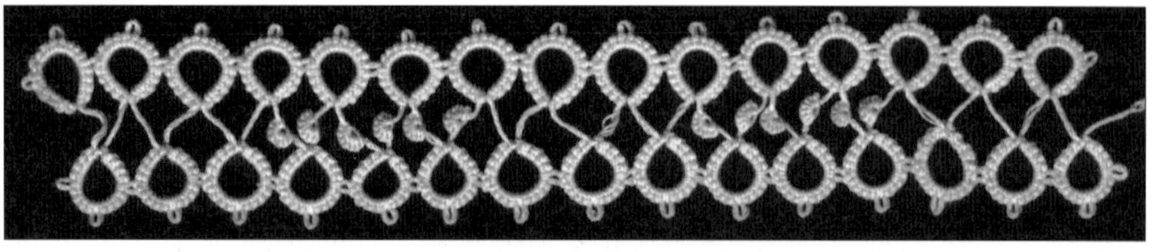

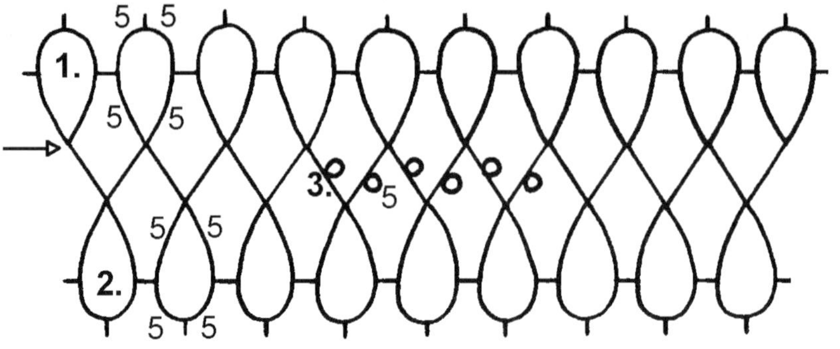

1. R (5▲5Δ5Δ5) — wenden
2. R (5▲5Δ5Δ5) — wenden
3. JK (5) —

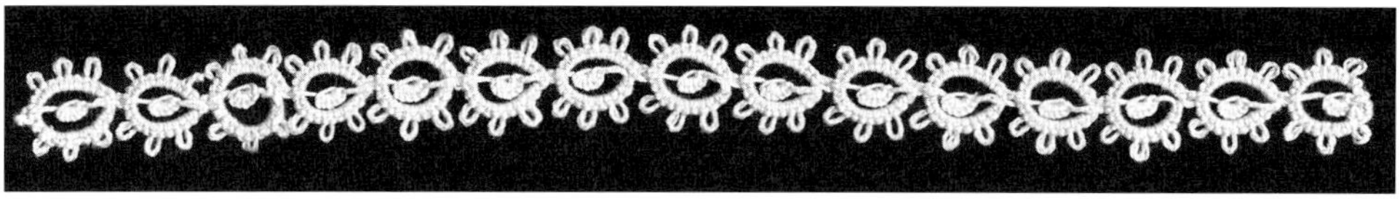

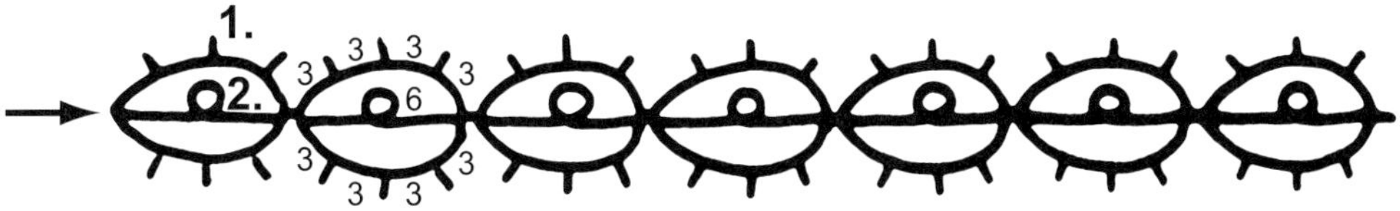

1. R (3Δ3Δ3Δ3Δ3Δ3Δ3Δ3)
2. – JK (6) – anschließen

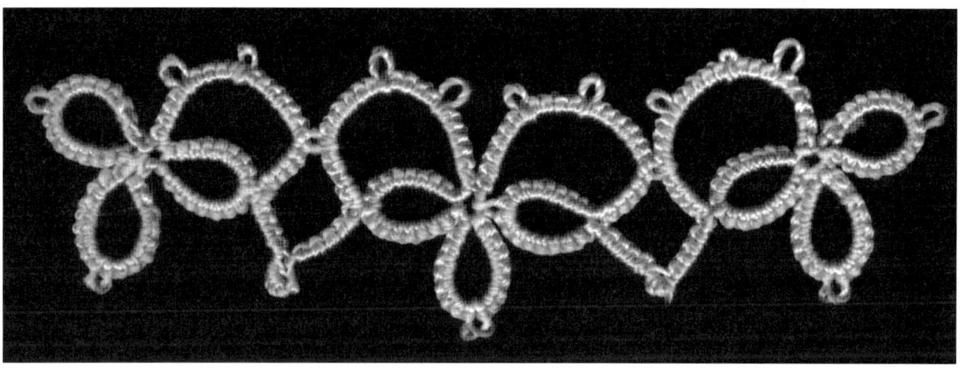

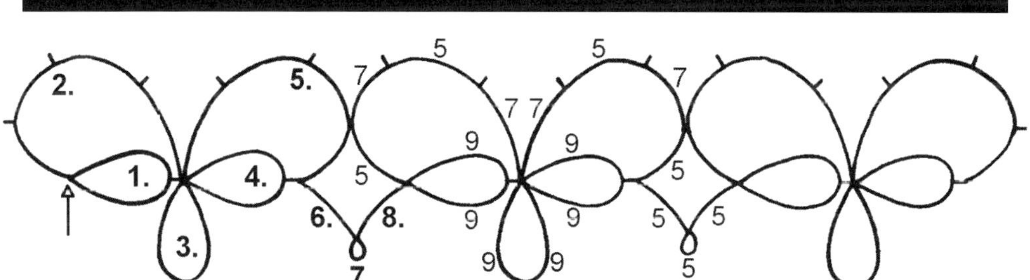

1.	R_1 (9Δ9)	**5.**	B_2: 7Δ5Δ7Δ5 anschließen
2.	B_2: 5▲7Δ5Δ7 anschließen	**6.**	B_2: 5
3.	R_1 (9Δ9)	**7.**	JK (5)
4.	R_1 (9Δ9)	**8.**	B_2: 5

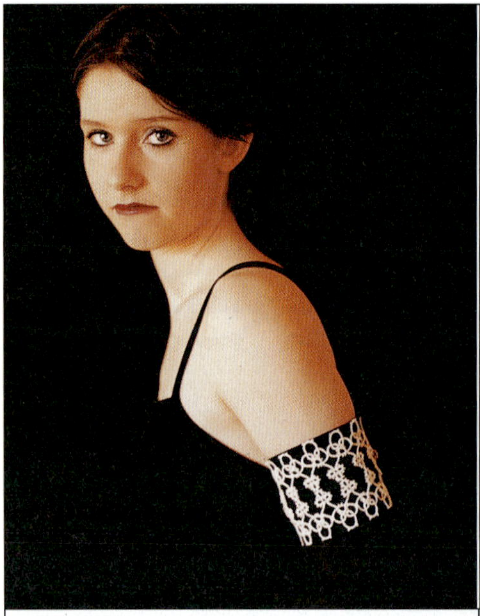

1) Oberarmschmuck (s. S. 90)

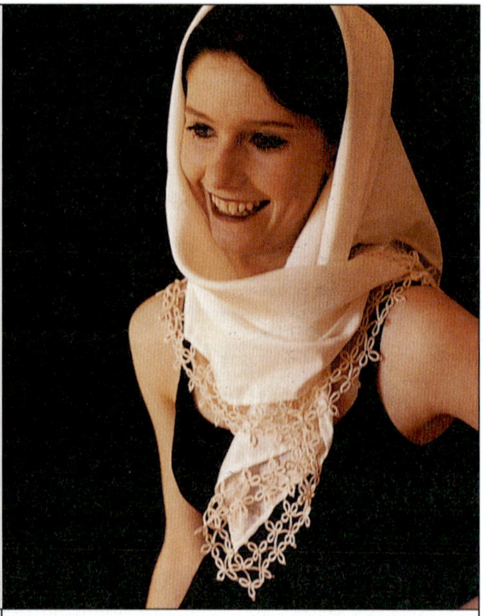

2) Tuch (s. S. 45 oben)

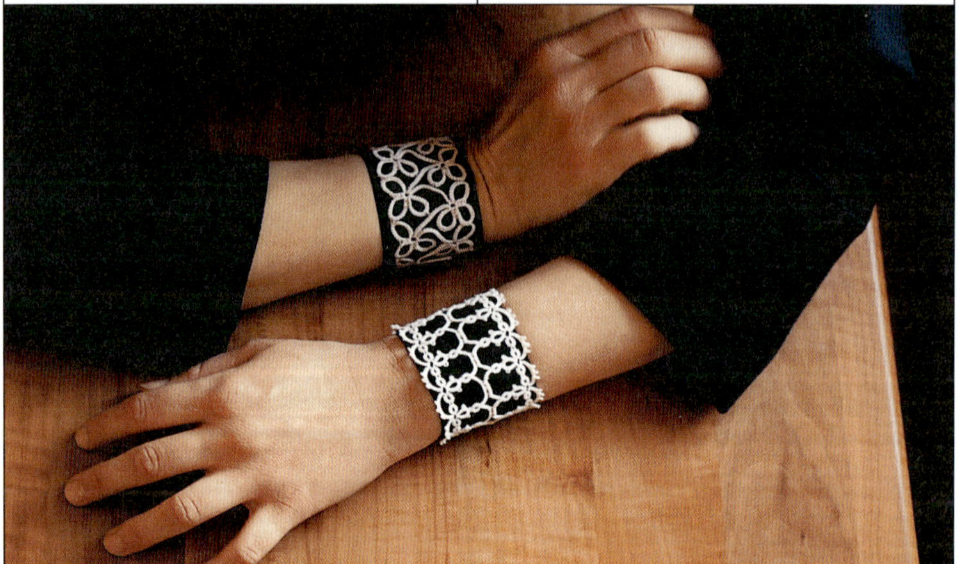

3) Armbänder (s. S. 45 unten und S. 89)

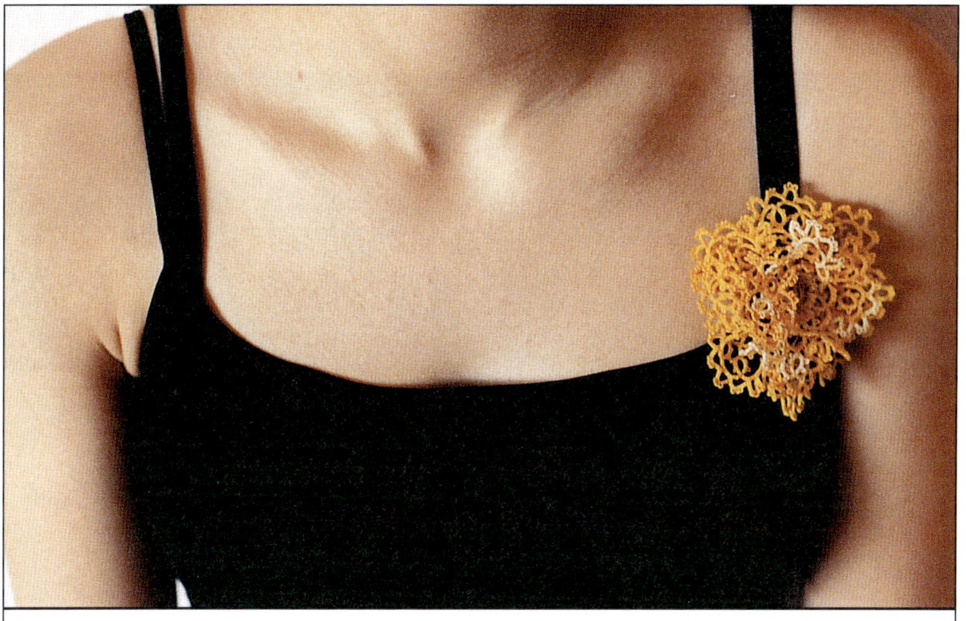

1) Blüte (s. S. 104)

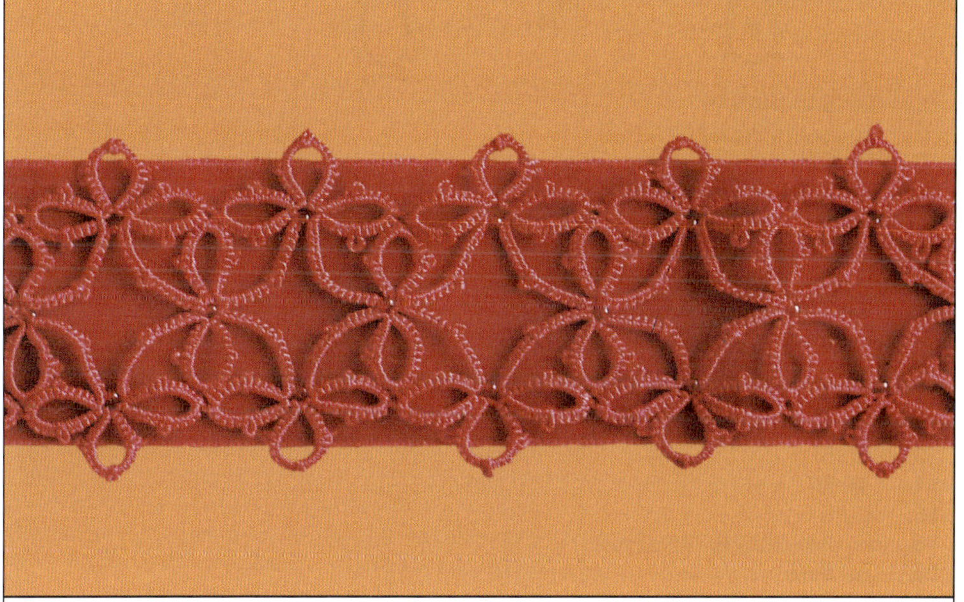

2) Kropfband (s. S. 49)

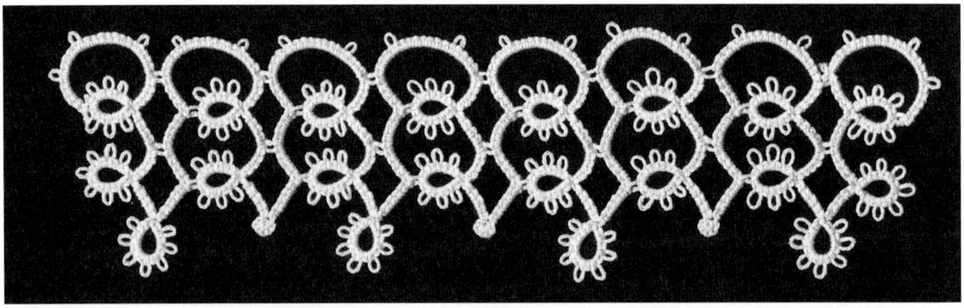

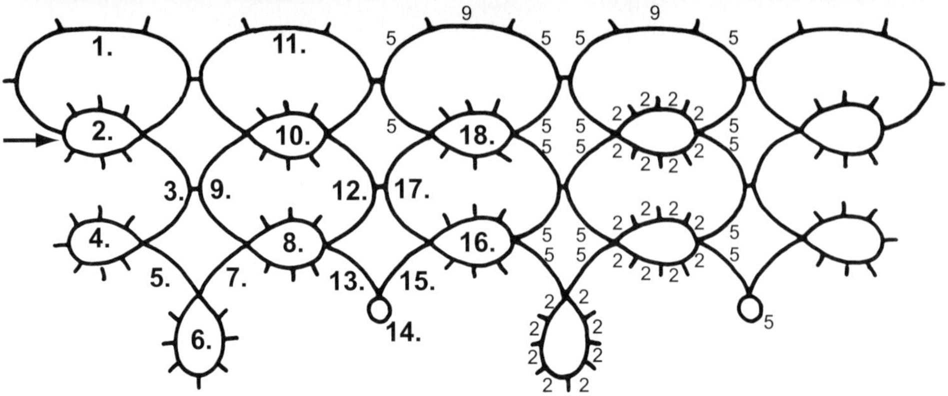

1. B_1: 5△5△9△5△5
2. R_2 (2△2△2△2▲2△2△2△2)
3. B_1: 5△5
4. R_2 (2△2△2△2▲2△2△2△2)
5. B_1: 5
6. R_2 (2△2△2△2▲2△2△2△2)
7. B_1: 5
8. R_2 (2△2△2△2▲2△2△2△2)
9. B_1: 5▲5
10. R_2 (2△2△2△2▲2△2△2△2)
11. B_1: 5△5△9△5△5 anschließen
12. B_1: 5△5 anschließen
13. B_1: 5
14. JK (5)
15. B_1: 5
16. R_2 (2△2△2△2▲2△2△2△2)
17. B_1: 5▲5
18. R_2 (2△2△2△2▲2△2△2△2)

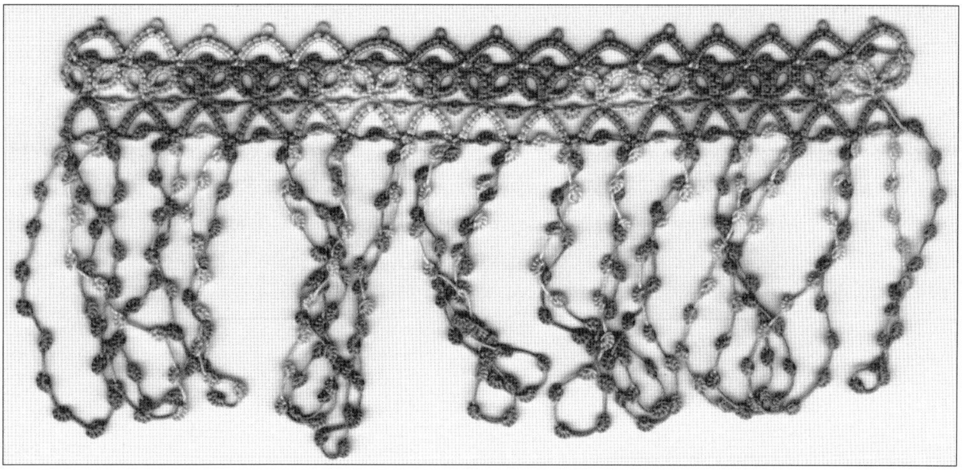

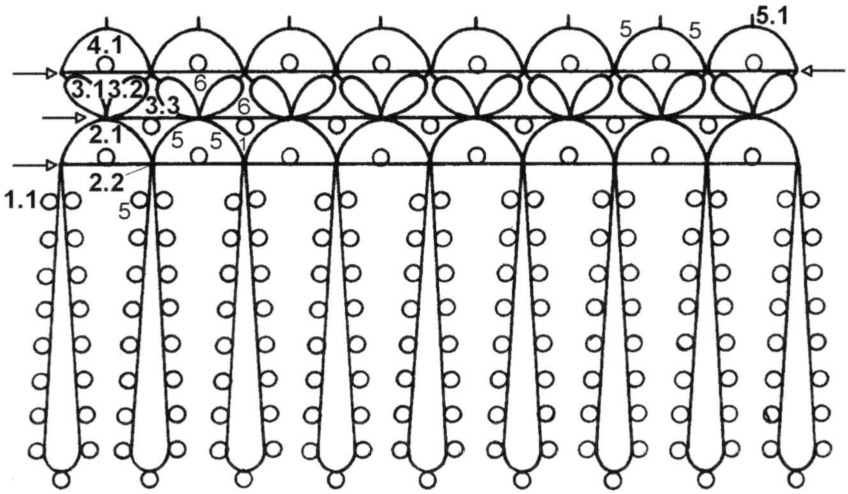

Fertigen Sie eine lange Schnur aus lauter Josephinenknoten (**1.1.**). Beginnen Sie nun erst mit der 2. Reihe (**2.1.**), indem Sie jeweils 17 Josephinenknoten zu einer Franse zusammenfassen, anschließen, einen kleinen Bogen arbeiten, dabei einen Josephinenknoten aus der ersten Reihe zwischenfassen, und wieder anschließen. Arbeiten Sie laut Anleitung fort.

1.1 JK (5) —
2.1 B_2: 5Δ5 anschließen
2.2 B_2: 1 anschließen
3.1 R (6Δ6)
3.2 R (6Δ6) anschließen
3.3 — JK (5) — anschließen
4.1 anschließen— JK (5) —
5.1 B_2: 5Δ5 anschließen

WENDEKNOTEN

Bei einigen Spitzen ist es notwendig, den Spann- und Knüpffaden innerhalb eines Bogens zu wechseln. Dazu wechseln Sie an der in der Musterzeichnung mit • bezeichneten Stelle den Spann- und Knüpffaden, indem Sie nach dem letzten Doppelknoten die Arbeit wenden und nun mit vertauschten Fäden weiterarbeiten. Der Bogen wölbt sich dadurch in die andere Richtung. Aus der Occhischrift ersieht man den Wendeknoten durch die Aufeinanderfolge von Bogen, die mit unterschiedlichem Knüpffaden gearbeitet sind.

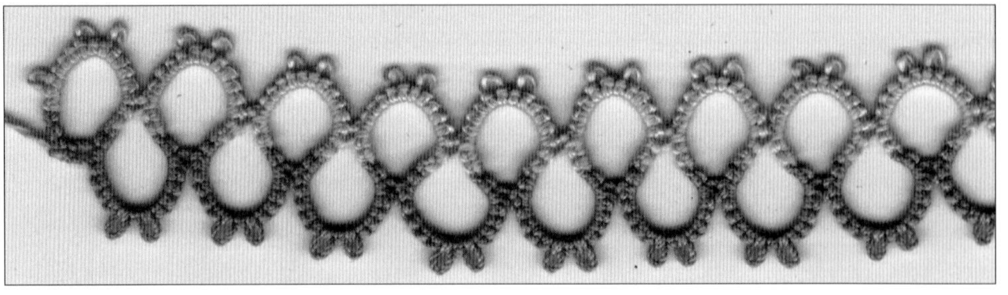

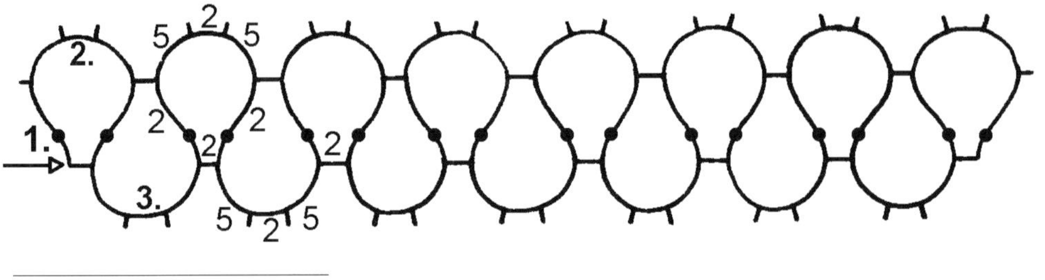

1. B_1: 2 Wendeknoten

2. B_2: 2▲5△2△5△2 Wendeknoten
3. B_1: 2▲5△2△5△2 Wendeknoten

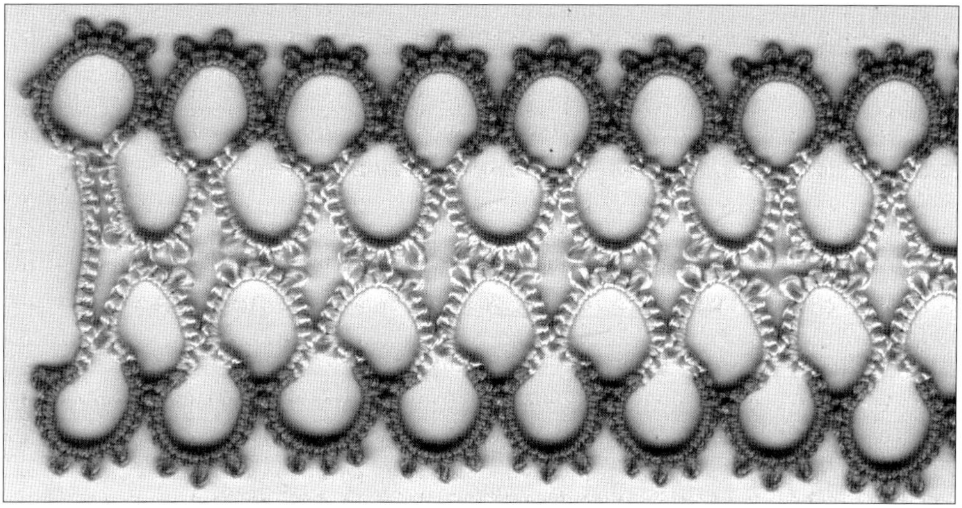

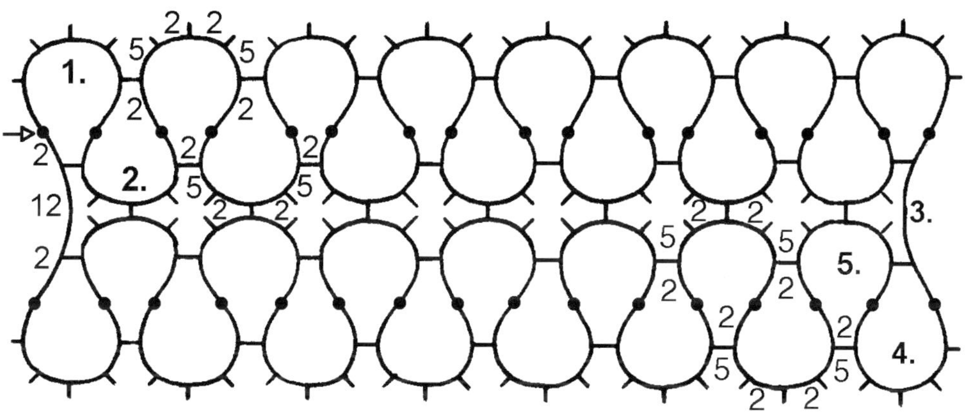

1. B_1: 2▲5Δ2Δ2Δ5Δ2 Wendeknoten
2. B_2: 2▲5Δ2Δ2Δ5Δ2 Wendeknoten

3. B_1: 2▲12Δ2 Wendeknoten

4. B_1: 2▲5Δ2Δ2Δ5Δ2 Wendeknoten
5. B_2: 2▲5Δ2Δ2Δ5Δ2 Wendeknoten

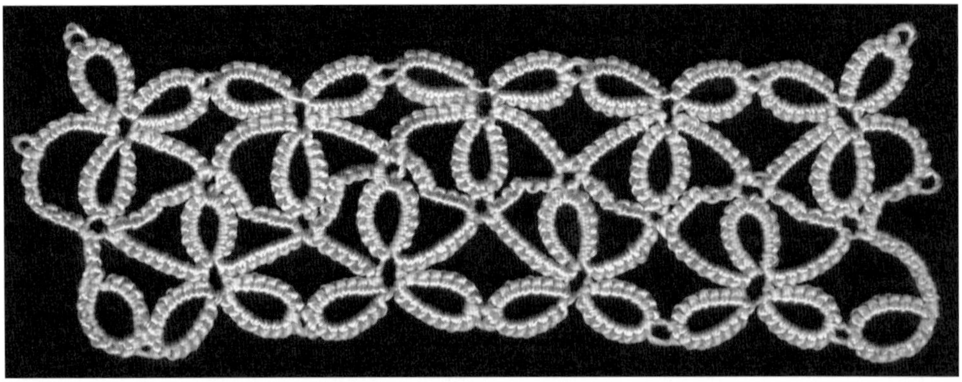

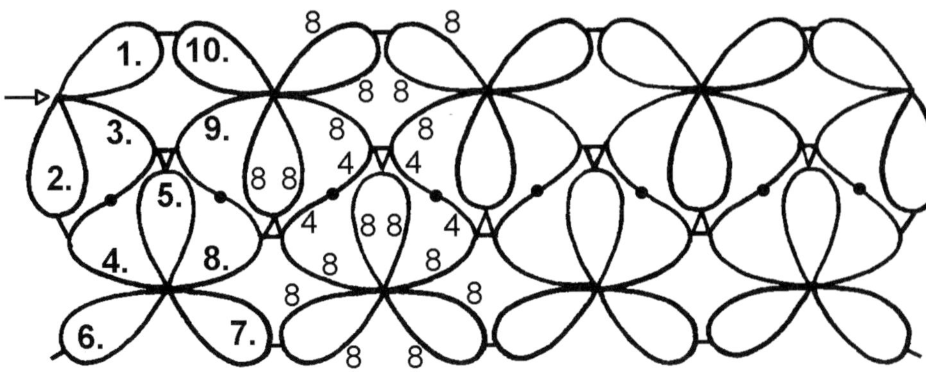

1. R_1 (8Δ8)
2. R_2 (8▲8)
3. B_1: 8Δ4 Wendeknoten
4. B_2: 4▲8
5. R_1 (8▲8)
6. R_2 (8▲8)
7. R_2 (8Δ8)
8. B_2: 8Δ4 Wendeknoten
9. B_1: 4▲8
10. R_1 (8▲8)

Doppelringe

Die Occhimuster von Tina Frauberger[12] erzielen ihre Wirkung vor allem durch Doppel- und Dreifachringe.

Einen einfachen Doppelring arbeiten Sie folgendermaßen:

R (12 Δ 12)

R (16 ▼Δ 16)

Arbeiten Sie einen Ring aus 12 Doppelknoten, einem Pikot und 12 Doppelknoten. Schließen Sie den Ring durch Zusammenziehen. Drehen Sie nun den Ring und halten Sie ihn mit Daumen und Zeigefinger der linken Hand so, daß das Pikot des Ringes zur rechten Seite blickt. Führen Sie nun den Faden nochmals zu einem Ring um die linke Hand und erfassen Sie ihn wieder mit Daumen und Zeigefinger. Knüpfen Sie nun dicht an den ersten Ring 15 Doppelknoten. Halten Sie den ersten und den nun begonnenen Ring zwischen Daumen und Zeigefinger der linken Hand, legen Sie den Spannfaden **vor** die Arbeit und ziehen Sie den Fadenring mit der Häkelnadel durch das Pikot des ersten Ringes zu einer Schlinge.

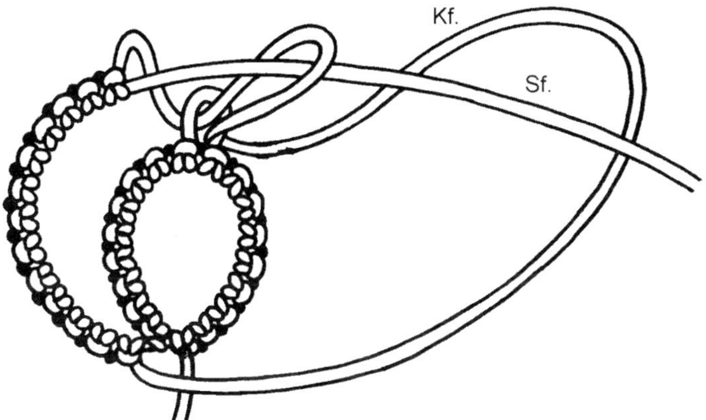

Doppelringe anschließen

Schieben Sie nun das Schiffchen mit dem Spannfaden von vorne nach hinten durch die entstandene Schlinge. Ziehen Sie anschließend zuerst den Spannfaden, dann den Knüpffaden an. Um den letzten begonnenen Doppelknoten zu vervollständigen, knüpfen Sie noch einen Linksknoten. Schließen Sie daran 1 Pikot und 16 Doppelknoten an. Schließen Sie den Ring durch Zusammenziehen des Fadenrings.

Handelt es sich um einen Dreifachring, so arbeiten Sie an den bestehenden Doppelring noch einen dritten Ring.

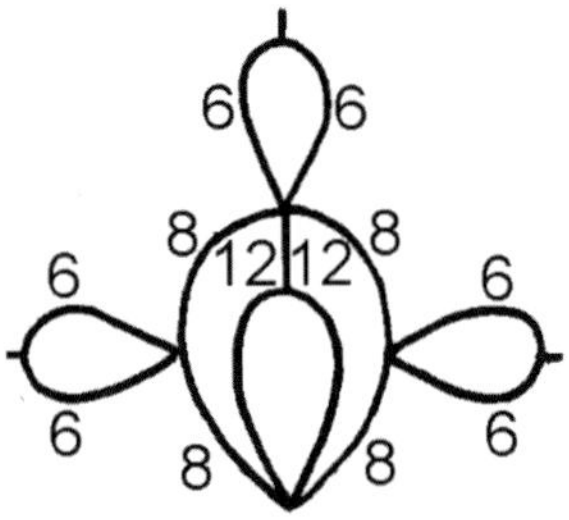

R_1 (12 Δ 12)
B_2/R_2: 8 (6 Δ 6) 8 ▼ (6 Δ 6) 8 (6 Δ 6) 8 anschließen

Bei einigen Mustern besteht der zweite „Ring" eigentlich aus einem Bogen, das heißt, er muß mit zwei Schiffchen gearbeitet werden. Gehen Sie dabei nach Fertigstellung des ersten Ringes so vor wie beschrieben. Drehen Sie den Ring so, daß das Pikot nach rechts blickt, arbeiten Sie nun dicht an den Ring mit beiden Fäden einen Bogen aus 8 Doppelknoten. Lassen Sie den Spannfaden sinken und fertigen Sie mit dem Knüpffaden einen Ring. Arbeiten Sie den Bogen mit 7 Doppelknoten weiter und schließen Sie an das Pikot des ersten Ringes wie oben beschrieben an. Fertigen Sie darauf einen Ring mit dem Knüpffaden und arbeiten Sie den Bogen gegengleich zu Ende.

Variante für den Anschluß (▼) des Bogens an den ersten Ring:
B_2/R_2: 8 (6 Δ 6) 8 (6 Δ 6) ▼ 8 (6 Δ 6) 8 anschließen

Arbeiten Sie vor dem Anschluß 8 Doppelknoten, darauf einen Ring, schließen Sie den Bogen erst jetzt an den ersten Ring an und arbeiten Sie den Bogen mit 7 Doppelknoten weiter. Beenden Sie ihn laut Vorlage. Mit dieser Variante erzielen Sie ein weit regelmäßigeres Musterbild.

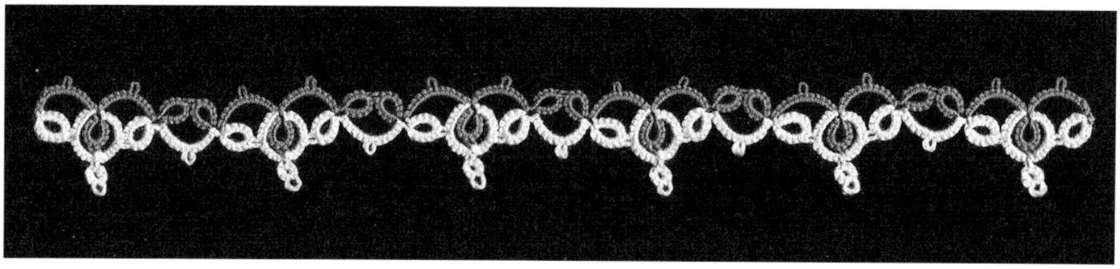

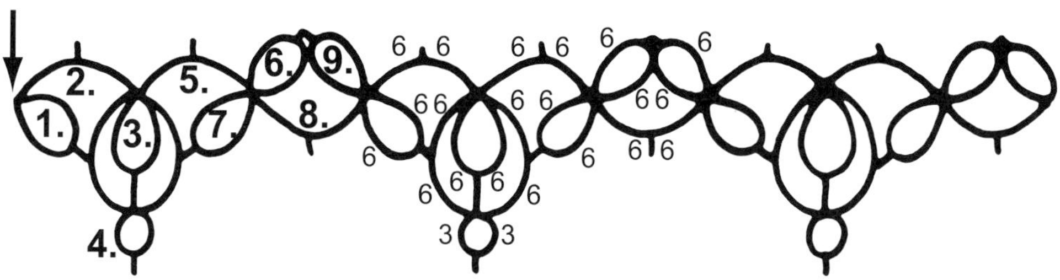

1. R_1 (6∆6)
2. B_2: 6∆6
3. R_2 (6∆6)
4. B_1/R_1: 6▲6▼(3∆3) 6∆6
5. B_2: 6∆6
6. R_2 (6∆6)
7. R_1 (6▲6)
8. B_1: 6∆6
9. R_2 (6▲6)

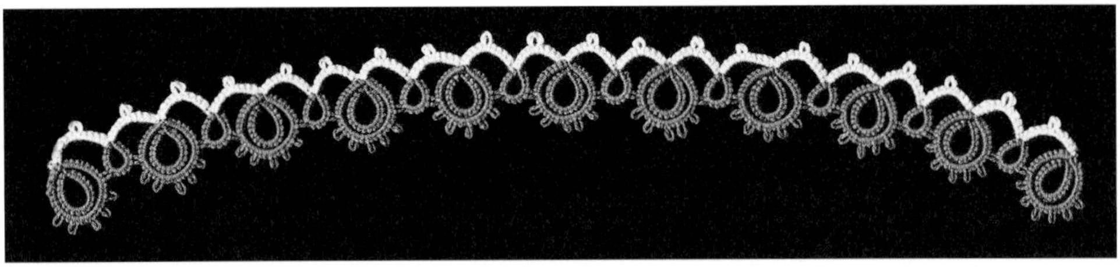

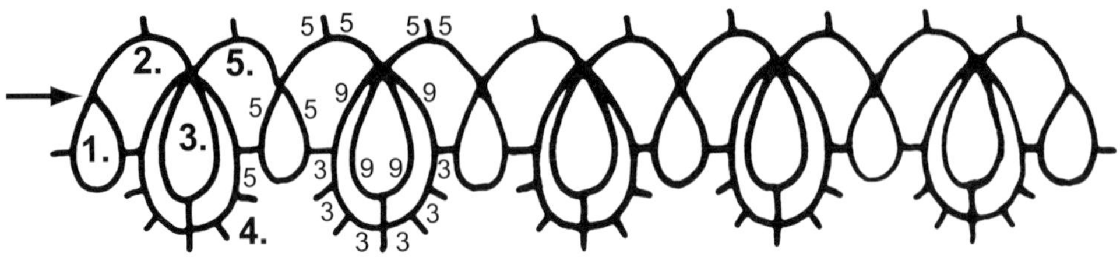

1.	R_1 (5△5△5)	in der Folge (5▲5△5)
2.	B_2: 5△5	
3.	R_1 (9△9)	
4.	R_1 (9▲3△3△3▼△3△3△3△9)	
5.	B_2: 5△5	

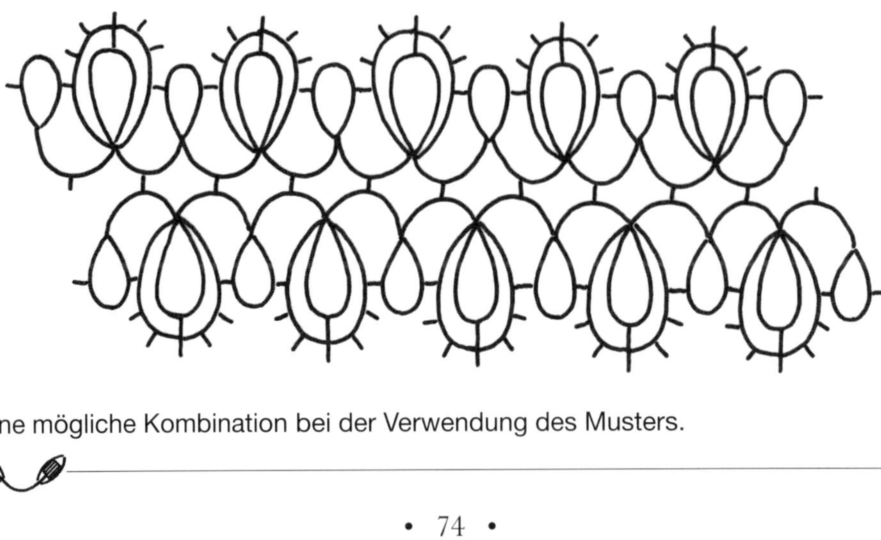

Eine mögliche Kombination bei der Verwendung des Musters.

ZWEIFARBIGE SPITZEN

Arbeiten Sie mit andersfarbigem Spann- und Knüpffaden. Bedenken Sie dabei, daß immer der Knüpffaden ausschlaggebend für die Farbgebung der fertigen Spitze ist. Zeichnen Sie die Farben auf der Musterzeichnung ein.

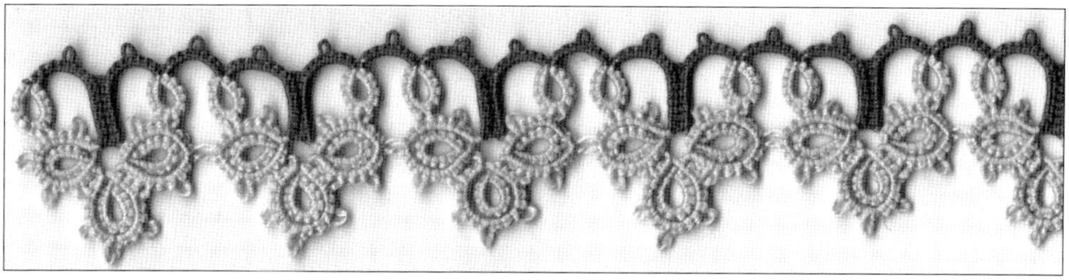

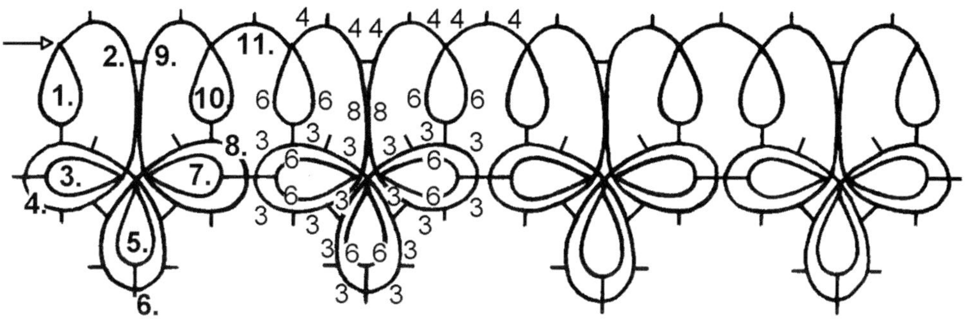

1. R_1 (6Δ6)
2. B_2: 4Δ4Δ8
3. R_1 (6Δ6)
4. R_1 (3Δ3▲3▼▲3Δ3Δ3)
5. R_1 (6Δ6)
6. R_1 (3▲3Λ3▼Δ3Δ3Δ3)
7. R_1 (6Δ6)
8. R_1 (3▲3Δ3▼Δ3Δ3Δ3)
9. B_2: 8▲4Δ4
10. R_1 (6▲6)
11. B_2: 4Δ4

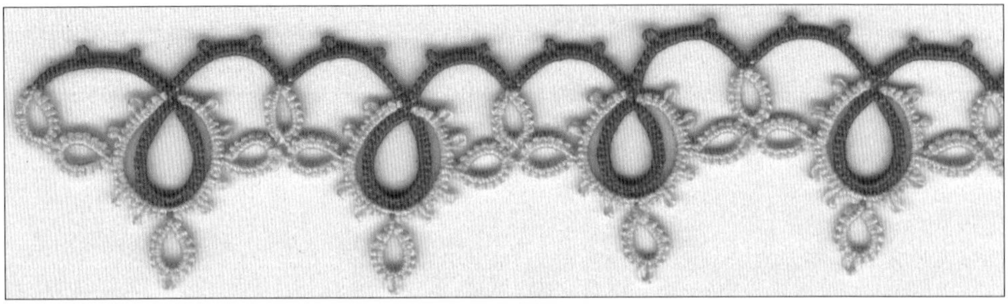

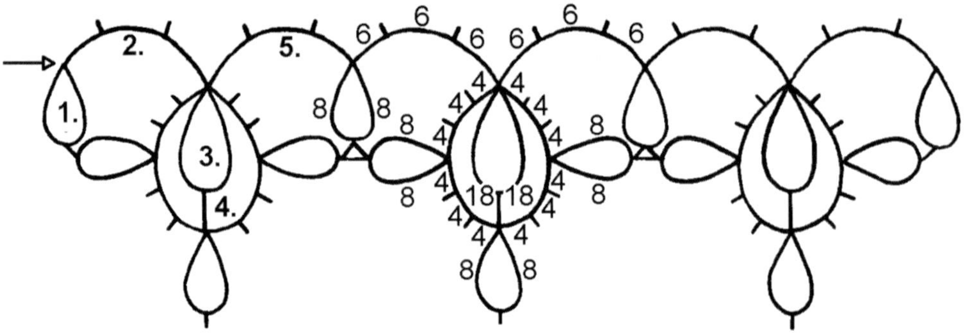

1. R_1 (8▲8)
2. B_2: 6Δ6Δ6
3. R_2 (18Δ18)
4. B_1/R_1:4Δ4Δ4(8▲8)4Δ4Δ4▼(8Δ8)4Δ4Δ4(8Δ8)4Δ4Δ4 anschließen
5. B_2: 6Δ6Δ6

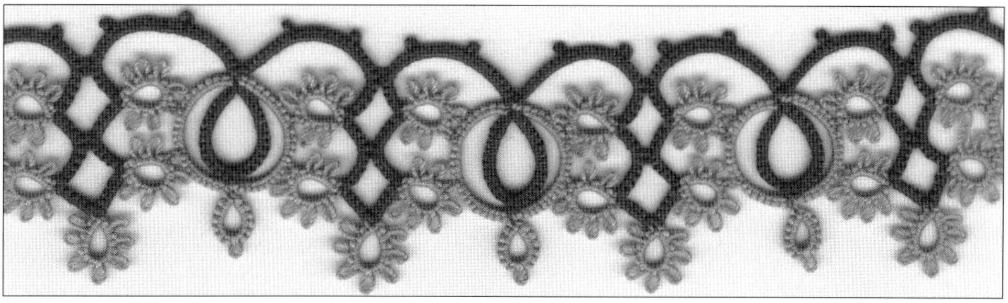

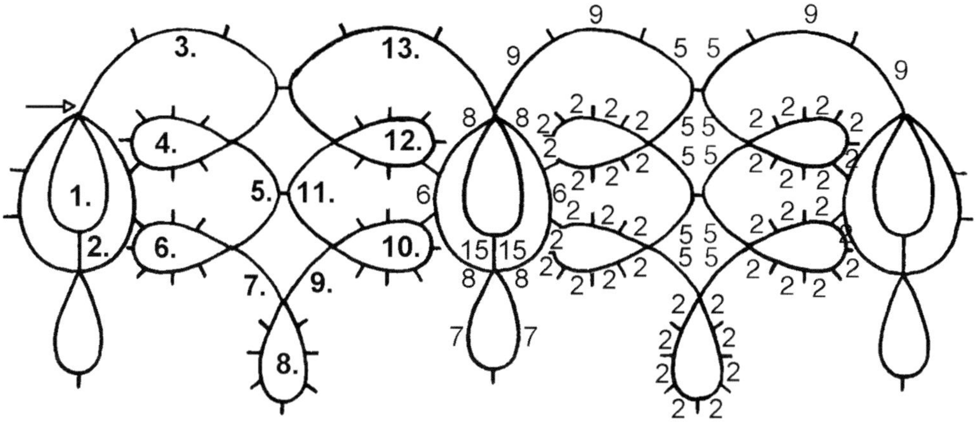

1. R_1 (15△15)
2. B_2/R_2: 8▲6▲8▼(7△7)8△6△8 anschließen
3. B_1: 9△9△5△5
4. R_2 (2△2△2△2△2▲2△2△2)
5. B_1: 5△5
6. R_2 (2△2△2▲2△2△2△2△2)
7. B_1: 5
8. R_2 (2△2△2△2△2△2△2△2)
9. B_1: 5
10. R_2 (2△2△2△2△2△2△2△2)
11. B_1: 5▲5
12. R_2 (2△2△2△2△2△2△2△2)
13. B_1: 5▲5△9△9

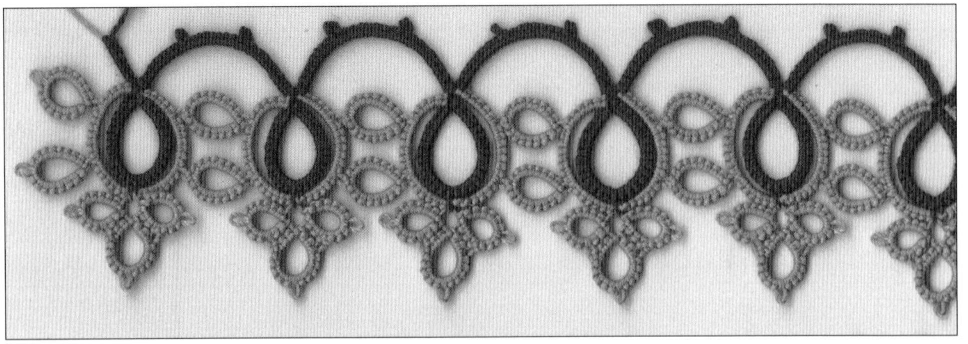

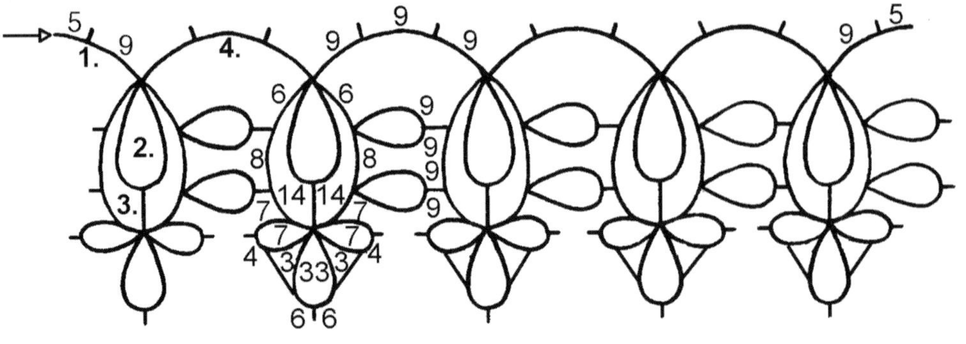

1. B_2: 5Δ9

2. R_2 (14Δ14)
3. B_1/R_1:6▲8▲7▼(7Δ4Δ3)(3▲6Δ6Δ3)(3▲4Δ7)7(9Δ9)8(9Δ9)6 anschließen
4. B_2: 9Δ9Δ9

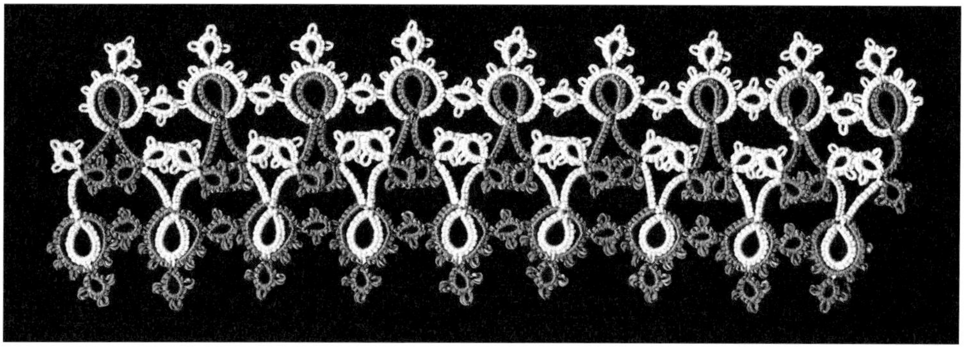

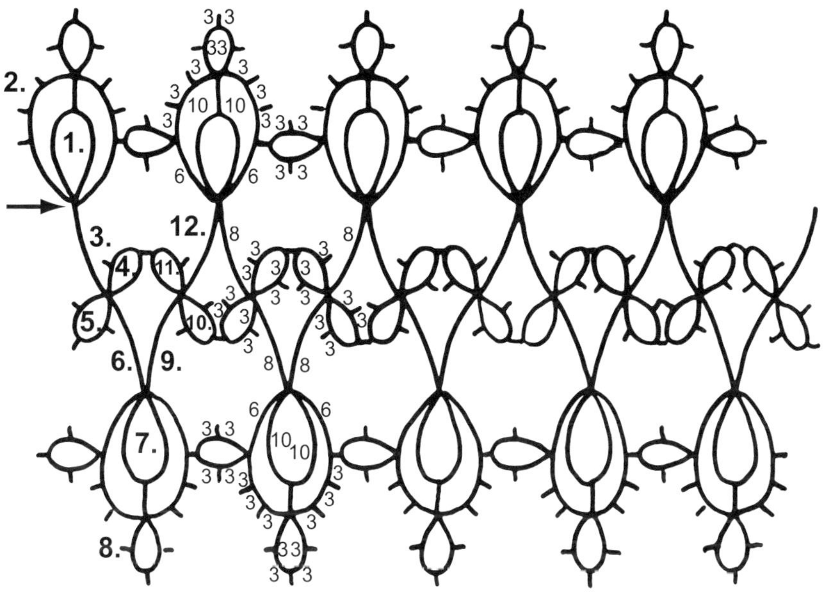

1. R_1 (10Δ10)
2. B_2/R_2: 6Δ3Δ3Δ3▼(3Δ3Δ3Δ3) 3Δ3Δ3 (3Δ3Δ3Δ3) 6
in der Folge
B_2/R_2: 6▲3Δ3Δ3▼(3Δ3Δ3Δ3) 3Δ3Δ3 (3Δ3Δ3Δ3) 6
3. B_1: 8
4. R_2 (3Δ3Δ3Δ3)
5. R_1 (3Δ3Δ3Δ3)
6. B_2: 8
7. R_2 (10Δ10)
8. B_1/R_1: 6 (3Δ3Δ3Δ3) 3Δ3Δ3▼(3Δ3Δ3Δ3) 3Δ3Δ3Δ6
in der Folge
B_1/R_1: 6 (3Δ3▲3Δ3) 3Δ3Δ3▼(3Δ3Δ3Δ3) 3Δ3Δ3Δ6
9. B_2: 8
10. R_2 (3Δ3Δ3Δ3)
11. R_1 (3Δ3▲3Δ3)
12. B_1: 8

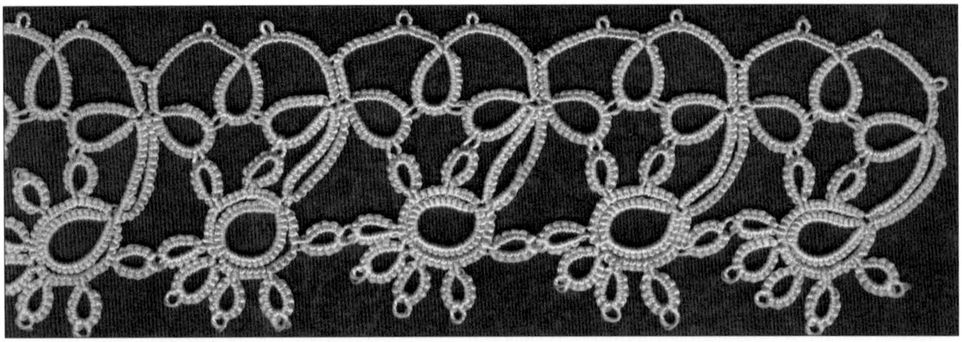

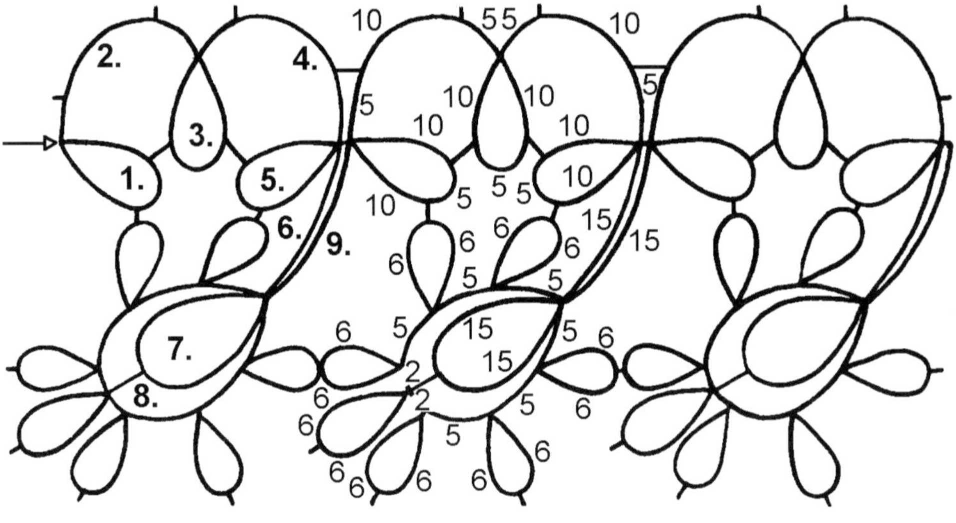

1. R_1 (10△5△10)
2. B_2: 5▲10△5
3. R_1 (10▲5△10)
4. B_2: 5△10△5
5. R_1 (10▲5△10)
6. B_2: 15
7. R_2 (15△15)
8. B_1/R_1: 5(6▲6)5(6▲6)5(6▲6)2▼(6△6)2(6△6)5(6△6)5(6△6)5 anschließen
9. B_1: 15 anschließen

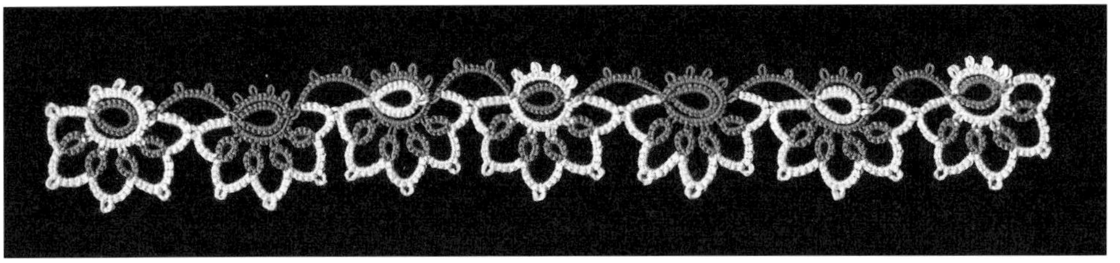

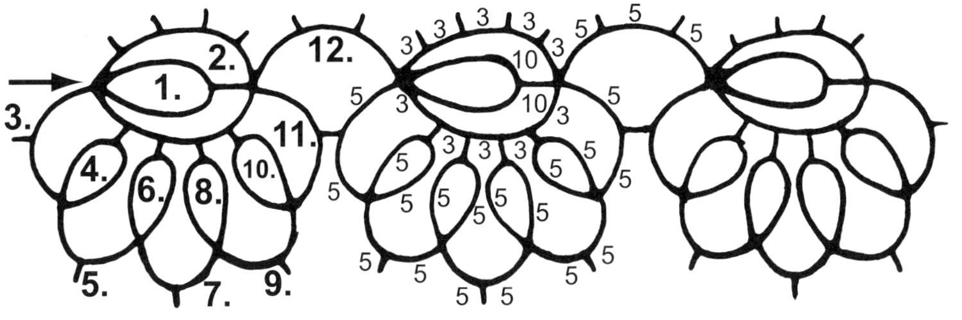

1. R_1 (10Δ10)
2. R_1 (3Δ3Δ3Δ3Δ3▼Δ3Δ3Δ3Δ3Δ3)
3. B_1: 5Δ5 in der Folge B_1: 5▲5
4. R_1 (5▲5)
5. B_1: 5Δ5
6. R_1 (5▲5)
7. B_1: 5Δ5
8. R_1 (5▲5)
9. B_1: 5Δ5
10. R_1 (5▲5)
11. B_1: 5Δ5
12. B_2: 5Δ5Δ5

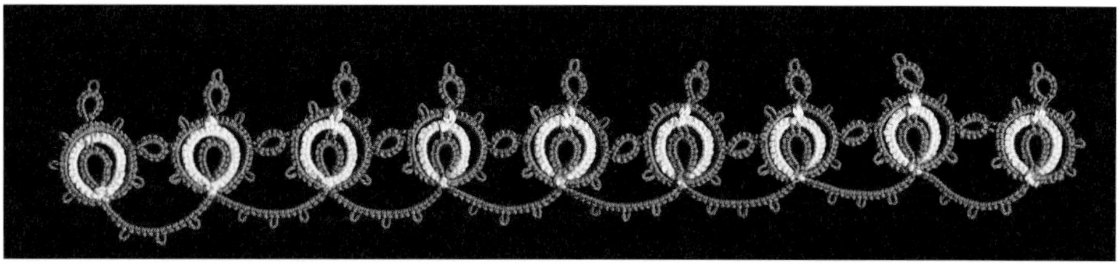

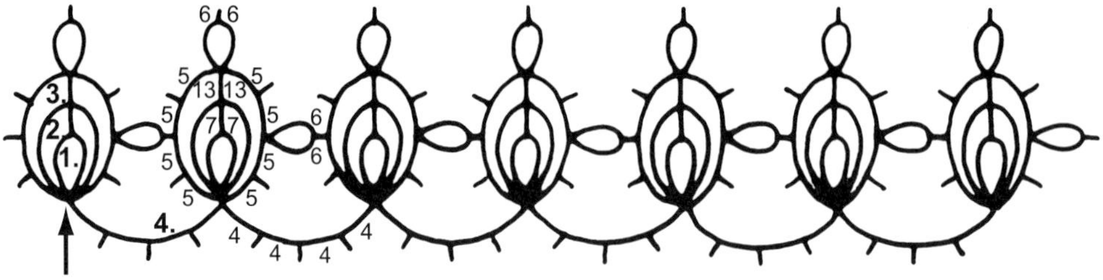

1. R_1 (7Δ7)
2. R_2 (13▼Δ13)
3. B_1/R_1: 5Δ5Δ5Δ5▼(6Δ6) 5Δ5 (6Δ6) 5Δ5
4. B_1: 4Δ4Δ4Δ4

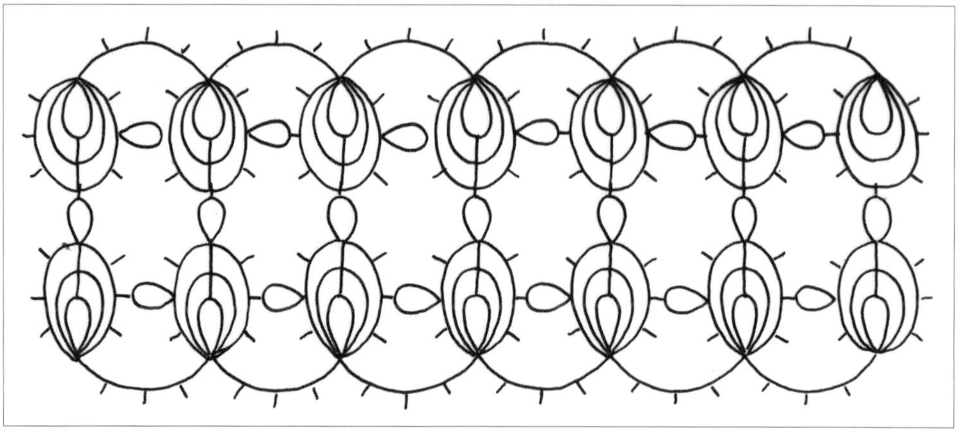

Eine mögliche Kombination bei der Verwendung des Musters.

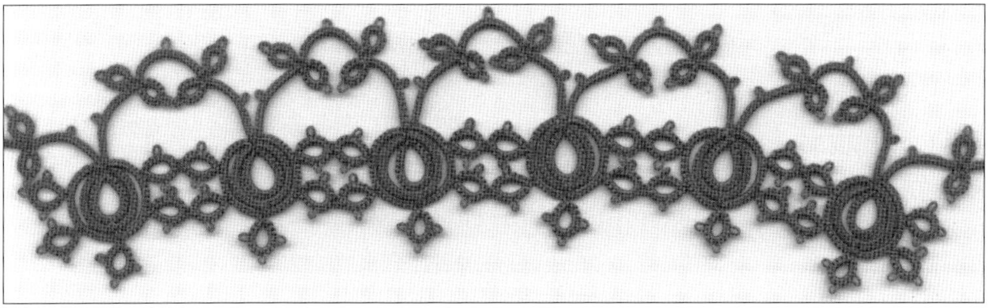

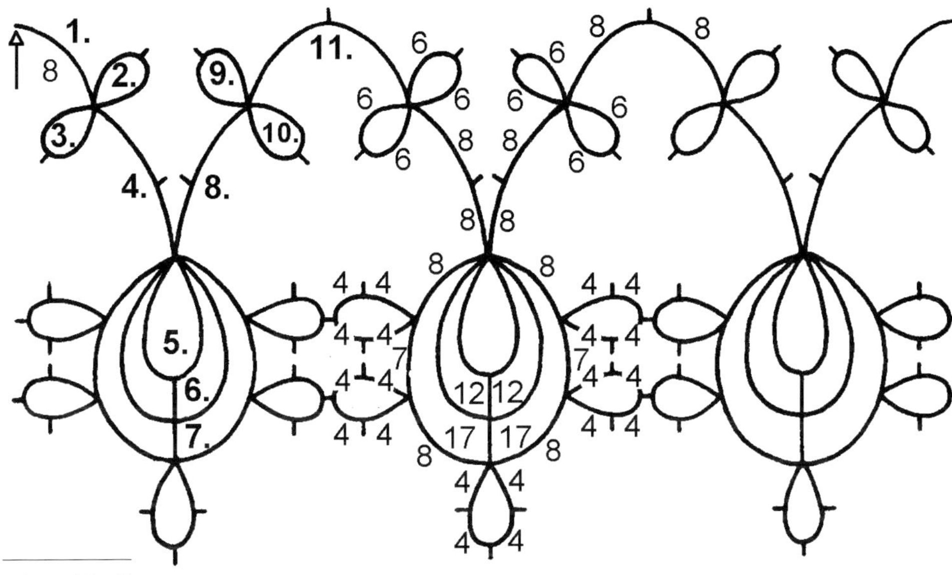

1. B_1: 8

2. R_1 (6Δ6)
3. R_2 (6Δ6)
4. B_1: 8Δ8
5. R_2 (12Δ12)
6. R_1 (17▼Δ17)
7. B_2/R_2:8(4Δ4▲4Δ4)7(4Δ4▲4Δ4)8▼(4Δ4Δ4Δ4) 8(4Δ4Δ4Δ4)7(4Δ4Δ4Δ4)8 anschließen
8. B_1: 8Δ8
9. R_1 (6Δ6)
10. R_2 (6Δ6)
11. B_2: 8Δ8

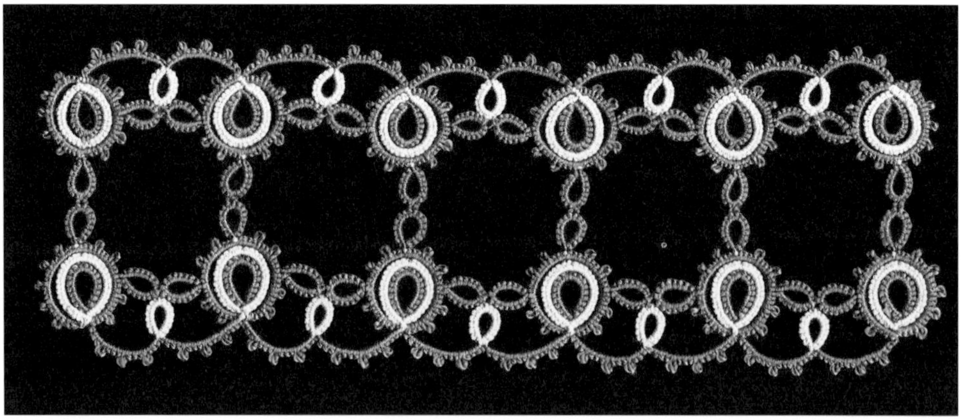

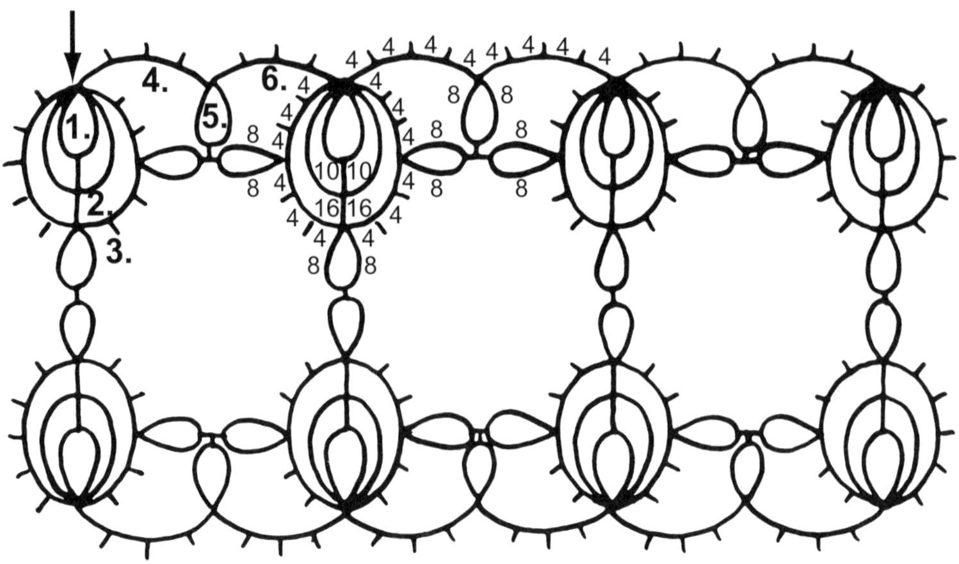

1. R_1 (10△10)
2. R_2 (16▼△16)
3. B_2/R_1: 4△4△4 (8△8) 4△4△4▼(8△8) 4△4△4 (8△8) 4△4△4
   in der Folge
   B_2/R_1: 4△4△4 (8▲8) 4△4△4▼(8△8) 4△4△4 (8△8) 4△4△4
4. B_2: 4△4△4
5. R_2 (8▲8)
6. B_2: 4△4△4

Drei- oder mehrfarbige Spitzen – Occhi verkehrt

Arbeiten Sie mit drei oder mehr Farben, so halten Sie für jede Farbe ein Schiffchen bereit; verknoten Sie am Anfang der Arbeit alle Fäden miteinander und arbeiten Sie die Spitze mit doppeltem Knüpffaden.

Ring: Knüpfen Sie den Ring in der gewünschten Farbe mit einem Schiffchen.

Bogen: Occhi verkehrt: Knüpfen Sie nun zuerst einen Linksknoten, wobei Sie nicht den in der rechten Hand liegenden Spannfaden, sondern die beiden Knüpffäden straffziehen, d.h. der Faden der rechten Hand – der eigentliche Spannfaden – bildet den Knoten. Also genau umgekehrt, als Sie es gewohnt sind. Knüpfen Sie nun an den Linksknoten einen Rechtsknoten, wobei Sie wiederum die beiden Knüpffäden straffziehen und der Spannfaden den Knoten bildet.

Anschließen: Schließen Sie jeweils in der Farbe an, in der das Element geknüpft ist, an das angeschlossen wird.

Tipp: *Legen Sie vor Beginn der Arbeit die Farbgebung der Spitze fest und bedenken Sie, daß beim Knüpfen eines Bogens jeweils der Spannfaden die Knoten bildet und damit die Farbe des Bogens festlegt.*

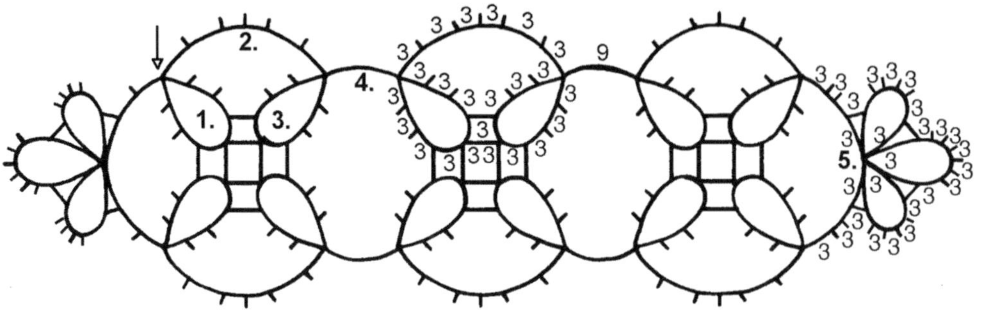

1. R_1 (3 △ 3 △ 3 △ 3 △ 3 △ 3 △ 3 △ 3 △ 3)
2. B_2: 3 △ 3 △ 3 △ 3 △ 3 △ 3 in Occhi verkehrt
3. R_1 (3 △ 3 △ 3 ▲ 3 ▲ 3 △ 3 △ 3 △ 3 △ 3)
4. B_2: 9 in Occhi verkehrt

---

5. B_2/R_2: 3 △ 3 △ 3 △ 3 (3 ▲ 3 △ 3 △ 3 △ 3 △ 3 △ 3)
(3 ▲ 3 △ 3 △ 3 △ 3 △ 3 △ 3 △ 3 △ 3) (3 ▲ 3 △ 3 △ 3 △ 3 △ 3 △ 3)
3 ▲ 3 △ 3 △ 3
in Occhi verkehrt

Ringe, mit zwei Schiffchen gearbeitet – Occhi verkehrt

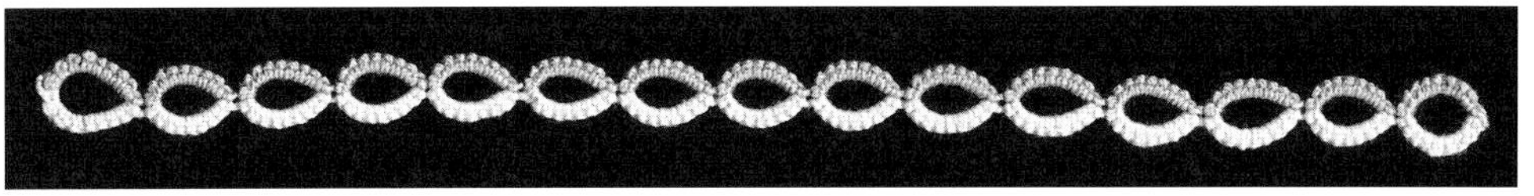

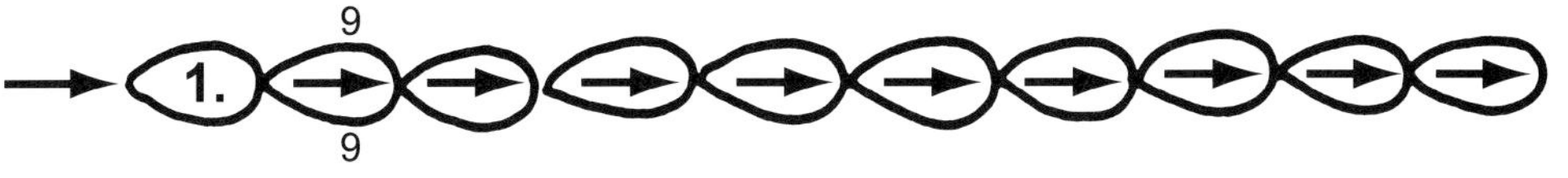

R_1 (9/9) R_2

Arbeiten Sie mit zwei Schiffchen. Nehmen Sie das weiße Schiffchen und beginnen Sie einen Ring aus 9 Doppelknoten. *(Siehe Farbbild 1 neben Seite 88).*

Erweitern Sie nun den Fadenring. Lassen Sie das weiße Schiffchen ruhen, nehmen Sie das blaue auf und legen Sie den Fadenring so um die Finger der linken Hand, daß die Seite, die zu unterst war, jetzt zu oberst liegt. Knüpfen Sie nun mit dem blauen Schiffchen die zweite Hälfte des Ringes in der Weise, daß Sie zuerst mit einem Linksknoten beginnen und darauf einen Rechtsknoten folgen lassen. Wichtig: Der Spannfaden bildet diesmal den Knoten, daher den Knüpffaden anziehen und den Spannfaden locker lassen, also genau umgekehrt als gewohnt. *(Siehe Farbbild 2 neben Seite 88).*

Sind auf diese Weise 18 Doppelknoten geschürzt, so ziehen Sie am Knüpffaden an und ziehen den Fadenring zusammen. *(Siehe Farbbild 3 neben Seite 88).*

Diese Vorgangsweise ist auch bei manchen einfarbigen Spitzen anzuwenden, die ansonsten nicht durchgehend gearbeitet werden könnten. In der Musterzeichnung wird Occhi verkehrt durch einen Pfeil angegeben.

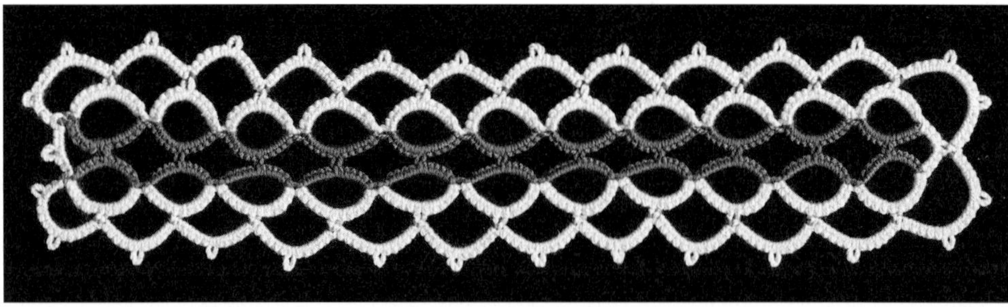

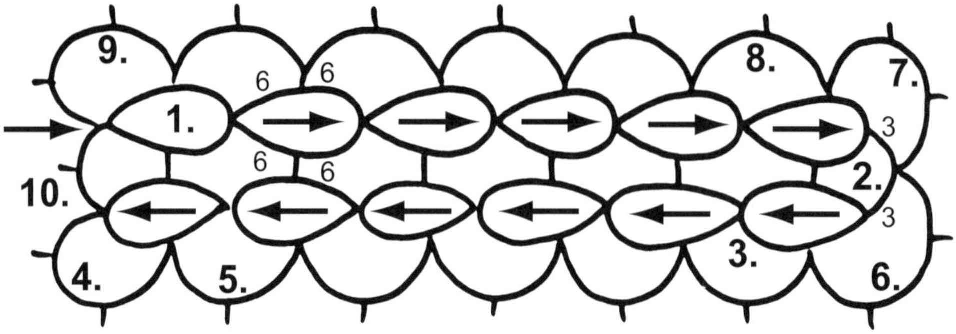

1. R_1 (6Δ6 / 6Δ6) R_2 wiederholen
2. B_1: 3Δ3
3. R_1 (6▲6 / 6Δ6)
4. B_1: 3Δ6Δ6 anschließen
5. B_1: 6Δ6 anschließen
6. B_1: 6Δ6Δ3 anschließen
7. B_1: 3Δ6Δ6 anschließen
8. B_1: 6Δ6 anschließen
9. B_1: 6Δ6Δ3 anschließen
10. B_1: 3Δ3 anschließen

RINGE IN OCCHI VERKEHRT

(siehe Text Seite 87)

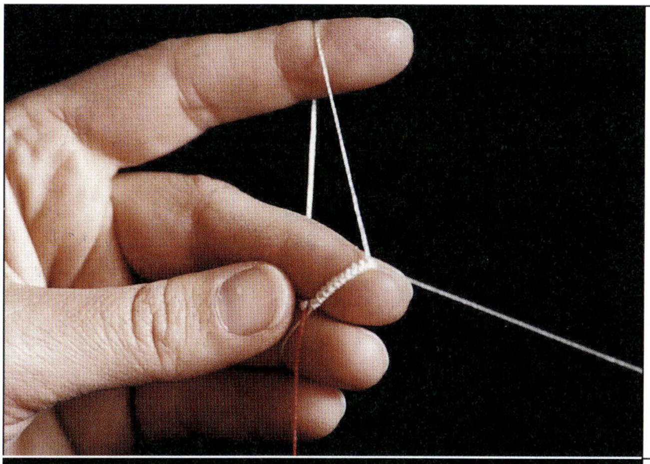

1) Erster Teil: Arbeiten eines gewöhnlichen Ringes

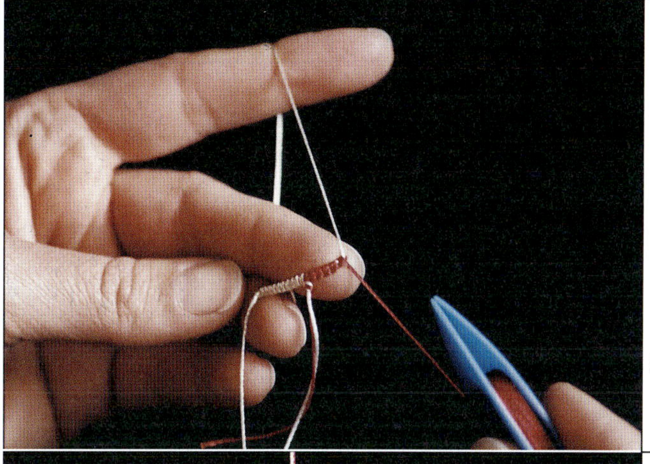

2) Zweiter Teil: Der rote Spannfaden bildet die Knoten (Occhi verkehrt)

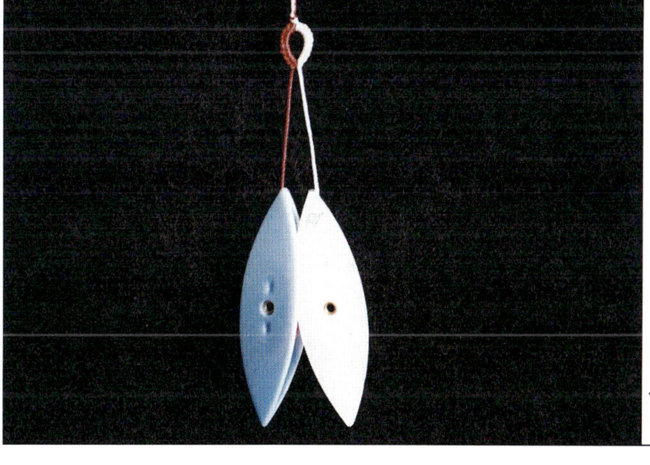

3) Fertiger Ring in Occhi verkehrt

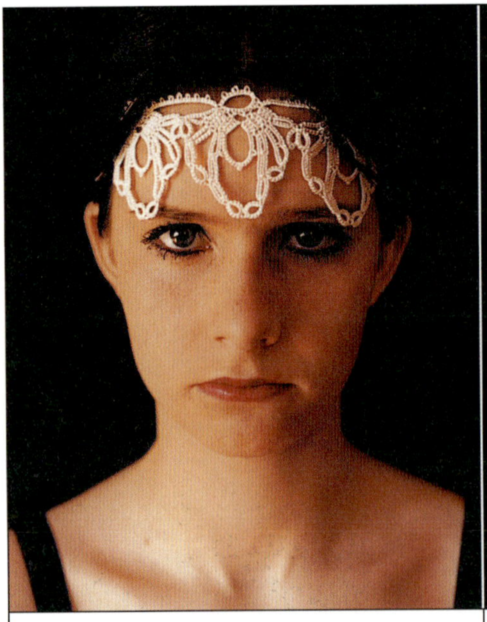

1) Kopfschmuck (s. S. 61)

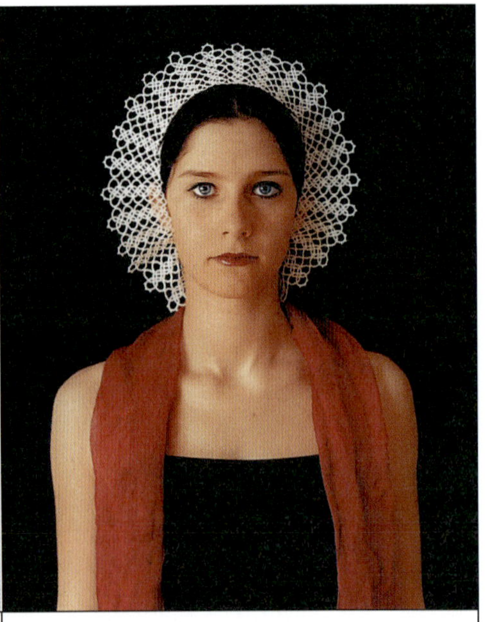

2) Spitzenkranz (s. S. 110)

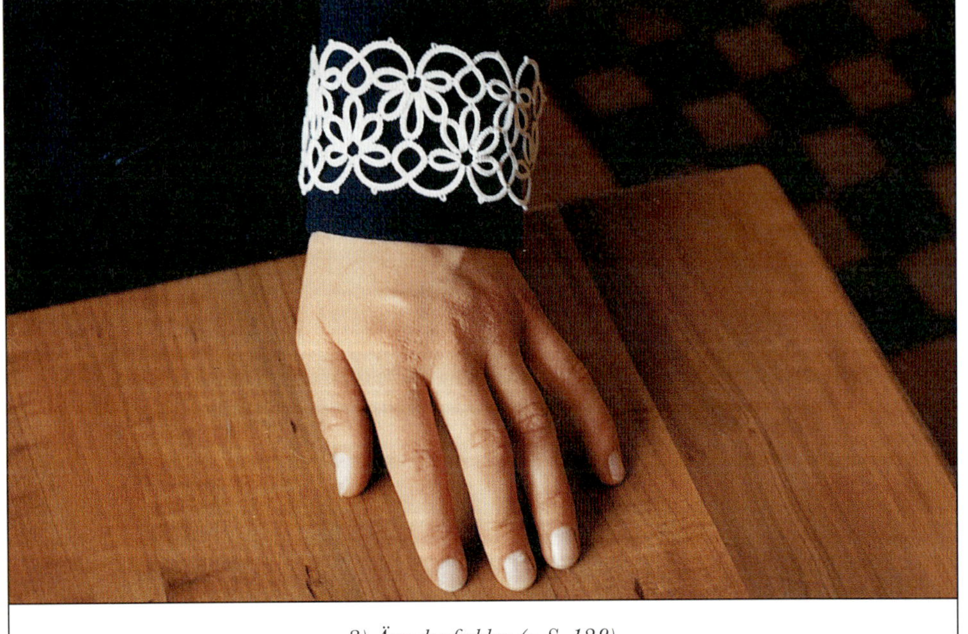

3) Ärmelaufschlag (s. S. 128)

(Siehe Farbbild 3 nach Seite 65)

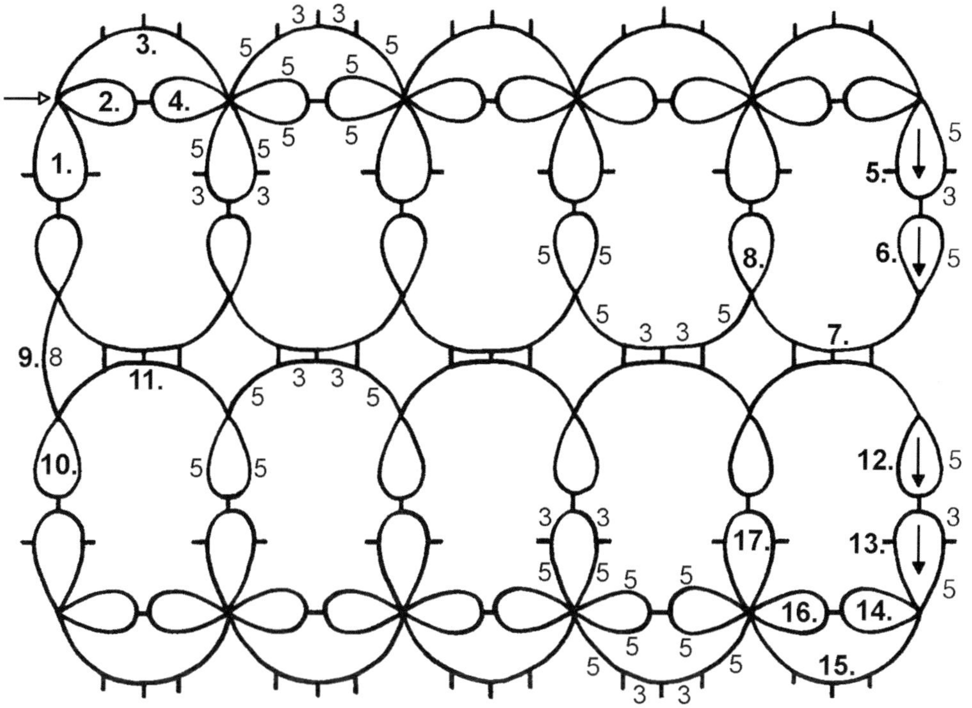

1.	R_1 (5Δ3Δ3Δ5)
2.	R_1 (5Δ5)
3.	B_2: 5Δ3Δ3Δ5
4.	R_1 (5▲5)
5.	R_1 (5Δ3/5Δ3) R_2
6.	R_1 (5/5) R_2
7.	B_2: 5Δ3Δ3Δ5
8.	R_1 (5▲5)
9.	B_1: 8
10.	R_1 (5Δ5)
11.	B_2: 5▲3▲3▲5
12.	R_1 (5/5) R_2
13.	R_1 (3Δ5/3Δ5) R_2
14.	R_1 (5Δ5)
15.	B_2: 5Δ3Δ3Δ5
16.	R_1 (5▲5)
17.	R_1 (5Δ3▲3Δ5)

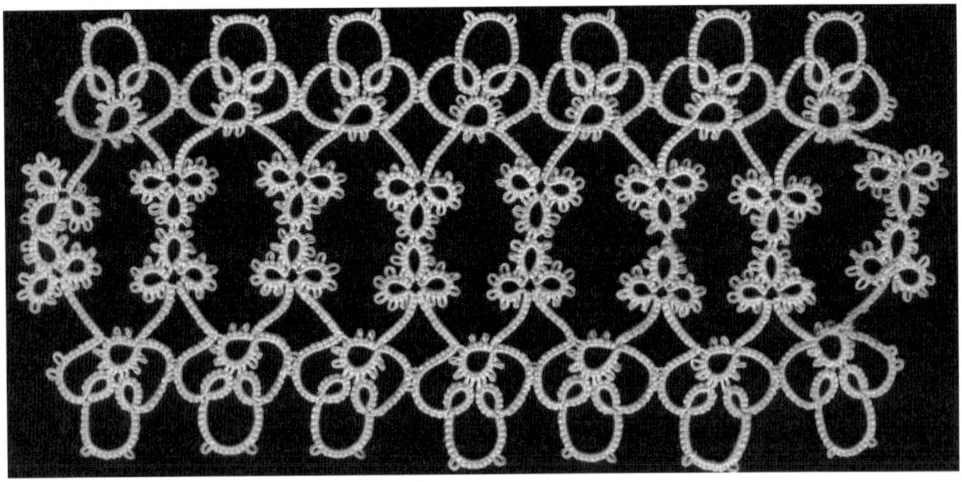

(Siehe Farbbild 1 nach Seite 65)

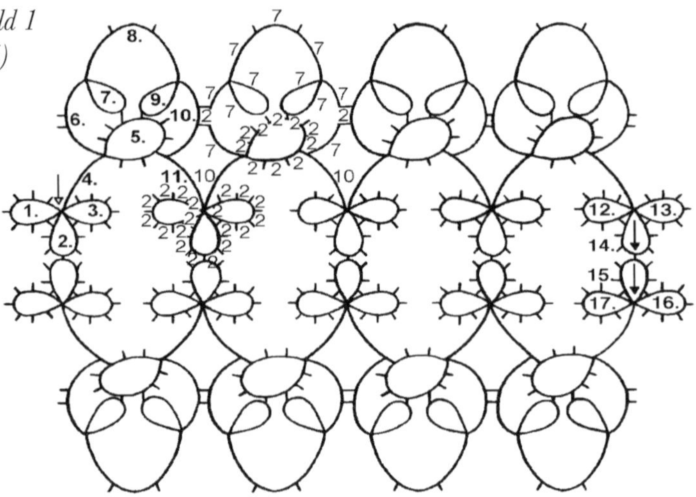

1. R₁ (2Δ2Δ2Δ2Δ2Δ2Δ2Δ2)
2. R₁ (2▲2Δ2Δ2Δ2Δ2Δ2Δ2)
3. R₁ (2▲2Δ2Δ2Δ2Δ2Δ2Δ2)
4. B₂: 10
5. R₁ (2Δ2Δ2Δ2Δ2Δ2Δ2Δ2Δ2Δ2)
6. B₂: 7▲2▲7
7. R₁ (7▲7)
8. B₂: 7Δ7Δ7
9. R₁ (7▲7)
10. B₂: 7Δ2Δ7 anschließen
11. B₂: 10
12. R₁ (2Δ2Δ2Δ2Δ2Δ2Δ2Δ2)
13. R₂ (2Δ2Δ2Δ2Δ2Δ2Δ2Δ2)
14. R₁ (2▲2Δ2Δ2/2▲2Δ2Δ2) R₂
15. R₁ (2Δ2Δ2Δ2/2Δ2Δ2Δ2) R₂
16. R₂ (2▲2Δ2Δ2Δ2Δ2Δ2Δ2)
17. R₁ (2▲2Δ2Δ2Δ2Δ2Δ2Δ2)

MASSÖSEN

Im 19. Jahrhundert erhielten die Occhispitzen durch große Pikots, die auch Maßösen genannt werden, eine besonders verspielte Note. Damit sie möglichst gleich groß geraten, verwendet man dazu ein Maß in der erforderlichen Breite – eine Schablone, die man aus Karton, Plastik oder biegsamer Folie ausschneiden kann.

Halten Sie die Schablone beim Anfertigen eines Pikots zwischen Daumen und Zeigefinger der linken Hand – entlang des Spannfadens, direkt unterhalb des Knüpffadens – und knüpfen Sie daraufhin den nächsten Doppelknoten. Fassen Sie dabei die Schablone dazwischen.

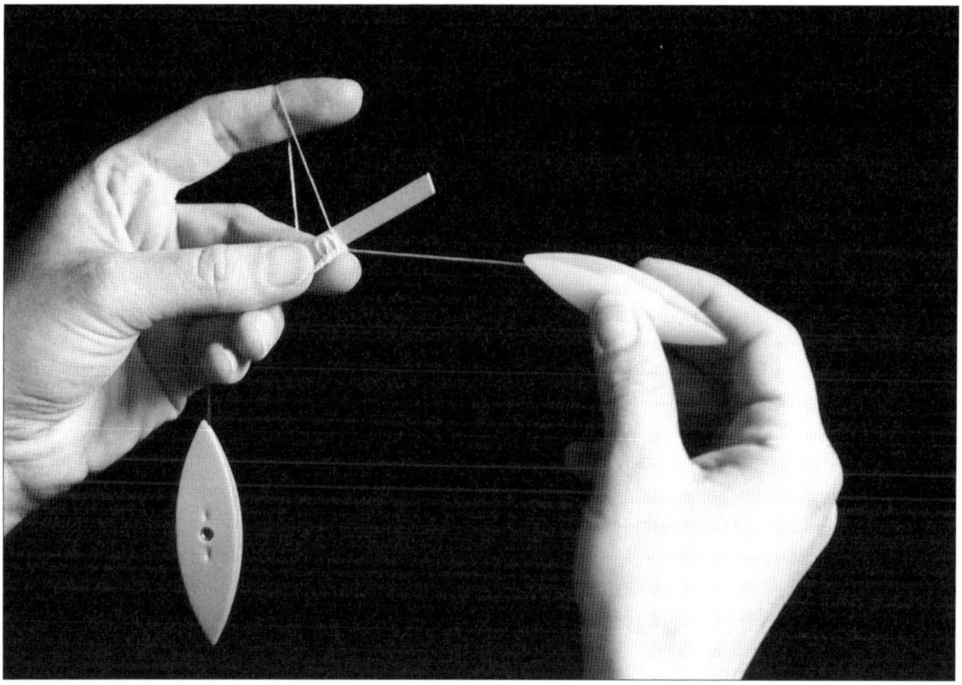

Verwenden einer Schablone

Besonders lange Maßösen kann man, bevor man in der nächsten Reihe an sie anschlingt, ein-, zwei- oder sogar dreimal drehen. Maßösen können auch abgehäkelt werden.

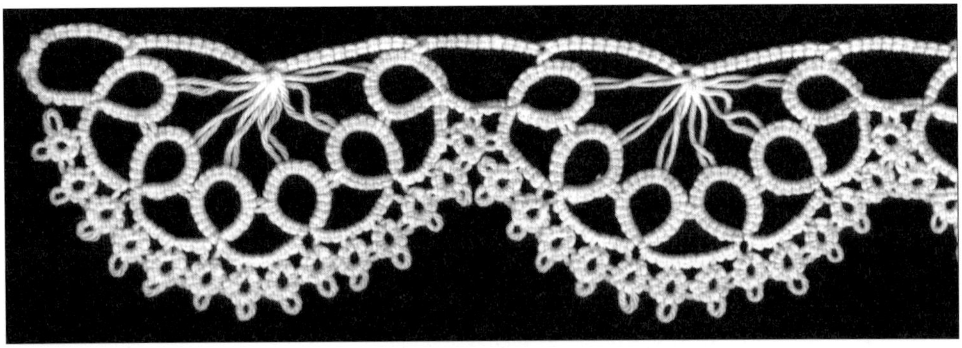

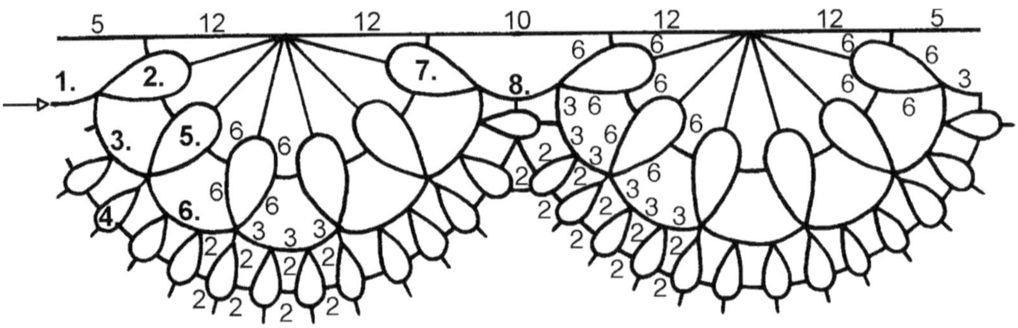

1. B_1: 3
2. R_2 (6Δ6Δ(1.5 cm)6Δ6)
3. B_1/R_1: 3▲3(2▲2Δ2Δ2)3
4. R_1 (2▲2Δ2Δ2)
5. R_2 (6▲6Δ(1.5cm)6Δ6)
6. B_1/R_1: 3(2▲2Δ2Δ2)3(2▲2Δ2Δ2)3
von **4. – 6.** 3x wiederholen

7. R_2 (6▲6Δ(1.5cm)6Δ6)
8. B_1: 3▲3

Als Abschluß der Spitze arbeiten Sie einen Bogen aus:
B_1: 5▲12▲12▲10▲12▲12▲ usw.
Schließen Sie dabei an die in der Musterzeichnung angegebenen Stellen an.

Innenösen

Innenösen werden mit dem Spannfaden gebildet. Sie dienen als Verbindungsmöglichkeit zwischen einzelnen Elementen. Dazu ist es notwendig, den Spannfaden an der betreffenden Stelle wie bei der Anfangsöse um eine Sicherheitsnadel zu legen. Den nächsten Doppelknoten arbeiten Sie darauf nicht direkt an den letzten, sondern lassen einen kleinen Abstand, der ungefähr der Länge von zwei Doppelknoten entsprechen sollte (vgl. Pikot).

Arbeiten Sie die Reihe oder Runde nach Anleitung zu Ende. Schlingen Sie in der nächsten Reihe direkt an die Innenösen an.

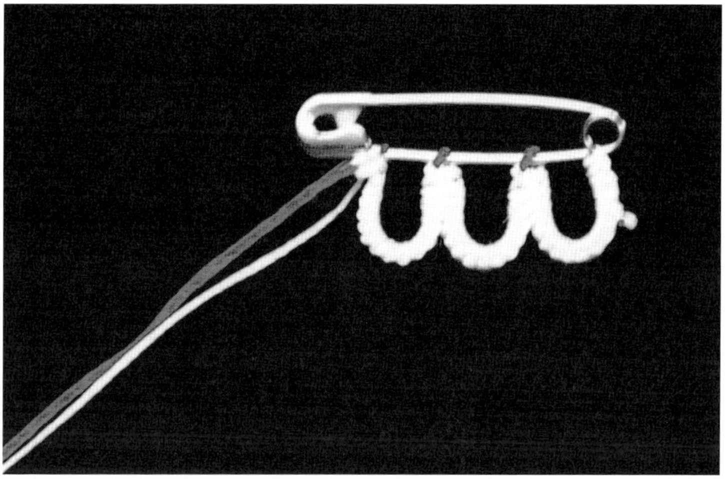

Innenösen auf eine Sicherheitsnadel gefaßt

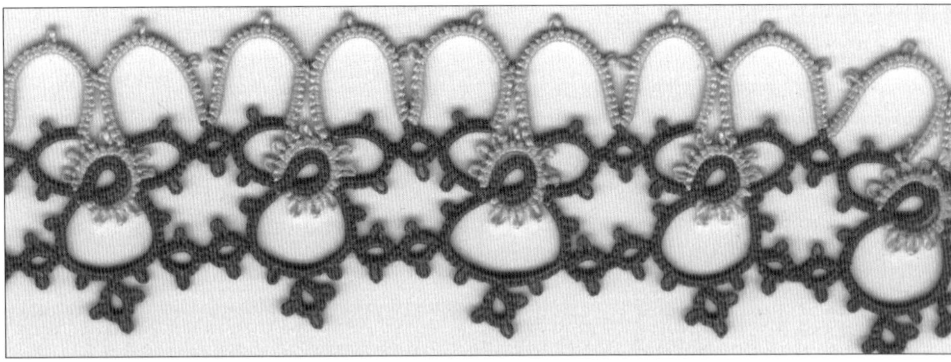

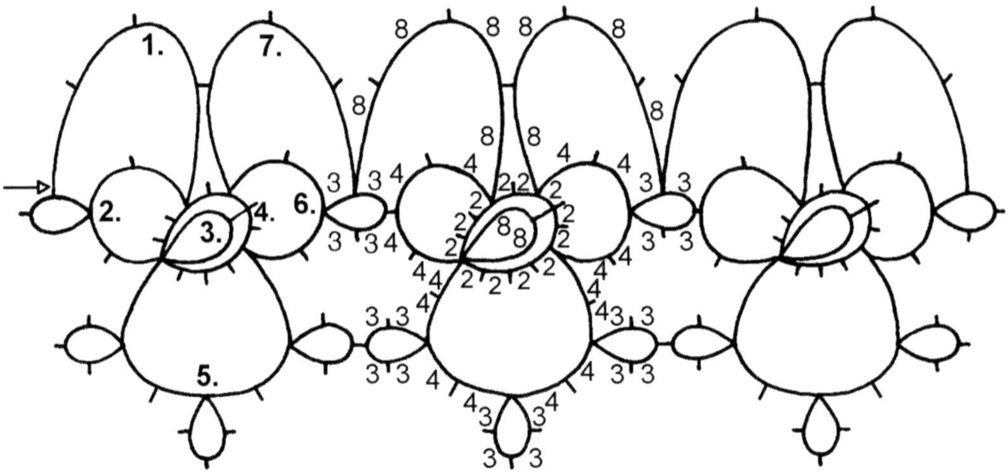

1. B_1: 8Δ8Δ8Δ8
2. am Anfang: [B_2/R_2: 4Δ4(3Δ3Δ3Δ3)4Δ4]
   sonst: B_2: 4Δ4▲4Δ4
3. R_2 (8Δ8)
4. R_1 (2Δ2Δ2▲2Δ2Δ2▼Δ2Δ2Δ2Δ2Δ2Δ2)
5. B_2/R_2: 4Δ4(3Δ3▲3Δ3)4Δ4(3Δ3Δ3Δ3)4Δ4(3Δ3Δ3Δ3)4Δ4 anschließen
6. B_2/R_2: 4Δ4(3Δ3Δ3Δ3)4Δ4 anschließen
7. B_1: 8▲8Δ8Δ8 anschließen

SCHLIESSEN EINES MOTIVS

Am Ende einer Runde schließen Sie an ein Pikot derselben Reihe an, indem Sie den Faden vom Fadenring von hinten nach vorne durch das Pikot zu einer Schlinge ziehen und das Schiffchen – der Zeichnung entsprechend – von vorne nach hinten durch die entstandene Schlinge führen.

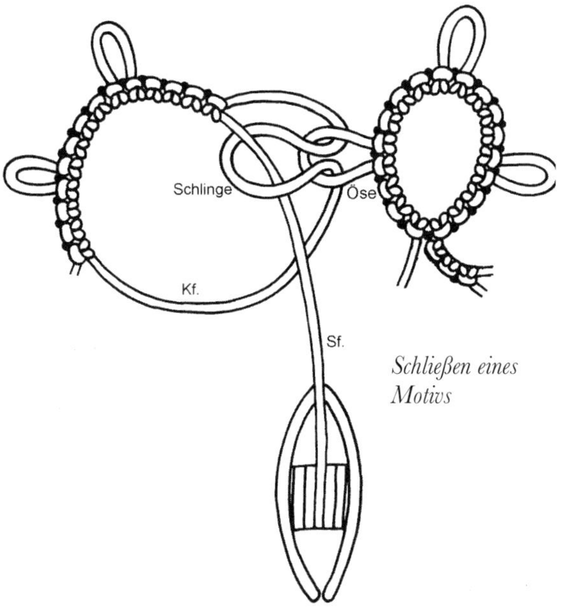

Schließen eines Motivs

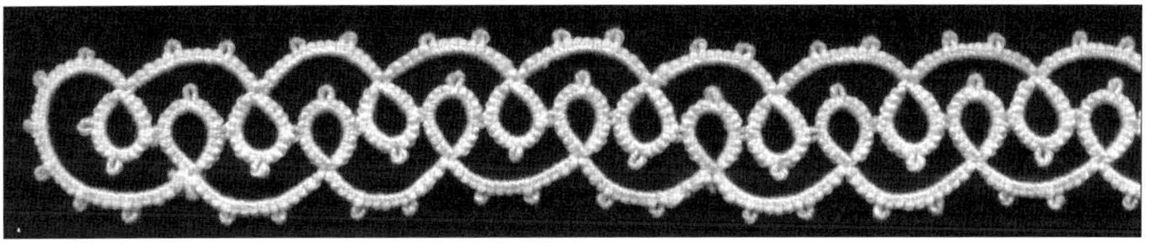

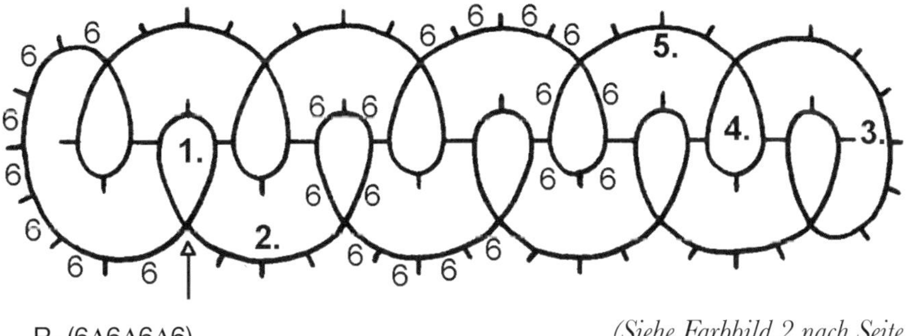

1. R_1 (6Δ6Δ6Δ6)
2. B_2: 6Δ6Δ6Δ6
3. B_2: 6Δ6Δ6Δ6Δ6Δ6Δ6
4. R_1 (6▲6Δ6▲6)
5. B_2: 6Δ6Δ6Δ6

(Siehe Farbbild 2 nach Seite 113)

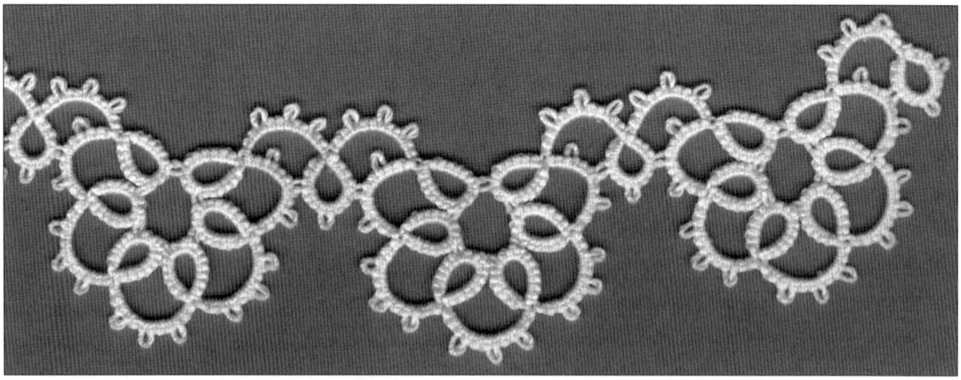

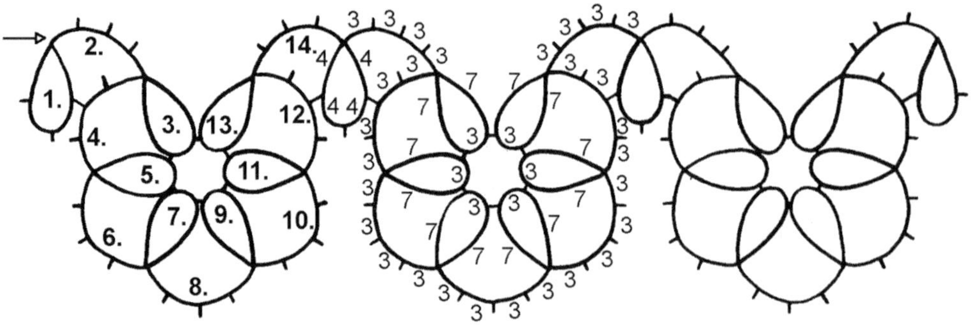

1.	R_1 (4▲4△4△4)	**8.**	B_1: 3△3△3△3
2.	B_2: 3△3△3△3	**9.**	R_2 (7▲3△7)
3.	R_2 (7△3△7)	**10.**	B_1: 3△3△3△3
4.	B_1: 3△3▲3△3	**11.**	R_2 (7▲3△7)
5.	R_2 (7▲3△7)	**12.**	B_1: 3△3△3△3
6.	B_1: 3△3△3△3	**13.**	R_2 (7▲3▲7)
7.	R_2 (7▲3△7)	**14.**	B_2: 3△3△3△3

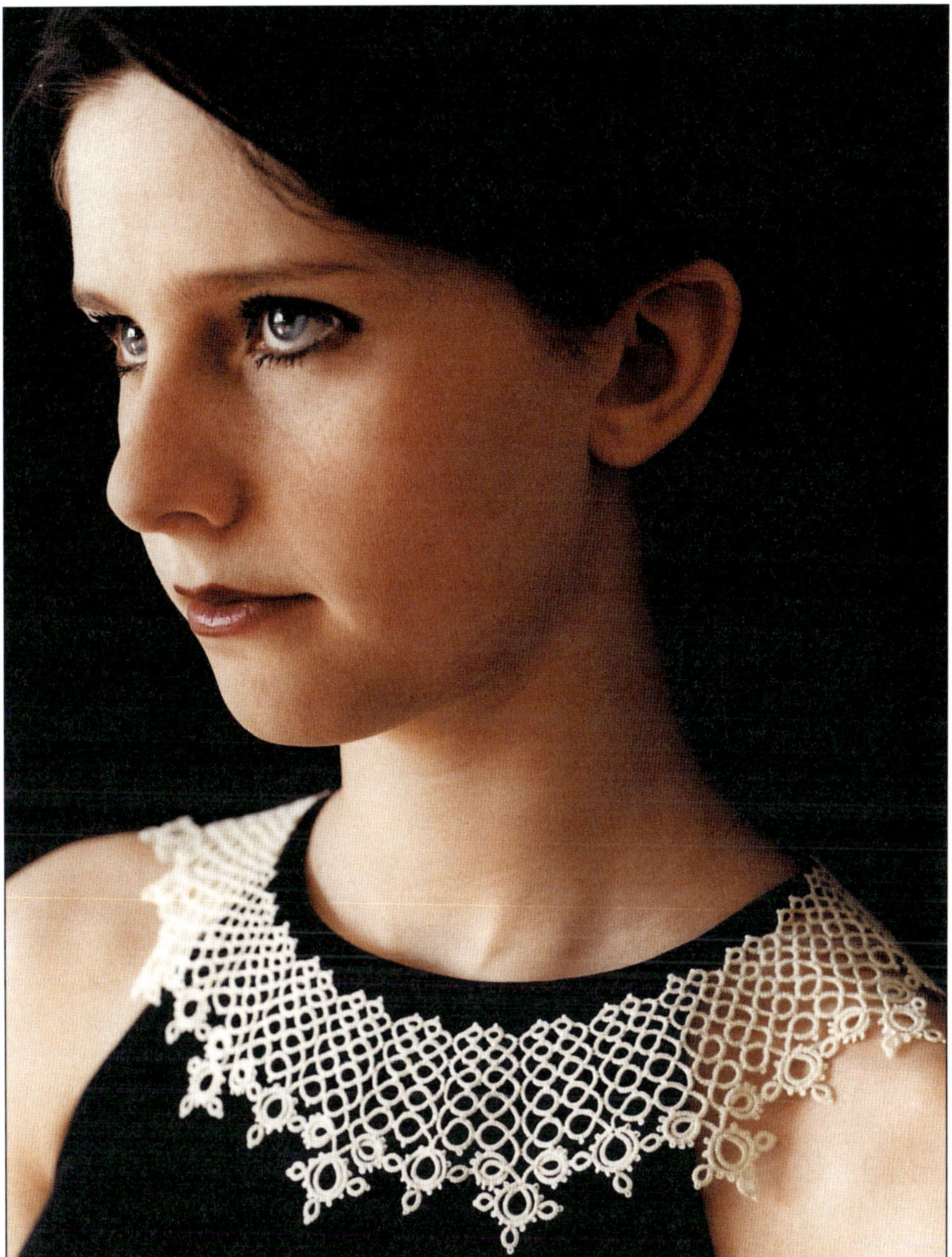

Charmanter Spitzenkragen (s. S. 111)

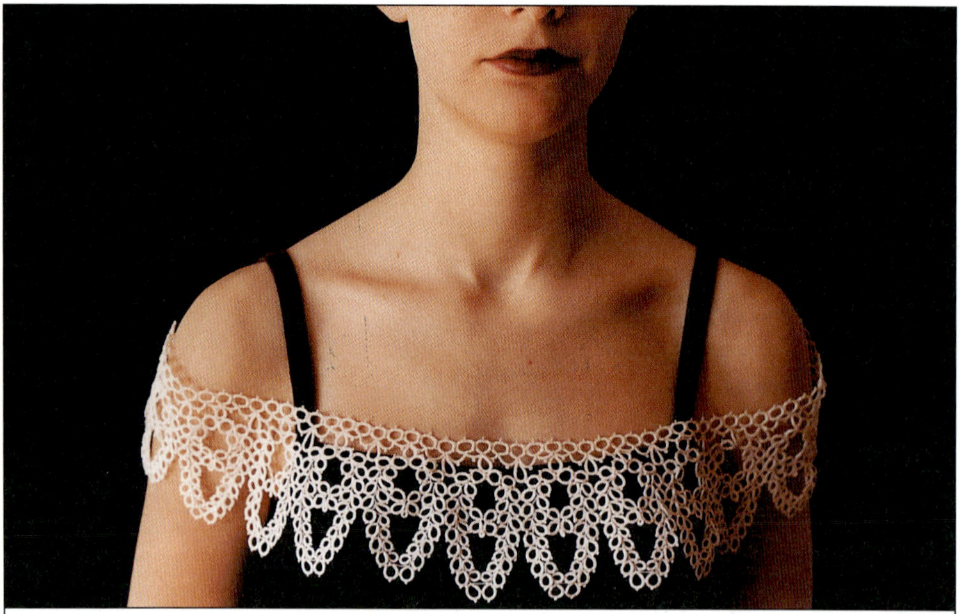

1) Spitzenkragen mit Blattmotiv (s. S. 112 f.)

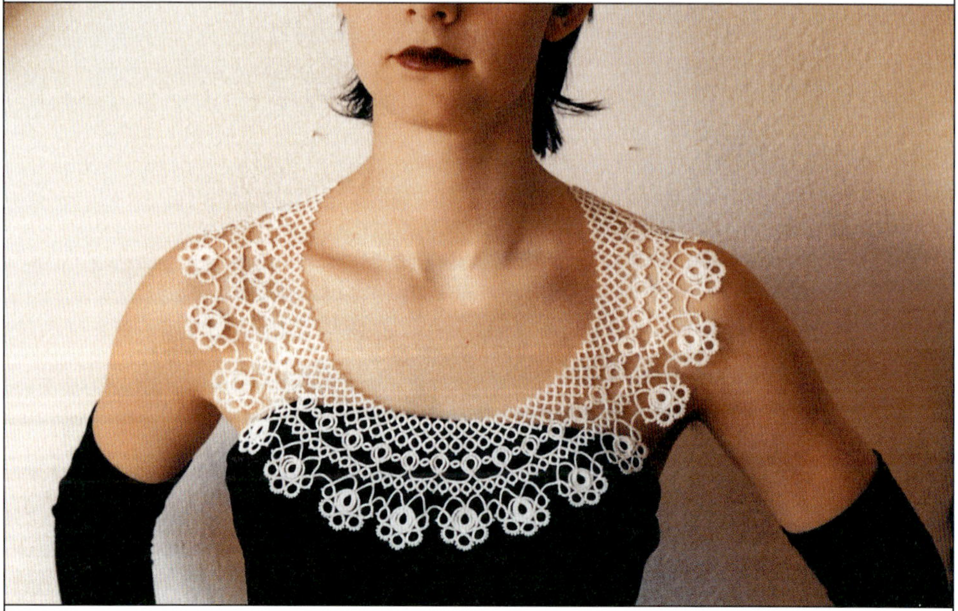

2) Spitzenkragen (s. S. 108 f.)

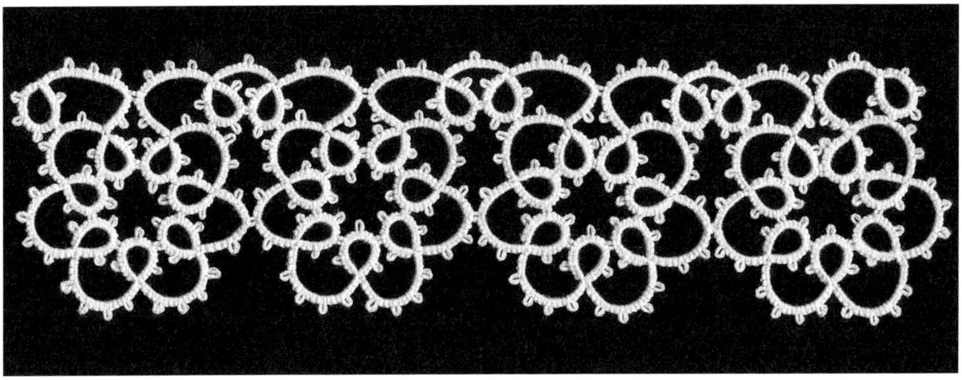

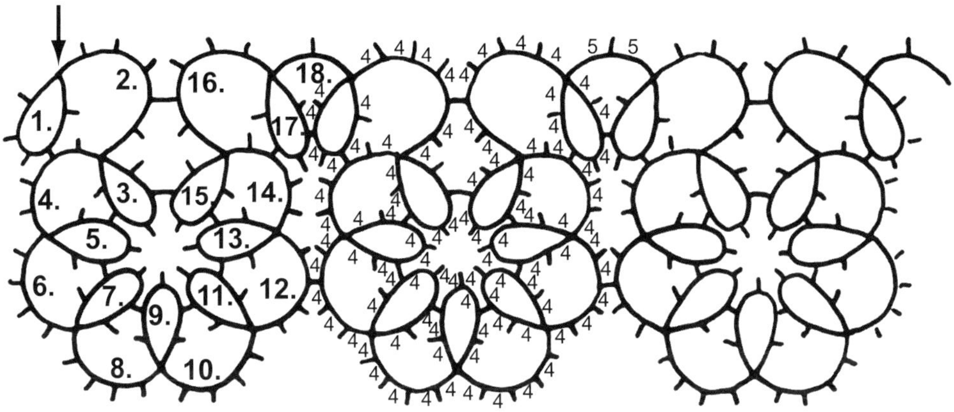

1. R_1 (4Δ4Δ4Δ4Δ4Δ4)
in der Folge
R_1 (4Δ4▲4Δ4Δ1Δ4)
2. B_2: 4Δ4Δ4Δ4Δ4Δ4
3. R_2 (4Δ4Δ4Δ4Δ4Δ4)
4. B_1: 4Δ4▲4Δ4Δ4
5. R_2 (4Δ4▲4Δ4Δ4Δ4)
6. B_1: 4Δ4Δ4Δ4Δ4
in der Folge
B_1: 4Δ4▲4Δ4Δ4
7. R_2 (4Δ4▲4Δ4Δ4Δ4)
8. B_1: 4Δ4Δ4Δ4Δ4

9. R_2 (4Δ4▲4Δ4Δ4Δ4)
10. B_1: 4Δ4Δ4Δ4Δ4
11. R_2 (4Δ4▲4Δ4Δ4Δ4)
12. B_1: 4Δ4Δ4Δ4Δ4
13. R_2 (4Δ4▲4Δ4Δ4Δ4)
14. B_1: 4Δ4Δ4Δ4Λ4
15. R_2 (4Λ4▲4Δ4▲4Δ4)
siehe Schließen eines Motivs
auf S. 95
16. B_2: 4Δ4▲4Δ4Δ4Δ4
17. R_1 (4Δ4▲4Δ4Δ4Δ4)
18. B_2: 5Δ5

RUNDE UND ECKIGE MOTIVE

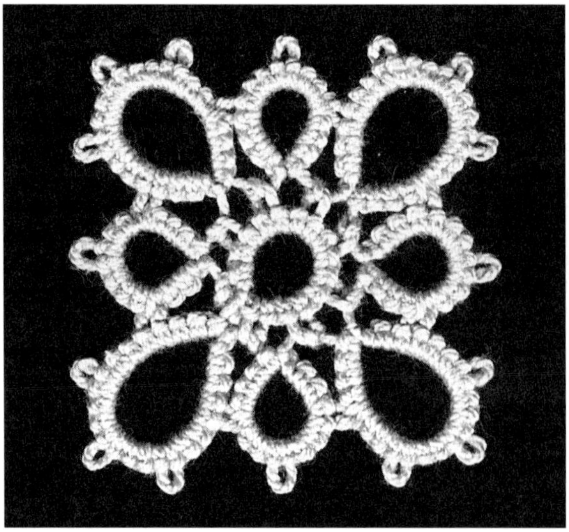

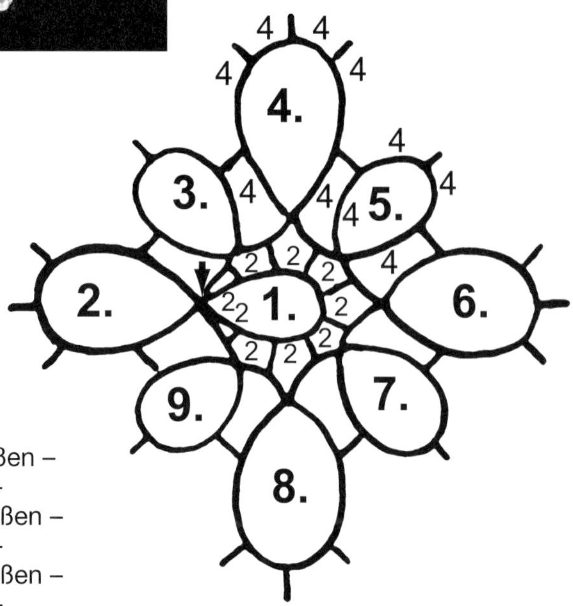

1. R (2△2△2△2△2△2△2△2)
2. R (4△4△4△4△4△4) – anschließen –
3. R (4▲4△4△4) – anschließen –
4. R (4▲4△4△4△4△4) – anschließen –
5. R (4▲4△4△4) – anschließen –
6. R (4▲4△4△4△4△4) – anschließen –
7. R (4▲4△4△4) – anschließen –
8. R (4▲4△4△4△4△4) – anschließen –
9. R (4▲4△4▲4) – anschließen –
   siehe Schließen eines Motivs auf S. 95

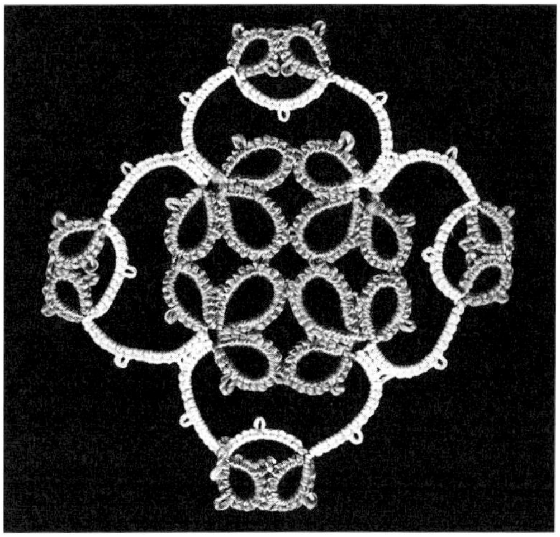

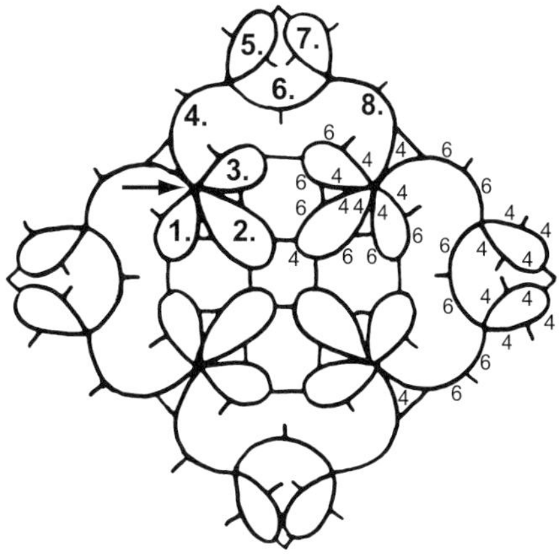

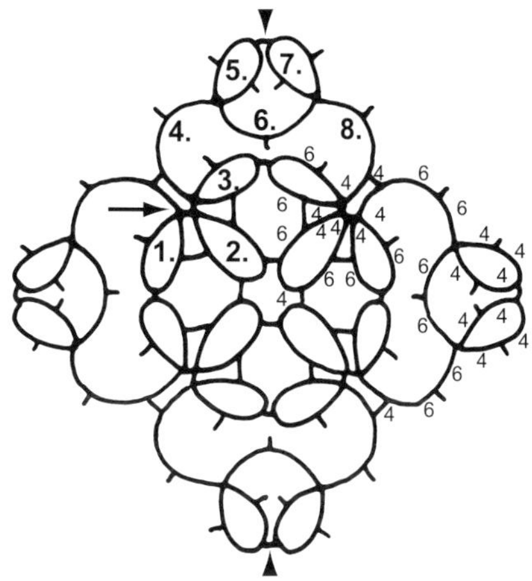

1. R_1 (4Δ6Δ6Δ4)
in der Folge R_1 (4Δ6▲6Δ4)
2. R_1 (4▲6Δ4Δ6Δ4)
in der Folge 2x R_1 (4▲6▲4Δ6Δ4)
beim letzten Ring R_1 (4▲6▲4▲6Δ4)
3. R_1 (4▲6Δ6Δ4)
beim letzten Ring R_1 (4▲6▲6Δ4)
4. B_2: 4Δ6Δ6
in der Folge B_2: 4▲6Δ6
5. R_2 (4Δ4Δ4Δ4)
6. B_1: 6Δ6
7. R_2 (4Δ4▲4Δ4)
8. B_2: 6Δ6Δ6

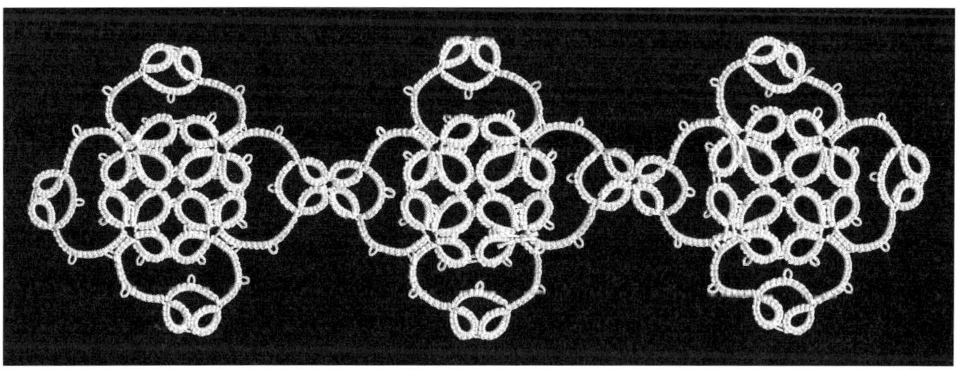

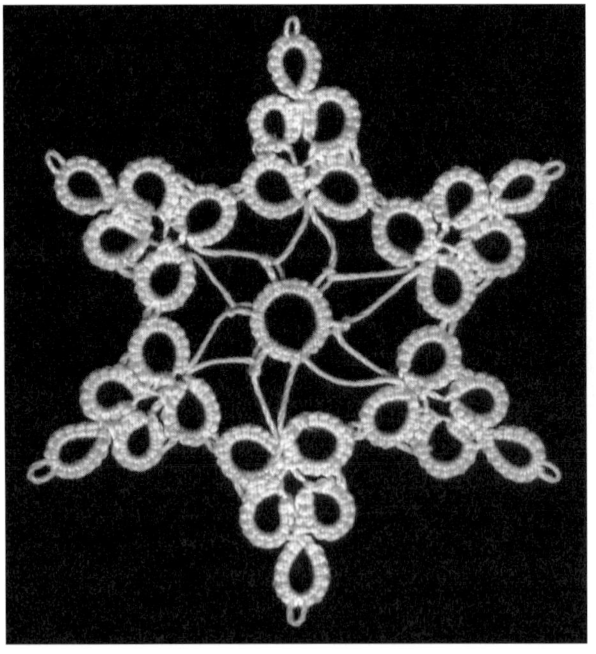

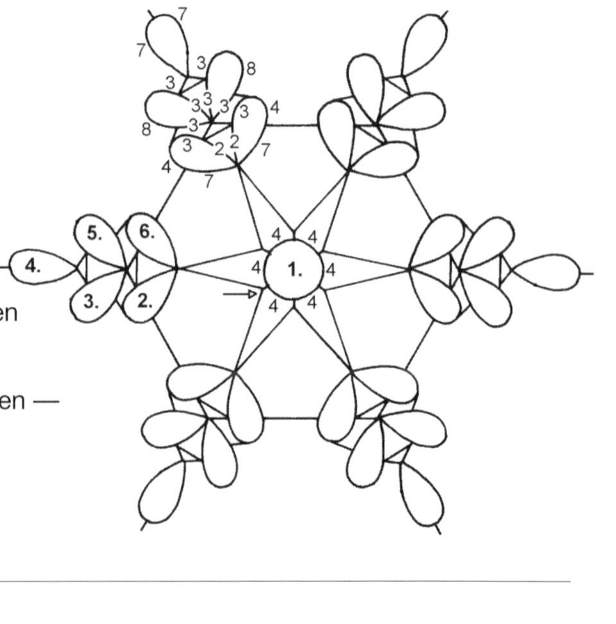

1. R (4Δ4Δ4Δ4Δ4Δ4) —
2. R (7▲4Δ3Δ2) —
3. R (3▲8Δ3Δ3) — anschließen
4. R (7Δ7) —
5. R (3▲8Δ3) —
6. R (2▲3▲4Δ7) — anschließen —

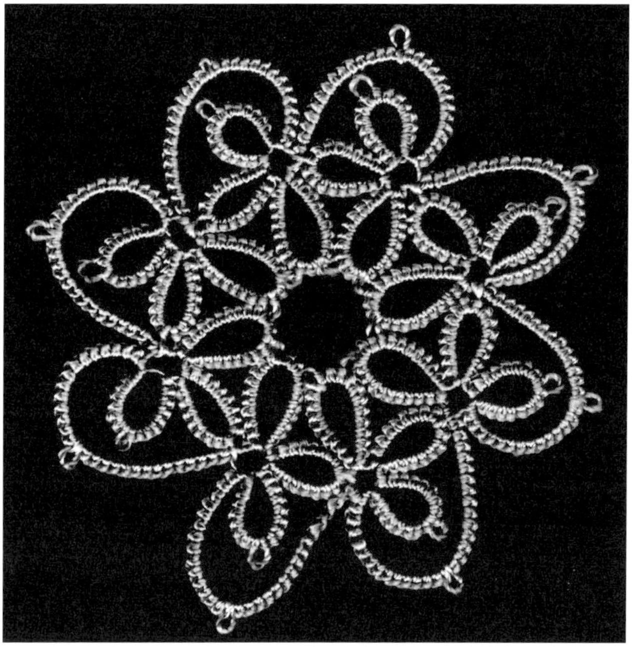

1. R_1 (8∆8)
2. R_1 (9▲9)
3. R_1 (9▲3∧10)
4. B_2: 15∆15

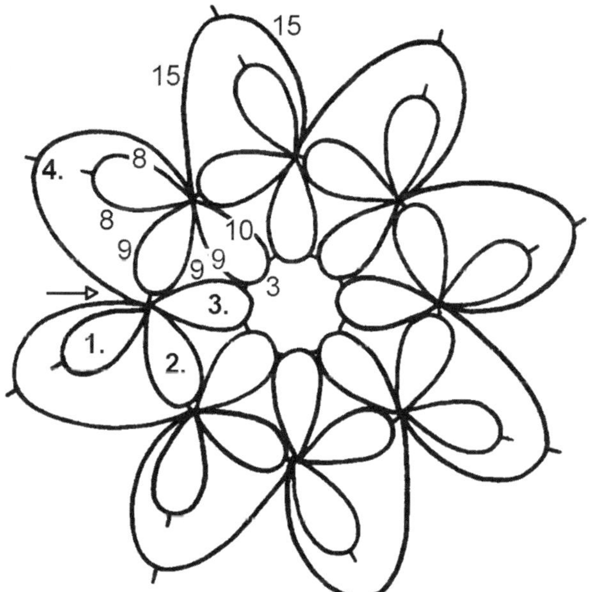

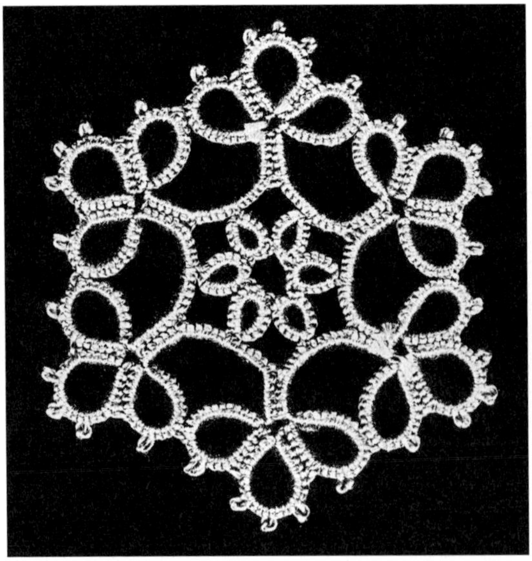

1. R_1 (12△4△4△6)
   in der Folge
   R_1 (12▲4△4△6)
   beim letzten Ring
   R_1 (12△4△4▼6)
   siehe Schließen eines Motivs auf Seite 95
2. R_1 (6▲4△4△4△4△6)
3. R_1 (6▲4△4△12)
4. B_2/R_2: 6△6 (6△2△6) 6△6
   in der Folge
   R_2 (6▲2△6)
   beim letzten Ring
   R_2 (6▲2▲6)

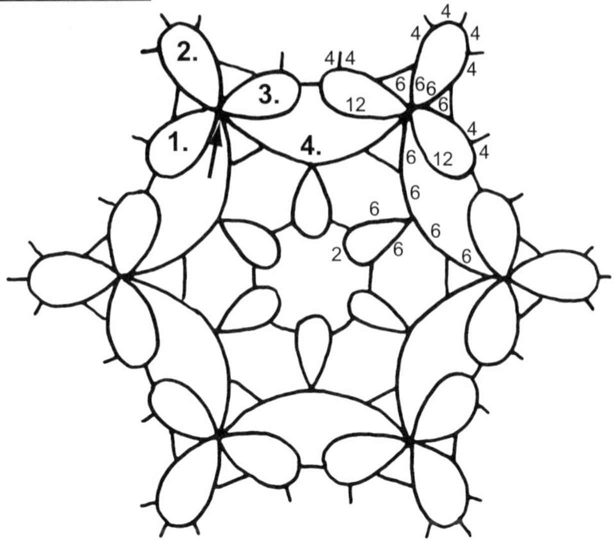

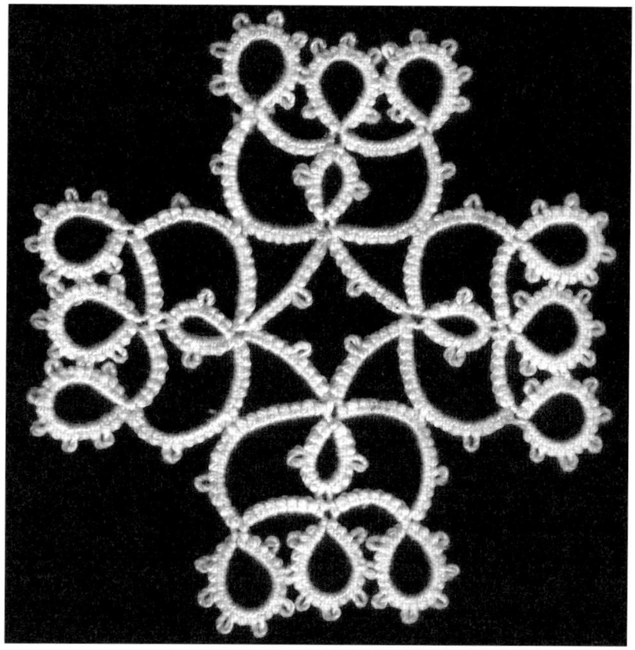

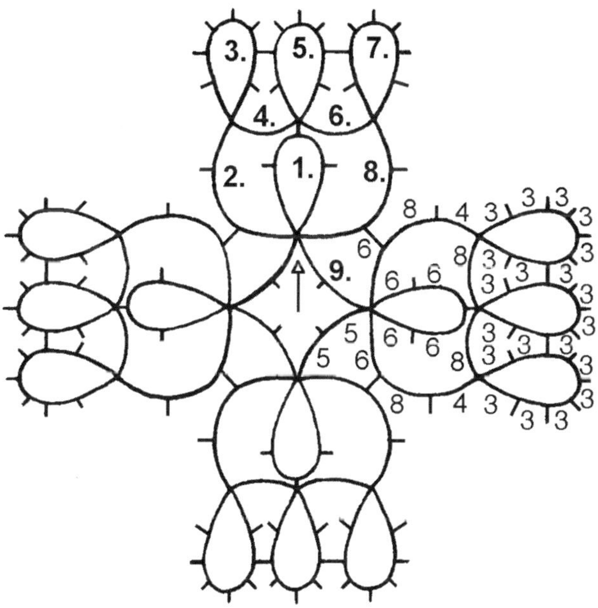

1. R_1 (6Δ6Δ6Δ6)
2. B_2: 6▲8Δ4
3. R_2 (3Δ3Δ3Δ3Δ3Δ3Δ3Δ3)
4. B_1: 8 anschließen
5. R_2 (3Δ3▲3Δ3Δ3Δ3Δ3Δ3)
6. B_1: 8
7. R_2 (3Δ3▲3Δ3Δ3Δ3Δ3Δ3)
8. B_2: 4Δ8Δ6
9. B_1: 5Δ5
von **1. – 9.** 3x wiederholen

(Siehe Farbbild 1 vor Seite 66)

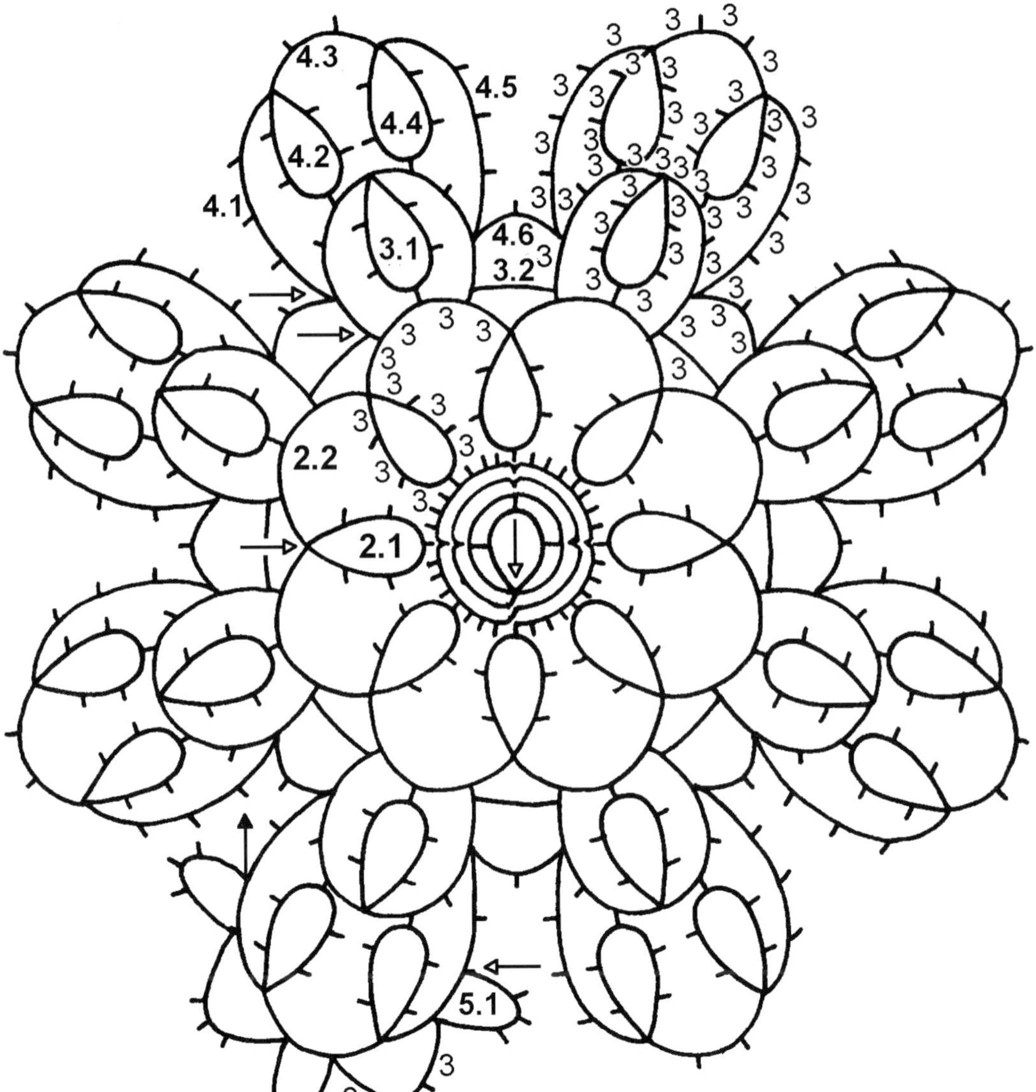

Blüte

Die Blüte besteht aus 4 Kränzen von Blütenblättern.

1. Blütenkranz: **1.1. - 1.5.**
Schließen Sie den 2. Blütenkranz an die mit A bezeichneten Pikots der Runde 1.4. an.
2. Blütenkranz: **2.1. - 2.2.**
Schließen Sie den 3. Blütenkranz an die mit B bezeichneten Pikots der Runde 1.4. an.
3. Blütenkranz: **2.1. - 3.2.**, darauf **5.1.**
Schließen Sie den 4. Blütenkranz an die mit C bezeichneten Pikots der Runde 1.4. an.
4. Blütenkranz: **2.1. - 5.1.**

1.1 R_1 (2△2△2△2)
1.2 B_1: 4 anschließen; 3x wiederholen
1.3 B_2: 6 anschließen; 3x wiederholen
1.4 B_2: 1△2△2△2△2△2△2△1 anschließen; 3x wiederholen
1.5 B_2: 3△1△1△3 anschließen; 7x wiederholen
2.1 R_1 (3△3△3▲3△3△3)
2.2 B_2: 3△3△3△3
3.1 B_1/R_2: 3△3△3△3(3△3△3▲3△3△3)3△3△3△3 anschließen
3.2 B_1: 3 anschließen
4.1 B_1: 3△3△3△3
4.2 R_2 (3△3△3▲3△3△3)
4.3 B_1: 3△3△3
4.4 R_2 (3△3△3▲3△3△3)
4.5 B_1: 3△3△3△3 anschließen
4.6 B_1: 3△3 anschließen
5.1 B_1: 3△1△1△3 anschließen

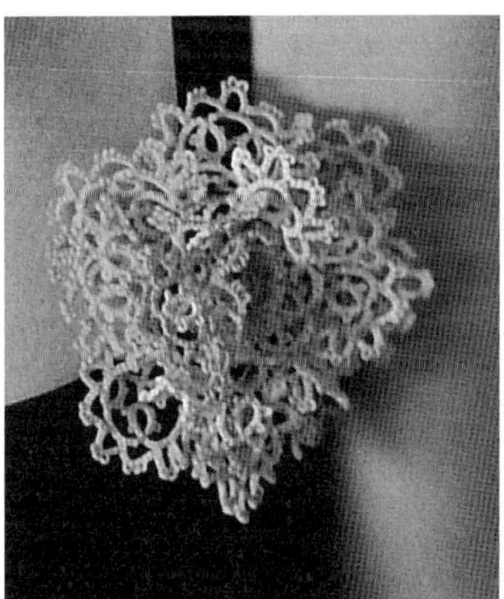

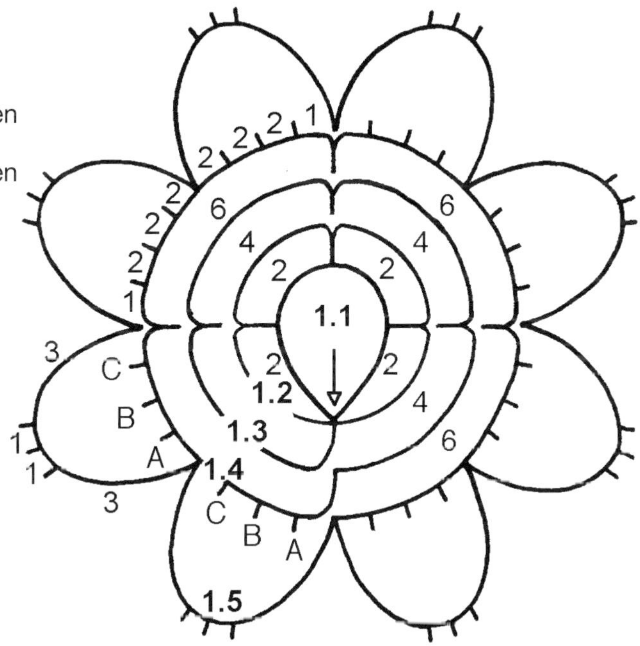

(Siehe Bild auf Seite 8)

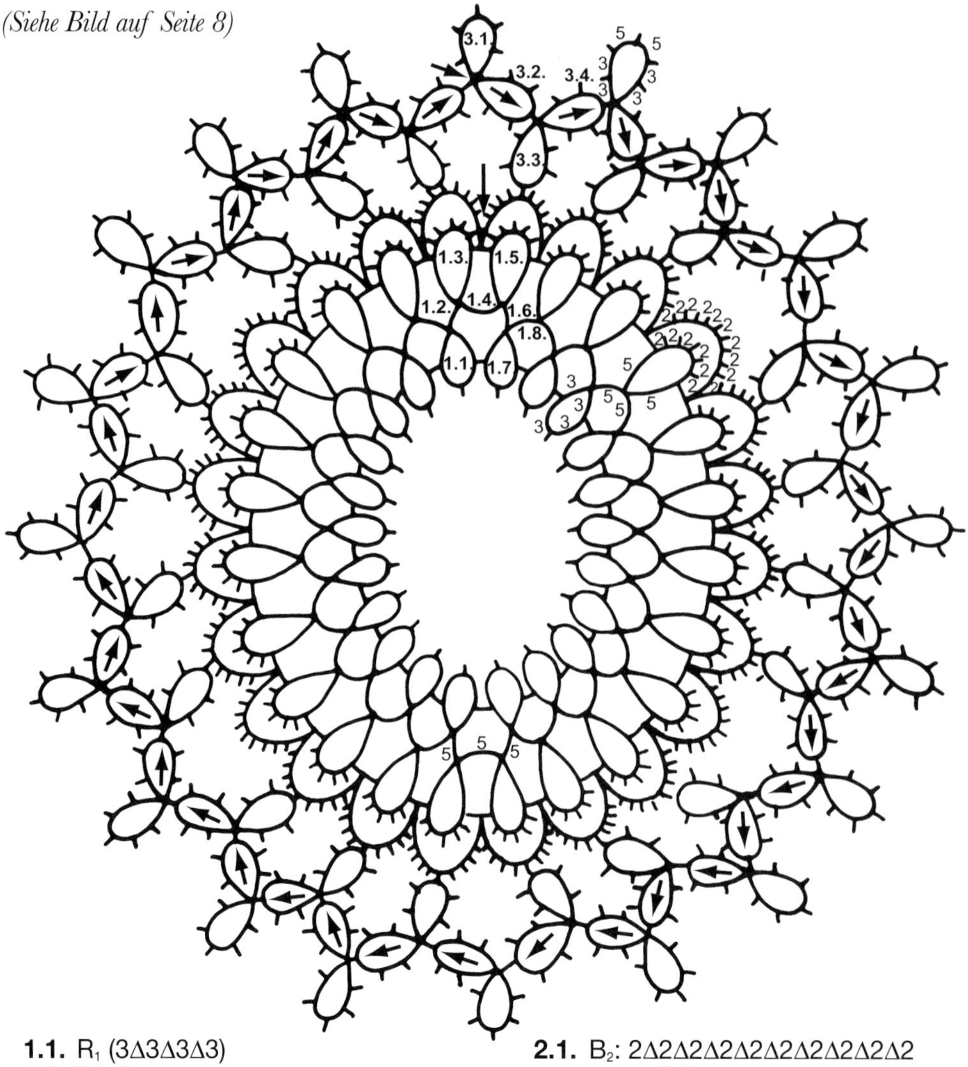

1.1. R_1 (3Δ3Δ3Δ3)
1.2. B_2: 5
1.3. R_2 (5Δ2Δ2Δ2Δ2Δ2Δ2Δ5)
1.4. B_1: 5
1.5. R_2 (5Δ2Δ2Δ2Δ2Δ2Δ2Δ5)
1.6. B_2: 5
1.7. R_1 (3▲3Δ3Δ3)
1.8. B_2/R_2: 5 (5Δ2Δ2Δ2Δ2Δ2Δ2Δ5) 5

2.1. B_2: 2Δ2Δ2Δ2Δ2Δ2Δ2Δ2Δ2Δ2Δ2
anschließen

3.1. R_1 (3Δ3Δ5Δ5Δ3Δ3)
3.2. R_1/R_2 (3Δ3Δ5 / 3Δ3Δ5)
3.3. R_1 (3Δ3Δ5▲5Δ3Δ3)
3.4. R_1/R_2 (3Δ3Δ5 /3Δ3Δ5)

KRAGEN

Alle Kragen sind gearbeitet aus: Viola 20, Häkelgarn, 100% Cotton. Fertigen Sie vor Beginn der Arbeit eine Musterprobe an. Wiederholen Sie den Rapport jeweils so oft, wie es für die Größe Ihres Kragens notwendig ist.

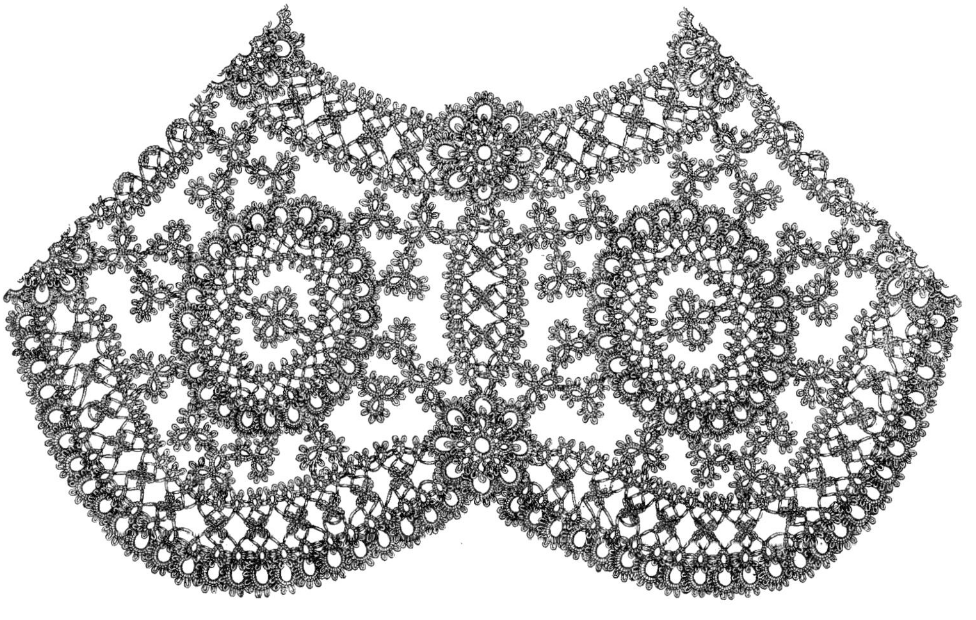

Antimacassar aus Frivolitäten

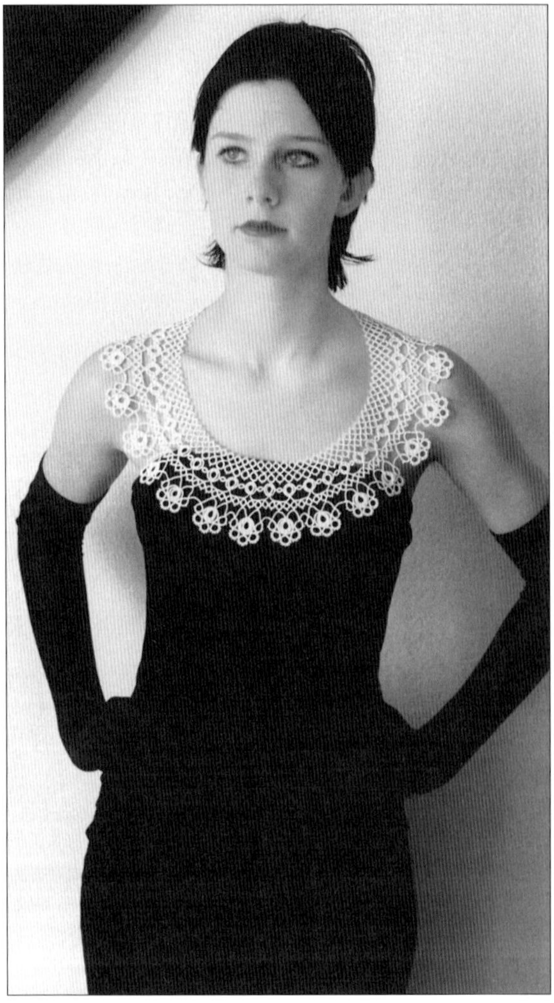

(Siehe auch Farbbild 2 neben Seite 97)

1.1 R_1 (6△6△6△6)
1.2 B_2: 5

1.3 R_1 (5▲5△5△5)
1.4 B_2/R_2: 5(6▲6△6△6)5
von **1.3. – 1.4.** wiederholen

2.1 R_1 (14△14)
2.2 R_1 (9△9▼▲9△9)

2.3 B_2/R_2: 6(5▲5△5△5)6 (5▲5△5△5)6(5▲5△5△5)6
2.4 R_2 (14△14)
2.5 B_1/R_1: 9(7▲7)9▼▲9△9 anschließen

2.6 B_1: 12 anschließen
3.1 B_1: 18

3.2 R_1 (7▲7△7△7)
3.3 B_2: 10▲10
3.4 R_2 (14△14)
3.5 R_2 (18▼18)
3.6 B_1/R_1: 10▲7(6▲2△2△2△2△2△2△2△2△6)7(6▲2△2△2△2△2△2△2△2△6) 7(6▲2△2△2△2△2△2△2△2△6)7△10 anschließen
3.7 B_2: 10▲10
3.8 R_1 (7▲7▲7△7)
3.9. B_2: 12
von **3.2** – **3.9** wiederholen

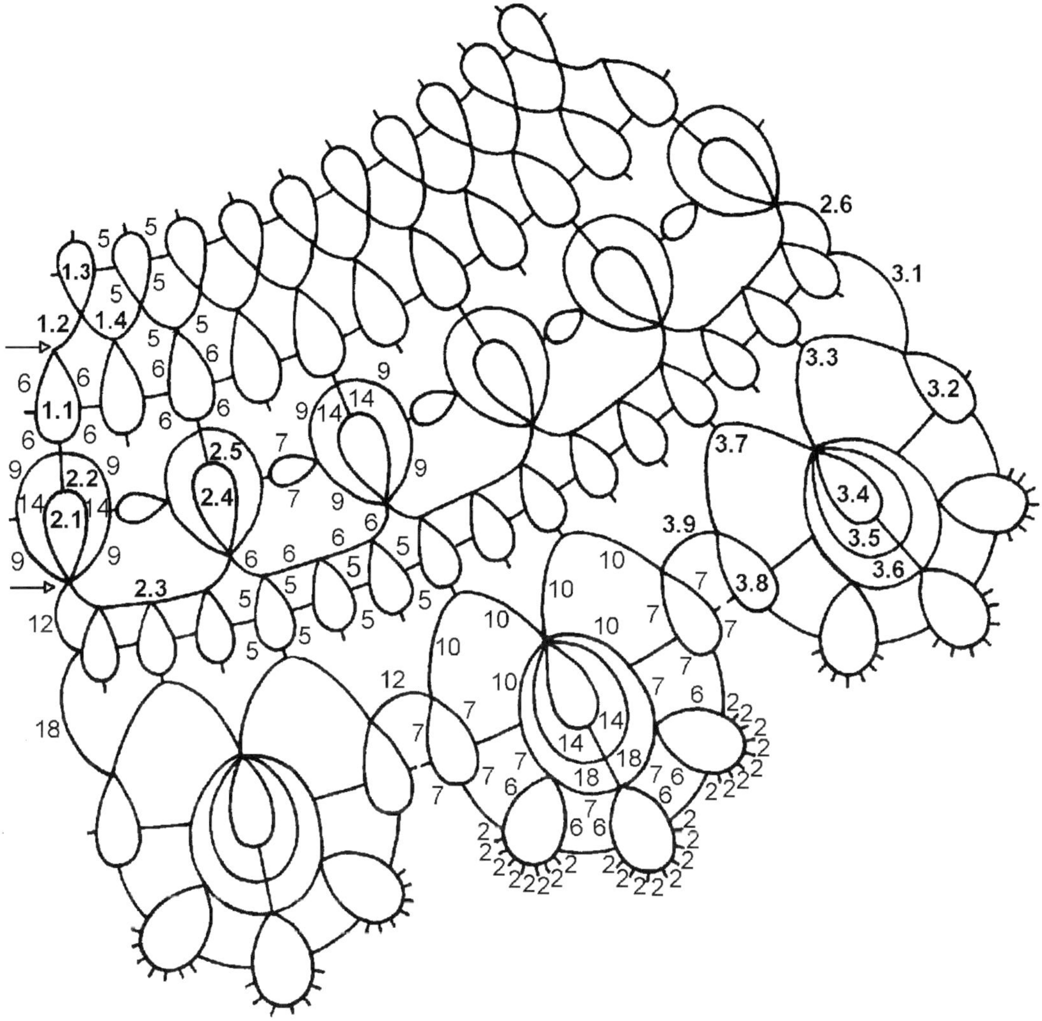

(Siehe Farbbild 2 neben Seite 89)

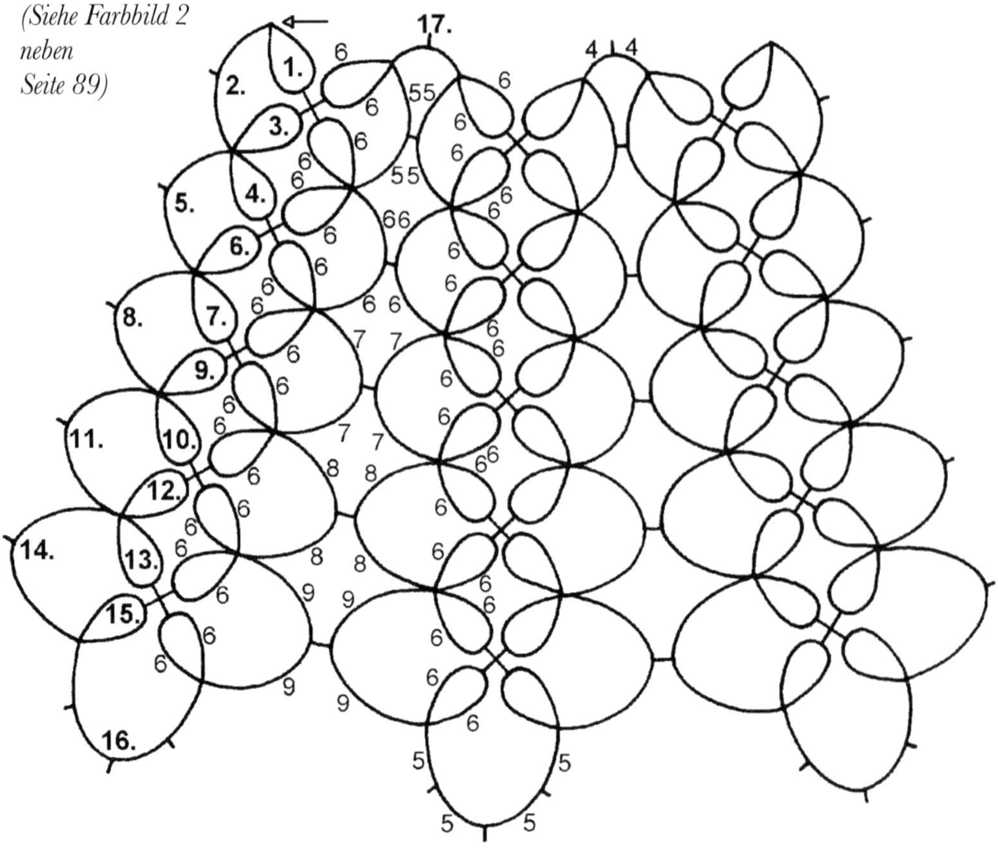

1. R_1 (6Δ6)
2. B_2: 5▲5
3. R_1 (6Δ6)
4. R_1 (6Δ6)
5. B_2: 6▲6
6. R_1 (6Δ6)
7. R_1 (6Δ6)
8. B_2: 7▲7
9. R_1 (6Δ6)
10. R_1 (6Δ6)
11. B_2: 8▲8
12. R_1 (6Δ6)
13. R_1 (6Δ6)
14. B_2: 9▲9
15. R_1 (6Δ6)
16. B_2: 5Δ5Δ5Δ5

von **15. – 1.** gegengleich wiederholen, dabei an den in der Musterzeichnung angegebenen Stellen anschließen

17. B_1: 4Δ4

(Siehe Farbbild neben Seite 96)

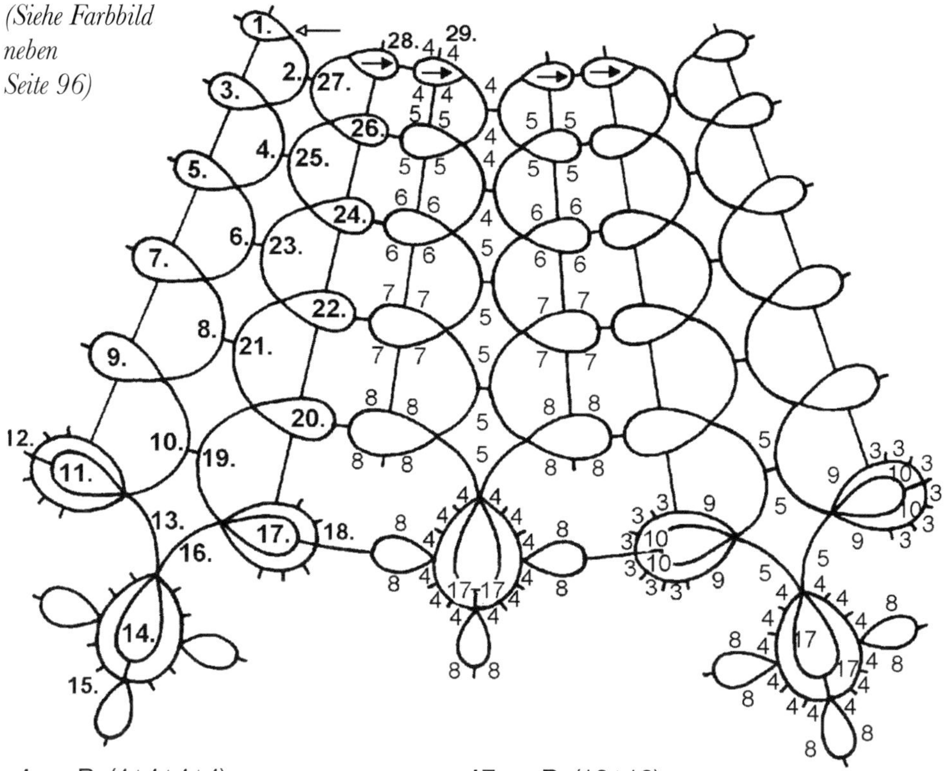

1. R_1 (4∆4∆4∆4)
2. B_2: 4∆4
3. R_1 (5▲5▲5∆5)
4. B_2: 4∆4
5. R_1 (6▲6▲6∆6)
6. B_2: 5∆5
7. R_1 (7▲7▲7∆7)
8. B_2: 5∆5
9. R_1 (8▲8▲8∆8)
10. B_2: 5∆5
11. R_1 (10∆10)
12. R_1 (9▲3∆3∆3▼▲3∆3∆3∆9)
13. B_2: 5
14. R_2 (17∆17)
15. B_1/R_1: 4∆4∆4(8∆8)4∆4∆4▼(8∆8) 4∆4∆4(8∆8)4∆4∆4 anschließen
16. B_2: 5
17. R_1 (10∆10)
18. R_1 (9∆3∆3∆3▼∆3∆3∆3∆9)
19. B_2: 5▲5
20. R_1 (8▲8∆8∆8)
21. B_2: 5▲5
22. R_1 (7▲7∆7∆7)
23. B_2: 5▲5
24. R_1 (6▲6∆6∆6)
25. B_2: 4▲4
26. R_1 (5▲5∆5∆5)
27. B_2: 4▲4
28. R_1 (4▲4/4∆4) R_2
29. R_1 (4∆4/4∆4) R_2

von **2. – 9.** wiederholen, dabei an die in der Musterzeichnung angegebenen Stellen anschließen; darauf **13. – 16.** wiederholen und Rapport mit **20. – 28.** beenden.

1.1 R (11Δ8Δ3) —
1.2 R (7) —
1.3 R (3▲8Δ11)
1.4 R (11Δ11)
1.5 R (11Δ11)
2.1 R (9Δ3Δ9Δ3)
2.2 R (3▲8Δ3Δ3Δ8Δ3)
2.3 R (3▲9Δ3Δ9) —
2.4 R (3▲9Δ3Δ9) —
2.5 R (3▲9Δ3Δ9) —
2.4 und **2.5** 2x wiederholen
2.6 R (3▲9Δ3Δ9) —
2.7 R (2▲7Δ2Δ7) —
2.6 und **2.7** 2x wiederholen
2.8 R (3▲9 Δ3Δ9) —
2.9 R (2▲8Δ8) —
2.10 R (3▲11Δ7Δ7) —
2.11 R (7▲7Δ11Δ3) —
2.12 R (8▲8Δ2) —
2.13 R (9▲3Δ9Δ3) —
2.14 R (7▲2Δ7Δ2) —
2.13 und **2.14** 2x wiederholen
2.15 R (9▲3Δ9Δ3) —
2.16 R (9▲3Δ9Δ3) —
2.15 und **2.16** 3x wiederholen
2.17 R (9▲3Δ9Δ3)
2.18 R (3▲8Δ3▲3▲8▲3)
3.1 R_1 (10▲6▲10)
3.2 R_2 (5▲5▲5Δ5Δ5Δ5)
3.3 B_1: 5Δ5
3.4 R_2 (5▲5▲5Δ5Δ5Δ5)
3.5 B_1: 8Δ8
3.6 R_2 (5▲5▲5Δ5Δ5Δ5)
3.7 R_1 (12▲6▲12)
3.8 B_1: 8Δ8
3.9 R_2 (5▲5▲5Δ5Δ5Δ5)
3.10 B_1: 5Δ5

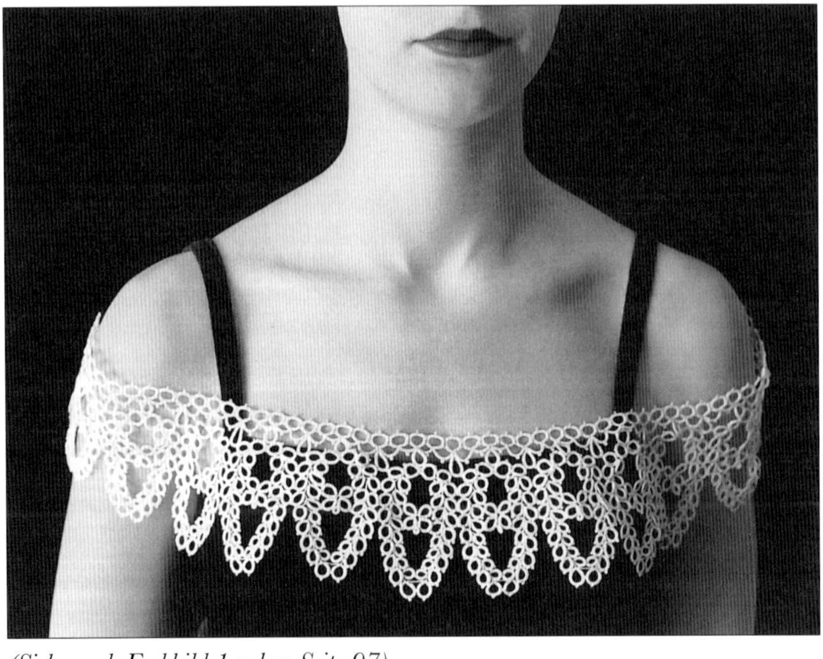

(Siehe auch Farbbild 1 neben Seite 97)

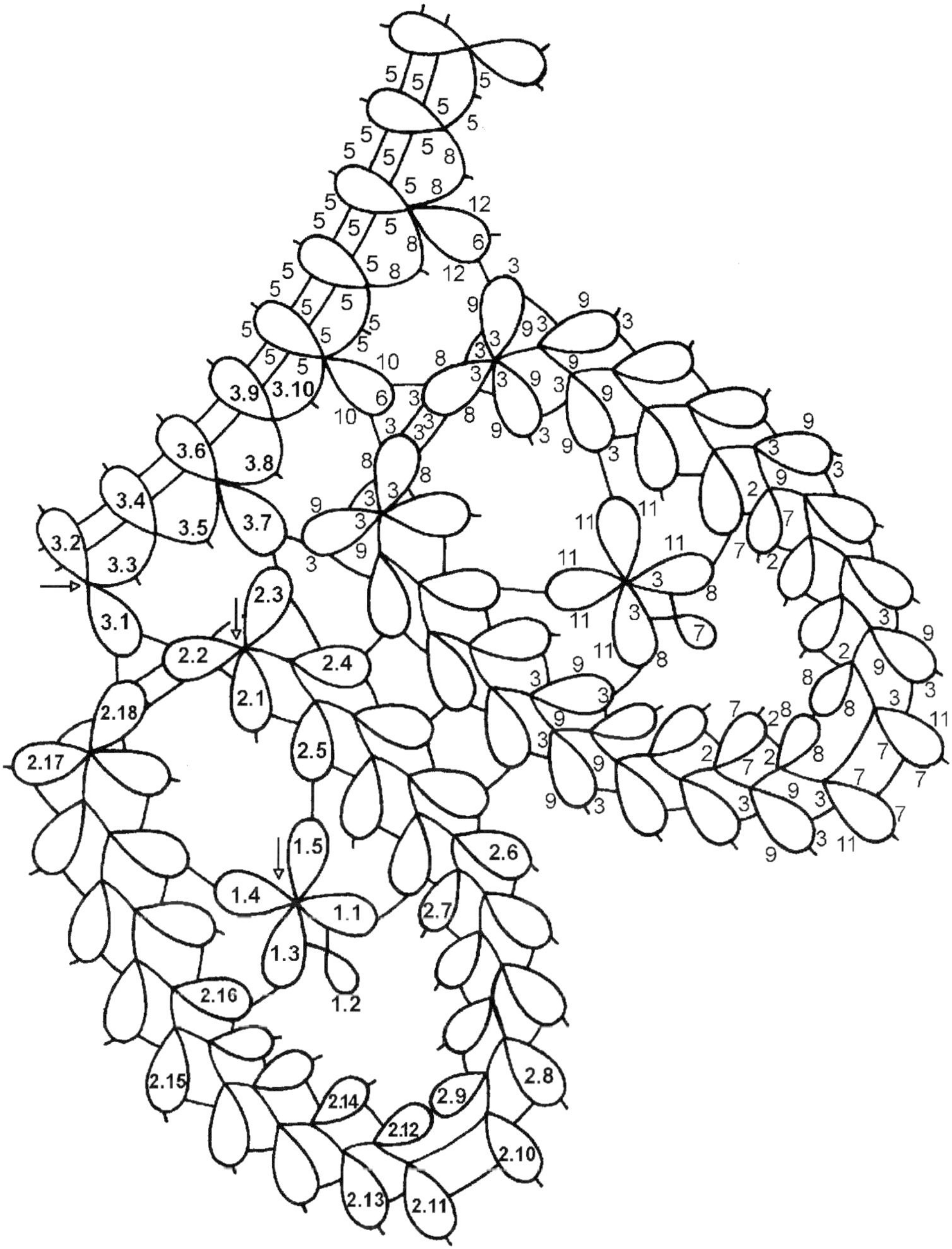
1.1
1.2
1.3
1.4
1.5
2.1
2.2
2.3
2.4
2.5
2.6
2.7
2.8
2.9
2.10
2.11
2.12
2.13
2.14
2.15
2.16
2.17
2.18
3.1
3.2
3.3
3.4
3.5
3.6
3.7
3.8
3.9
3.10

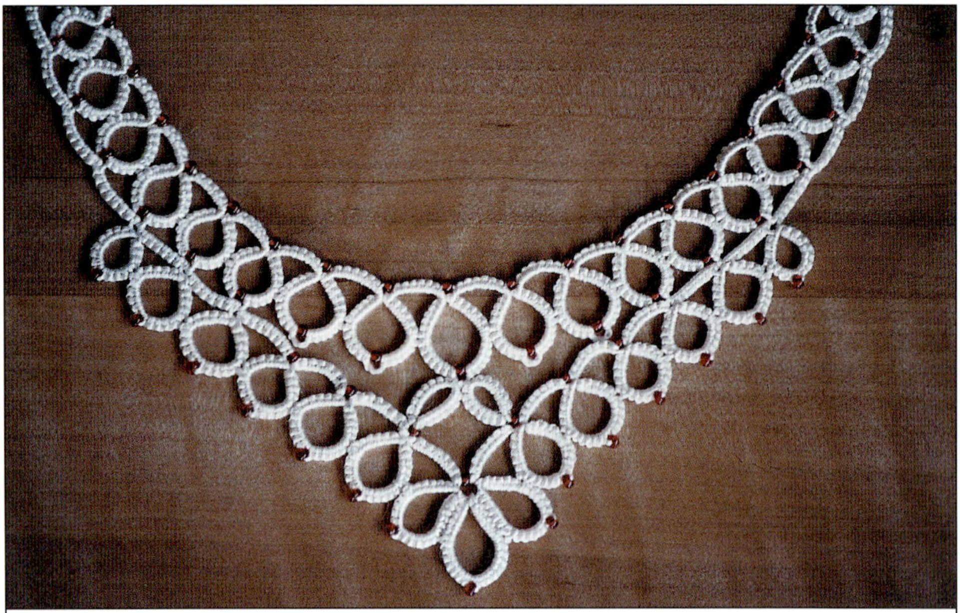

1) Kette mit Perlenschmuck (s. S. 122 f.)

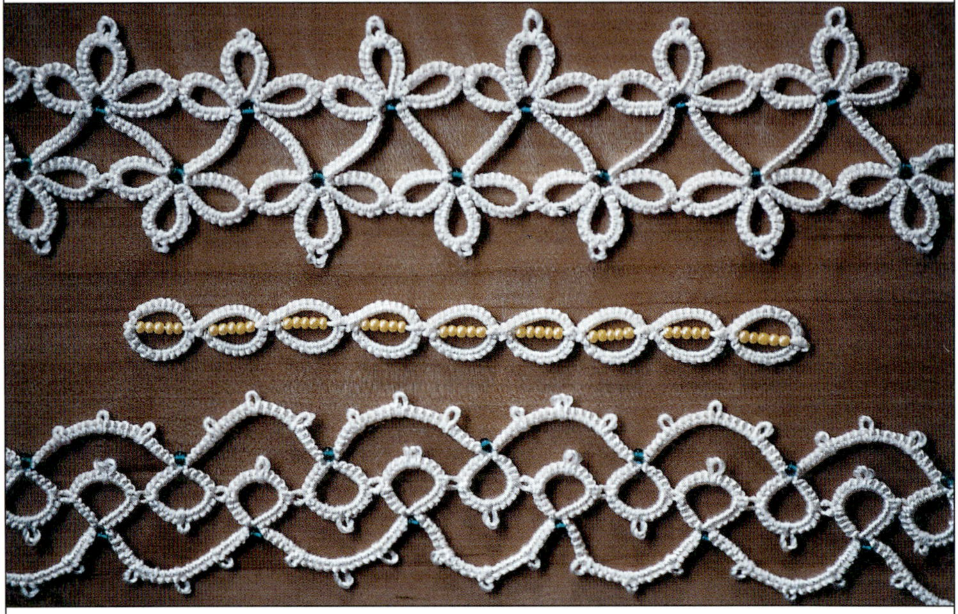

2) Spitzen mit eingeknüpften Perlen (s. S. 45 oben, S. 120 und S. 95)

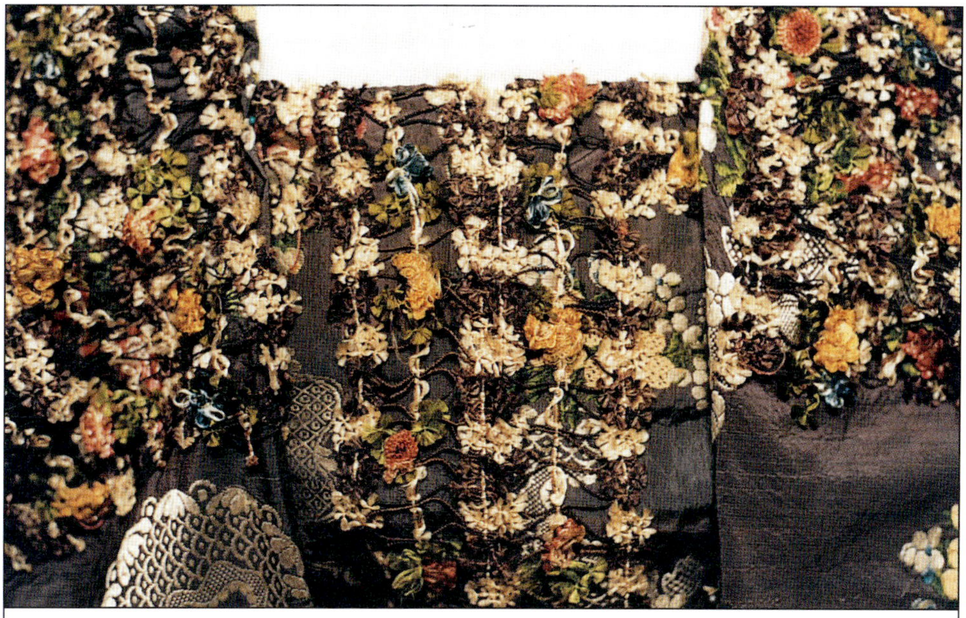

1) Kleid der Erzherzogin Maria Anna, 18. Jhdt.

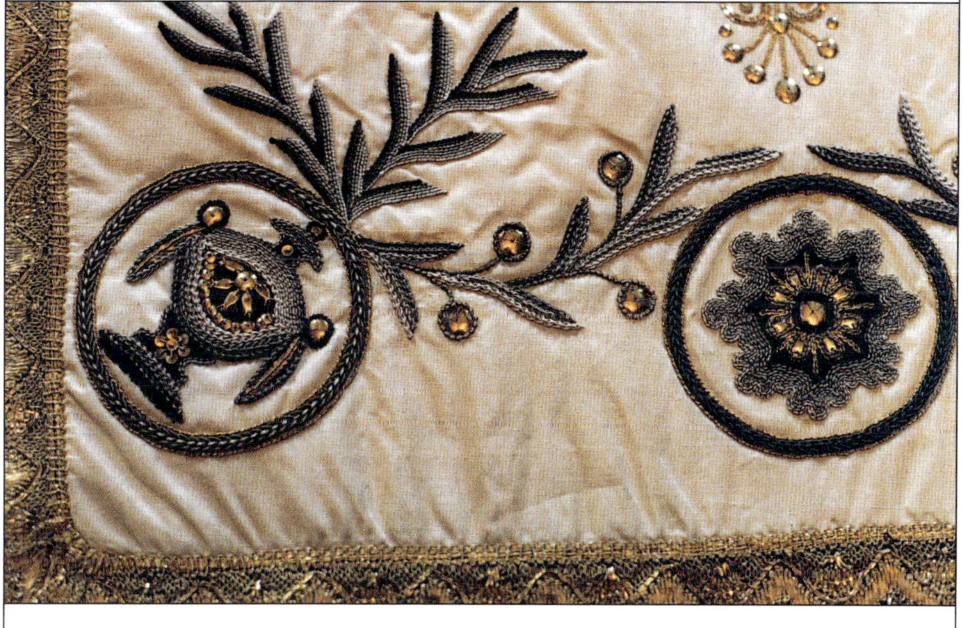

2) Kelchtuch mit aufgenähten Knotenschnüren

LEHRGANG PERLEN EINKNÜPFEN

Es gibt verschiedene Methoden, Perlen in die Occhispitze miteinzuknüpfen, je nachdem, an welcher Stelle die Perle mitgeknüpft werden soll und welche Hilfsmittel man zur Hand nimmt. Ob Sie nun die Perlen bereits vor Beginn der Arbeit auf den Spann- und / oder Knüpffaden auffädeln oder während der Knüpfarbeit einen Einfädler zu Hilfe nehmen – das Arbeiten mit Perlen ist auf jeden Fall zeitaufwendiger als das Knüpfen der Spitze allein. Versuchen Sie sich in den einzelnen Methoden und wählen Sie für den jeweiligen Zweck die von Ihnen bevorzugte, denn jede der in der Folge vorgestellten Methoden ergibt ein anderes Bild.

Arbeitsvorbereitung:
Fädeln Sie die Perlen auf den Spann- und / oder Knüpffaden auf. Bestreichen Sie dazu das ausgedünnte Ende des Fadens mit Nagellack, so daß eine feste Spitze entsteht, oder nehmen Sie einen Einfädler und einen dünnen Faden zu Hilfe. Wickeln Sie die Perlen auf das Schiffchen.

BOGEN

Wollen Sie in einen Bogen Perlen einknüpfen, so fädeln Sie die für die gesamte Spitze notwendige Anzahl der Perlen zuerst auf den Spannfaden (1) oder auf den Knüpffaden (2) auf, und schieben Sie die Perle bei Bedarf dicht an den zuletzt gearbeiteten Knoten. Arbeiten Sie weiter nach Vorlage.

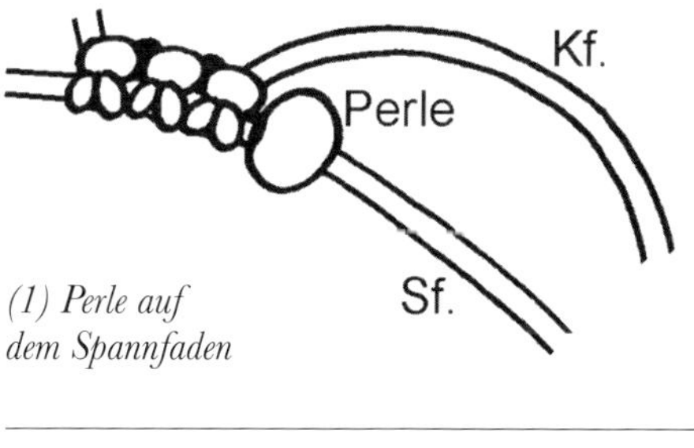

(1) Perle auf dem Spannfaden

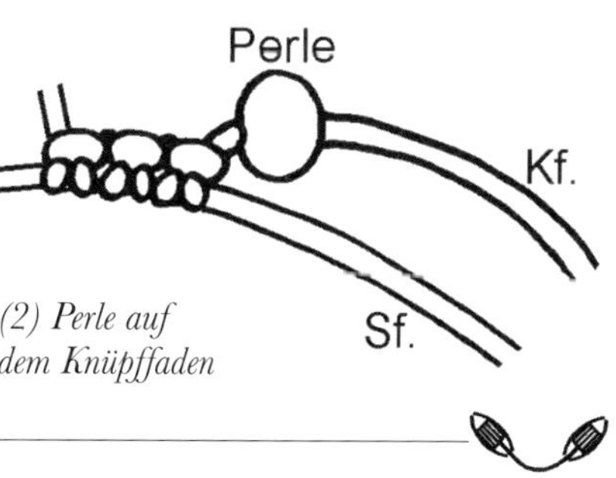

(2) Perle auf dem Knüpffaden

RING

Wollen Sie in einen Ring Perlen einknüpfen, so können Sie zwischen mehreren Methoden wählen:

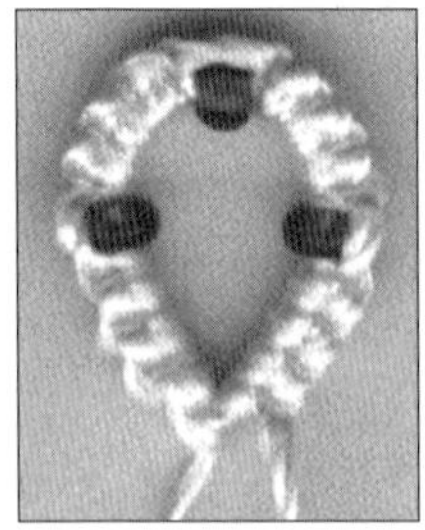

1. Methode

$R_1\ (4_\circ 4_\circ 4_\circ 4)$

Fädeln Sie die Perlen, bevor Sie mit der Arbeit beginnen, in der benötigten Anzahl und der gewünschten farblichen Reihenfolge auf den Faden auf und wickeln Sie ihn auf das Schiffchen zurück. Beginnen Sie nun mit der Arbeit. Schieben Sie dazu bei Bedarf eine Perle vom Schiffchen dicht an den letzten Doppelknoten heran, und arbeiten Sie darauf einen Doppelknoten. Setzen Sie die Arbeit laut Anleitung fort.

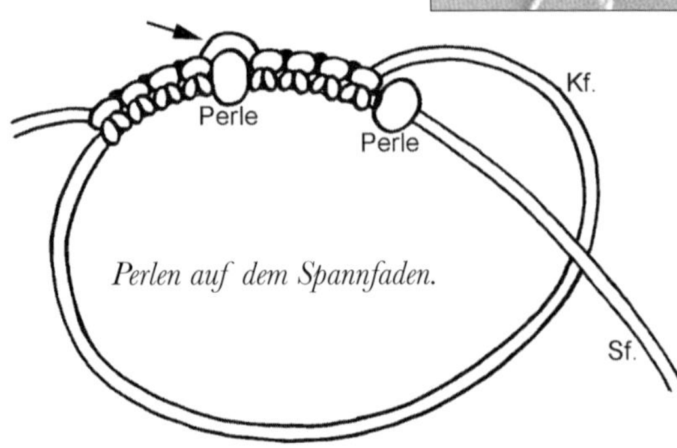

Perlen auf dem Spannfaden.

2. Methode

$R_1\ (4^\circ 4^\circ 4^\circ 4)$

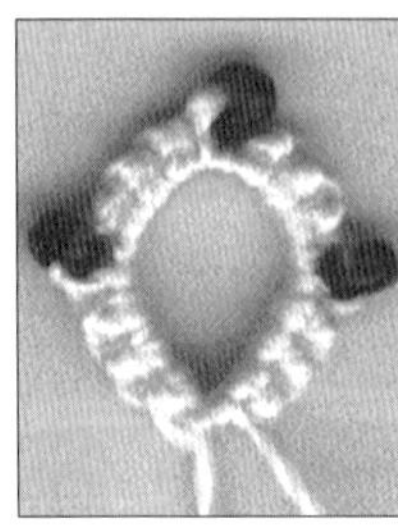

Fädeln Sie die Perlen, ehe Sie mit der Arbeit beginnen, in der gewünschten farblichen Reihenfolge auf den Faden auf. Beabsichtigen Sie, einen Ring mit 3 Perlen zu arbeiten, so schieben Sie zuerst 3 Perlen vom Schiffchen. Fassen Sie nun den Faden zu einem Ring – die 3 Perlen befinden sich jetzt auf dem zum Ring gefaßten Faden. Arbeiten Sie 4 Doppelknoten und schieben Sie nun 1 Perle vom Knüpffaden an den letzten Doppelknoten, arbeiten Sie laut Anleitung weiter.

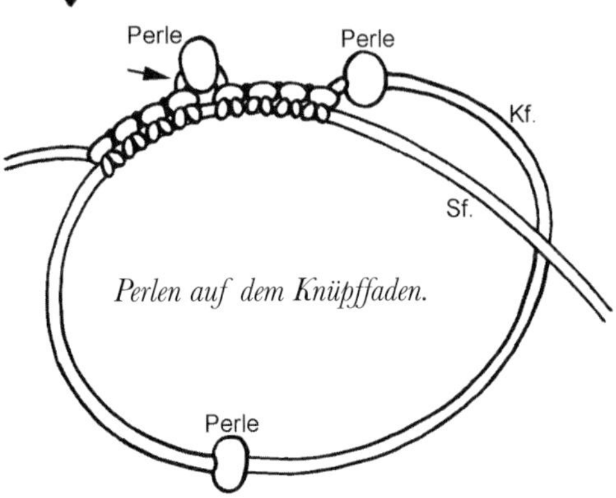

Perlen auf dem Knüpffaden.

Variante

R_1 (4 o°o 4 o°o 4 o°o 4)

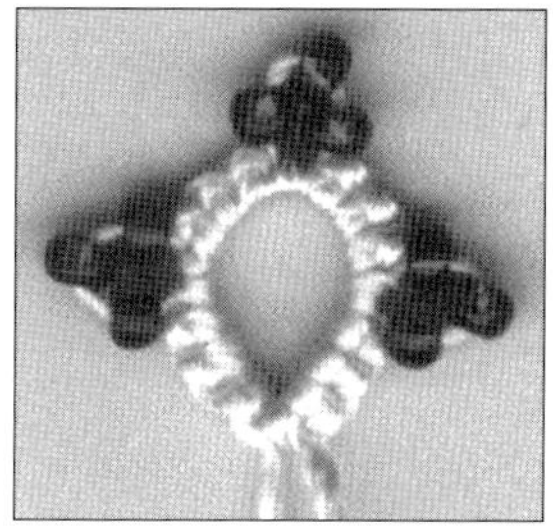

3. Methode

Kombination von Methode 1 und 2

R_1: (4 o°₀o 4 o°₀o 4 o°₀o 4)

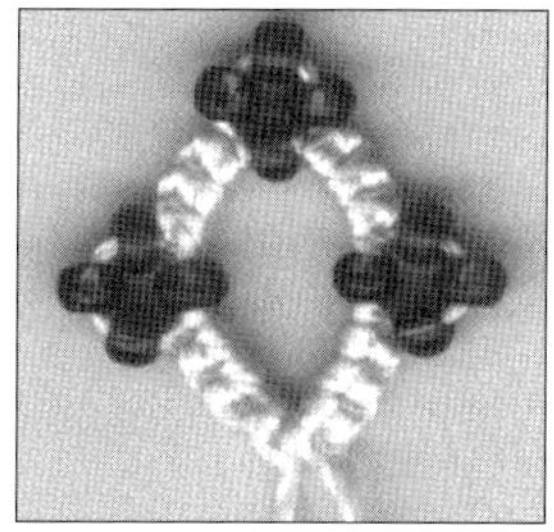

Berechnen Sie für einen Ring insgesamt 12 Perlen, fädeln Sie diese vor Beginn der Arbeit wieder auf den Spannfaden auf. Fassen Sie nun den Faden zu einem Ring und schieben Sie 9 Perlen auf den Faden-ring. Beginnen Sie erst jetzt mit dem Knüpfen des Ringes. Sind die ersten 4 Doppelknoten geknüpft, so schieben Sie 3 Perlen vom Fadenring und 1 Perle vom Spannfaden dicht an den letzten Doppelknoten. Knüpfen Sie darauf 4 Doppelknoten und arbeiten Sie den Ring laut Vorlage zu Ende.

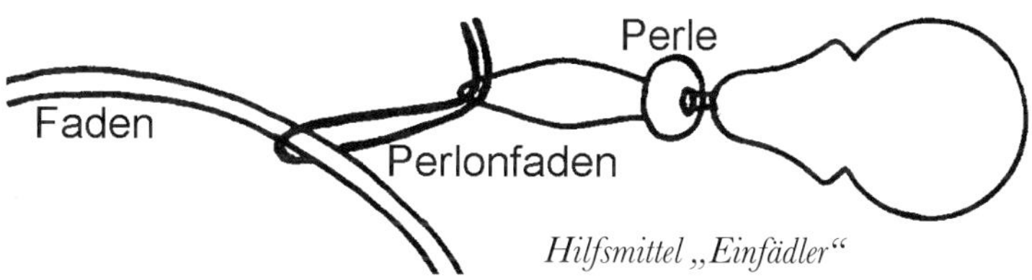

Hilfsmittel „Einfädler"

4. Methode

R_1 (4 ° 4 ° 4 ° 4)

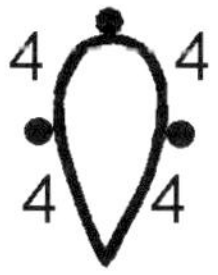

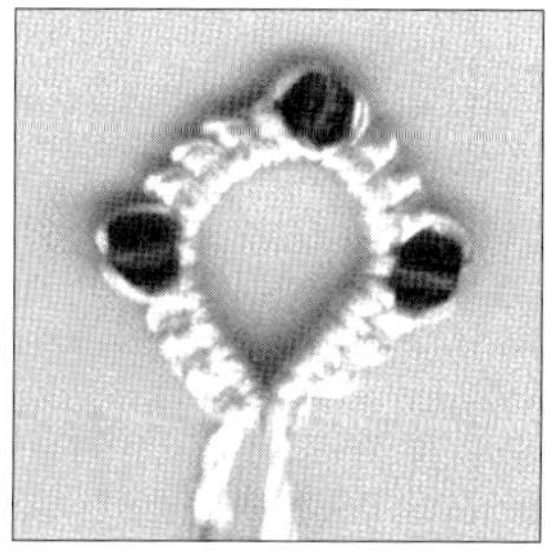

Wollen Sie Perlen an einer Stelle einknüpfen, die nicht gleichzeitig als Verbindung zwischen Ringen und Bogen dient, so knüpfen Sie wie folgt:

Für einen Ring beginnen Sie mit 4 Doppelknoten, schieben Sie nun 1 Perle mit Hilfe des Einfädlers und eines kurzen Fadens auf den zum Ring gefaßten Knüpffaden.

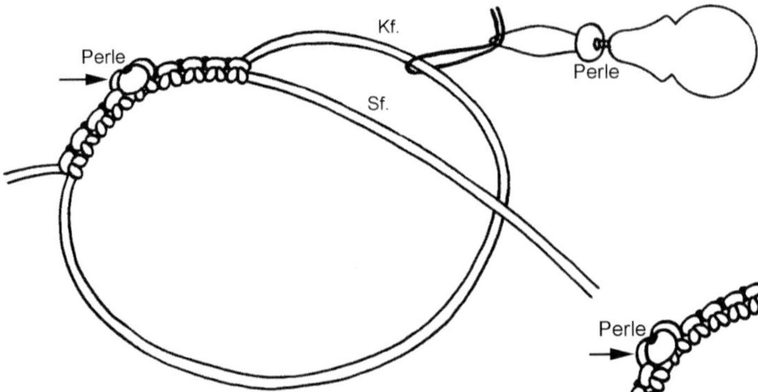

Perle mit Hilfe des Einfädlers auf den Knüpffaden schieben

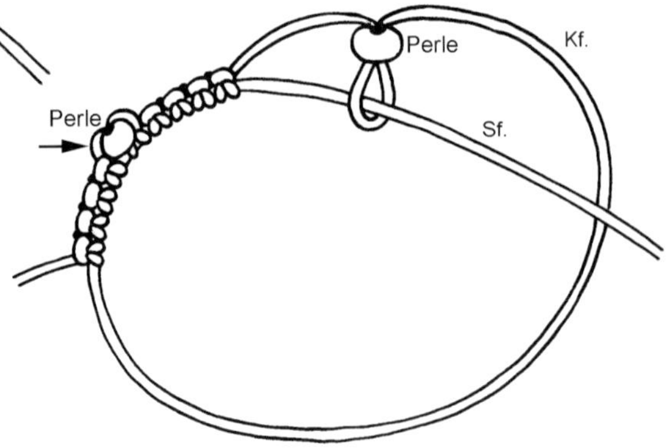

Spannfaden durch die Schlinge ziehen

Schieben Sie das Schiffchen durch die entstandene Schlinge, ziehen Sie den Spannfaden straff und knüpfen Sie einen Linksknoten. Knüpfen Sie weitere 4 Doppelknoten und knüpfen Sie die nächste Perle mit ein. Beenden Sie den Ring laut Vorlage.

PERLENEINKNÜPFEN BEIM ANSCHLIESSEN

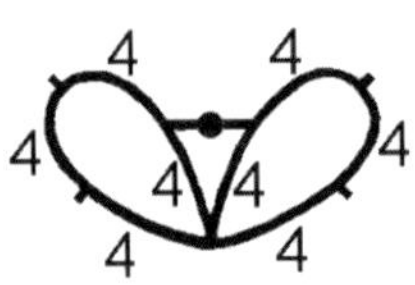

1. Wollen Sie an einen bereits mit Perlen versehenen Ring einen weiteren Ring anschließen, so ziehen Sie an der betreffenden Stelle den Knüpffaden mit der Häkelnadel durch den jeweils mit → bezeichneten Faden zu einer Schlinge, führen das Schiffchen mit dem Spannfaden hindurch, knüpfen darauf einen Linksknoten und schließen somit – wie gewohnt – an der betreffenden Stelle an.

2. Es besteht jedoch auch die Möglichkeit, die Perle erst beim Knüpfen des folgenden Ringes einzuarbeiten.

R_1 (4 △ 4 △ 4 △ 4)
R_1 (4 ° 4 △ 4 △ 4)

1. Methode

Arbeiten Sie das letzte Pikot des ersten Ringes ungefähr doppelt so groß wie gewöhnlich. Knüpfen Sie nun den Ring zu Ende und beginnen Sie mit dem nächsten. Arbeiten Sie die ersten 4 Doppelknoten, schieben Sie eine Perle unter Zuhilfenahme eines Einfädlers und eines zusätzlichen Fadens auf das große Pikot des ersten Ringes.

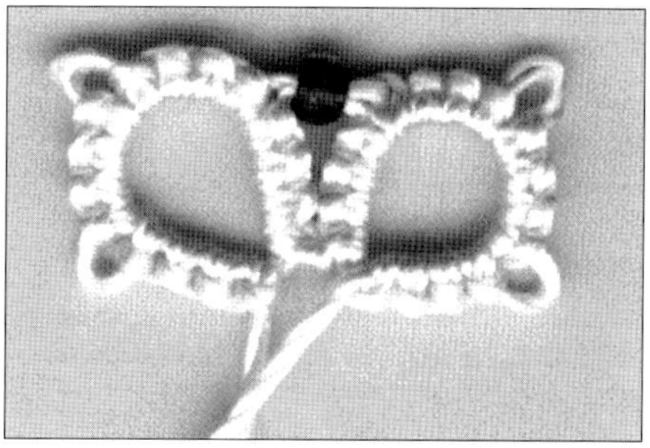

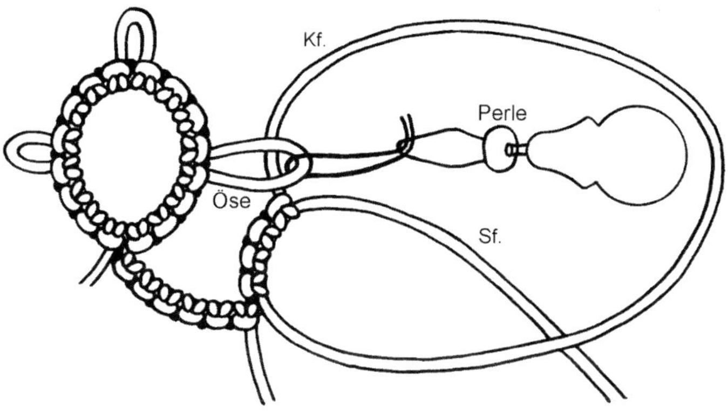

Perleneinknüpfen beim Anschließen, 1. Methode

Schließen Sie nun den zweiten Ring an den ersten an, indem Sie – wie gewohnt – den Knüpffaden durch die verbleibende Schlinge des Pikots und das Schiffchen mit dem Spannfaden durch die Schlinge ziehen. Straffen Sie nun den Spannfaden und fügen Sie einen Linksknoten an. Arbeiten Sie den Ring nach Vorlage zu Ende.

2. Methode

Arbeiten Sie das letzte Pikot des ersten Ringes kleiner als gewohnt und beginnen Sie mit dem zweiten Ring. Arbeiten Sie die ersten 4 Doppelknoten, ziehen Sie – wie gewohnt – den Knüpffaden durch das letzte Pikot des ersten Ringes und schieben Sie nun mit Hilfe eines

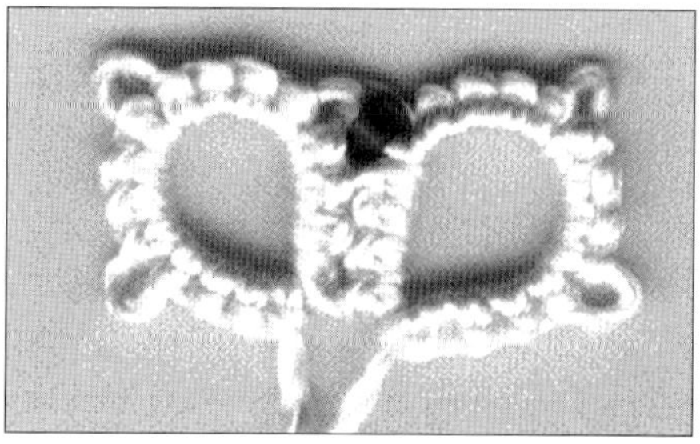

Einfädlers eine Perle auf die Schlinge. Führen Sie jetzt das Schiffchen mit dem Spannfaden durch die restliche Schlinge.

Straffen Sie den Spannfaden und knüpfen Sie den Doppelknoten mit einem Linksknoten zu Ende.

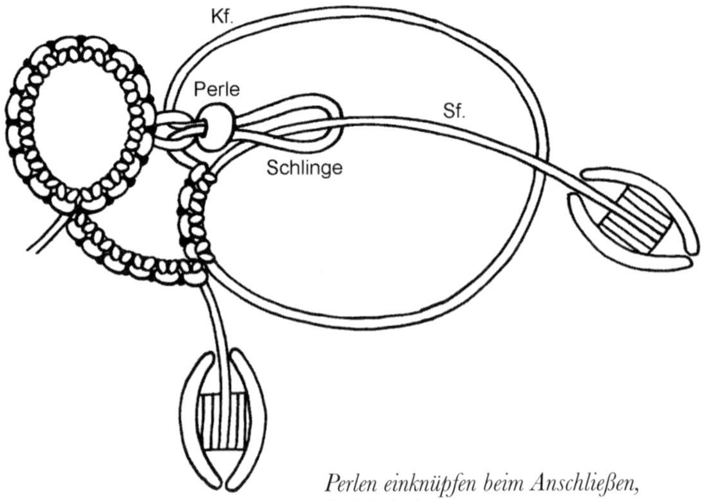

Perlen einknüpfen beim Anschließen, 2. Methode

Spitzen – mit einem Schiffchen gearbeitet

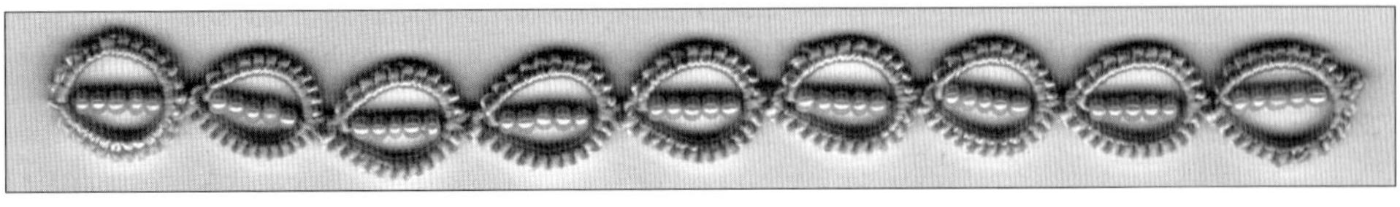

(Siehe Farbbild 2 nach Seite 113)

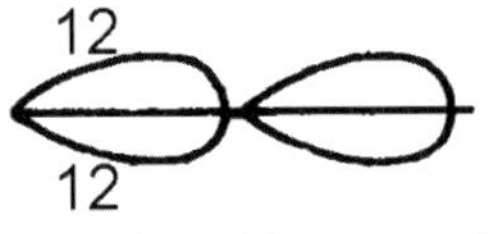

R (12 Δ12)
Fädeln Sie die Perlen auf den Faden auf und wickeln Sie diesen mit den Perlen auf das Schiffchen. Arbeiten Sie nun einen Ring aus 12 Doppelknoten, 1 Pikot, 12 Doppelknoten. Schließen Sie den Ring durch Zusammenziehen. Schieben Sie vom Schiffchen 5 Perlen an den geschlossenen Ring, ziehen Sie nun den Faden durch das Pikot zu einer großen Schlinge, führen Sie diese um die linke Hand und fügen Sie damit einen weiteren Ring direkt an den ersten an. Es entsteht eine Kette von Ringen, in deren Mitte sich ein Faden mit eingeknüpften Perlen spannt.

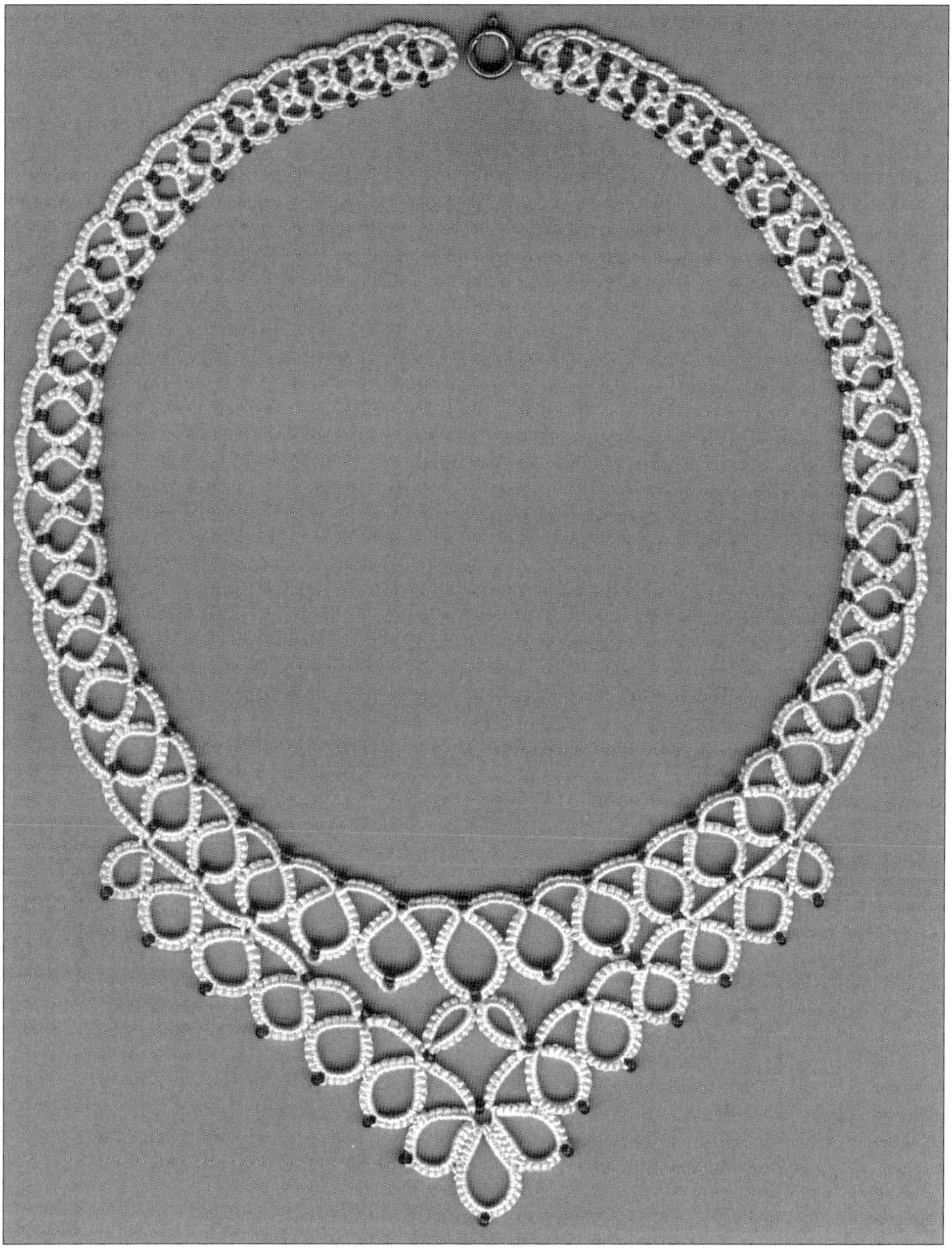

Kette

Material:
Cordonnet-Kunstseide „Rotunda“

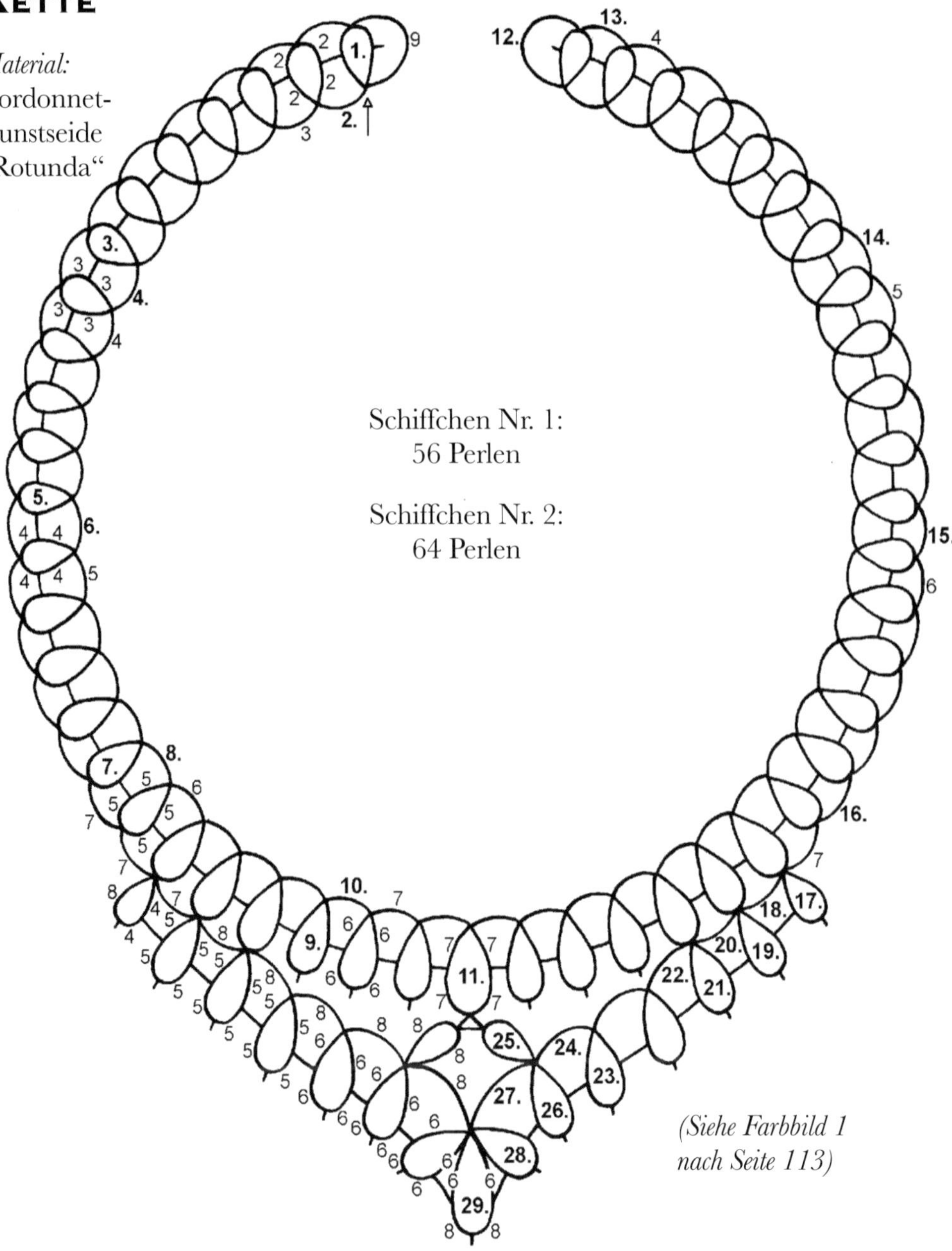

Schiffchen Nr. 1:
56 Perlen

Schiffchen Nr. 2:
64 Perlen

(Siehe Farbbild 1 nach Seite 113)

1. R_1 (2Δ2Δ2Δ2)
2. B_2: 3
von **1. - 2.** 5x wiederholen

3. R_1 (3▲3Δ3Δ3)
4. B_2: 4
von **2. - 4.** 4x wiederholen

5. R_1 (4▲4Δ4Δ4)
6. B_2: 5
von **5. - 6.** 4x wiederholen

7. R_1 (5▲5Δ5Δ5)
8. B_2: 6
von **7. - 8.** 4x wiederholen

9. R_1 (6▲6Δ6Δ6)
10. B_2: 7
von **9. - 10.** 2x wiederholen

11. R_1 (7▲7Δ7Δ7)
von **10. - 1.** gegengleich wiederholen

12. B_2: 9
13. B_2: 4 : 5x wiederholen
14. B_2: 5 : 4x wiederholen
15. B_2: 6 : 4x wiederholen
16. B_2: 7 : 1x wiederholen
17. R_2 (8Δ4Δ4)
18. B_2: 7
19. R_2 (5▲5Δ5Δ5)
20. B_2: 8
21. R_2 (5▲5Δ5Δ5)
22. B_1: 8
von **21. - 22.** 1x wiederholen

23. R_2 (6▲6Δ6Δ6)
24. B_1: 8
25. R_1 (8▲8)
26. R_2 (6▲6Δ6Δ6)
27. B_1: 8
28. R_2 (6▲6Δ6Δ6)
29. R_2 (6▲8Δ8Δ6)
von **28. - 12.** gegengleich wiederholen

Rosetten

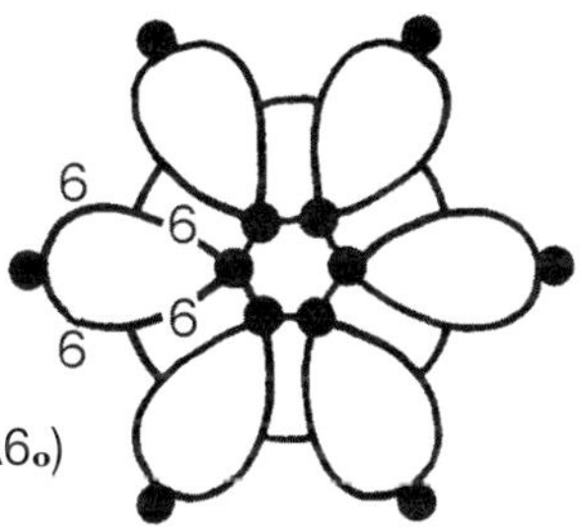

R_1 (6▲6°6Δ6$_o$)

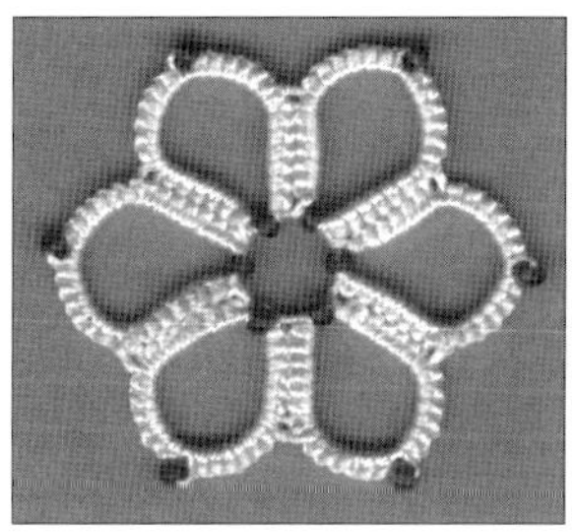

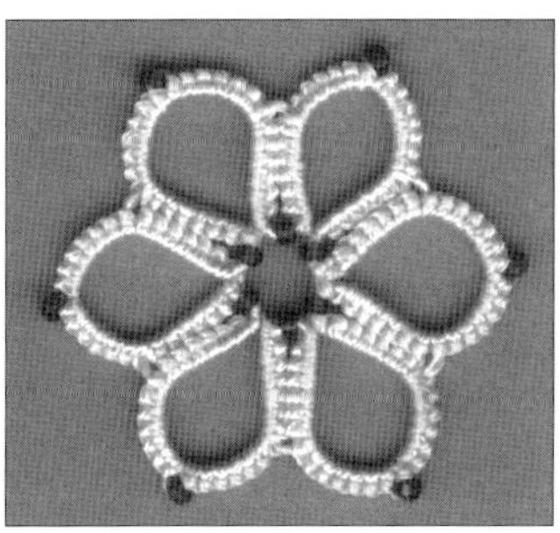

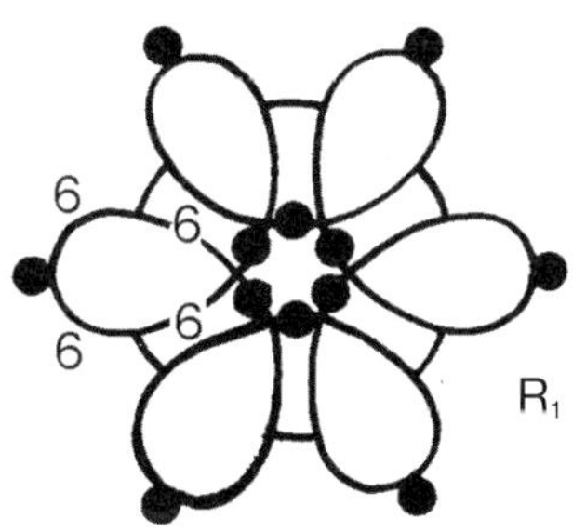

R_1 (6▲6$_o$6Δ6)$_o$

Muster entwerfen

Grundprinzipien: Die Occhispitze basiert auf einer Aneinanderreihung von Ringen und Bogen: Ringe werden mit **einem** Schiffchen gearbeitet, Bogen mit **zwei.** Die Verbindung von Ringen und Bogen ist durch Pikots gewährleistet.

Freier Entwurf

Man kann sich dieses Grundprinzip ganz leicht vergegenwärtigen und zu eigenständigen Entwürfen und Musterlösungen gelangen, indem man mit einem dicken Stift an einem Punkt ansetzt und, ohne den Stift abzusetzen, zu zeichnen beginnt. Dabei entstehen vielleicht durchgehende Linien, die einander an bestimmten Stellen berühren und dann wieder voneinander abweichen. Jeder wird in solch freier linearer Zeichnung einen eigenen Stil entwickeln. So vielfältig die Möglichkeiten der Führung des Bleistifts sind, so vielfältig ist auch die Anzahl der möglichen selbstentworfenen Muster. Wichtig dabei ist, darauf zu achten, daß die Spitze oder das jeweilige Motiv mangels ausreichender Verbindungsstellen, d.h. Pikots, später nicht auseinanderfällt.

Das Umsetzen der linearen Entwurfszeichnung in eine Musterzeichnung erfolgt durch Übertragen der ersteren in eine Zeichnung in der gewünschten Originalgröße. Diese ist entweder mit der Hand anzufertigen, einfacher ist es jedoch, die vorhandene Entwurfs-

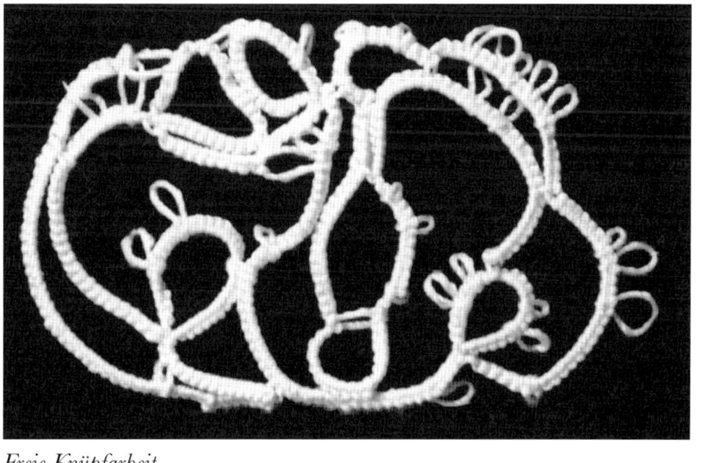

Freie Knüpfarbeit

zeichnung mit einem Kopiergerät auf die gewünschte Größe zu vergrößern. Darauf fertigt man ein Probestück aus ca. 50 Doppelknoten an – nach jeweils 5 Doppelknoten mit 1 Pikot versehen – und verwendet dieses als Maß. Die einzelnen Teile des Musters auf der Musterzeichnung werden der Reihenfolge nach numeriert und die Ringe und Bogen mit dem Probestück ausgemessen. Danach ist die Anzahl der gemessenen Doppelknoten in die Zeichnung einzutragen, und die Knüpfarbeit kann beginnen.

Möglich ist auch das freie Knüpfen eines Motivs ohne Vorlage.

ENTWURF EINES MUSTERS AUS TRADITIONELLEN MOTIVEN

Fertigen Sie Maße für Ringe in dem Garn an, das Sie später auch für die Ausführung der Arbeit verwenden wollen. Arbeiten Sie in der Mitte des Ringes ein Pikot mit ein. Arbeiten Sie ein Maß für Bogen aus ca. 50 Doppelknoten, die jeweils nach jedem 5. Doppelknoten mit einem Pikot versehen sind. Das erleichtert das Zählen der Knoten.

Machen Sie eine Entwurfszeichnung in Originalgröße und messen Sie die Zeichnung mit den Maßen im Originalgarn aus. Tragen Sie die Zahl der Doppelknoten in die Zeichnung ein und knüpfen Sie laut Vorlage eine

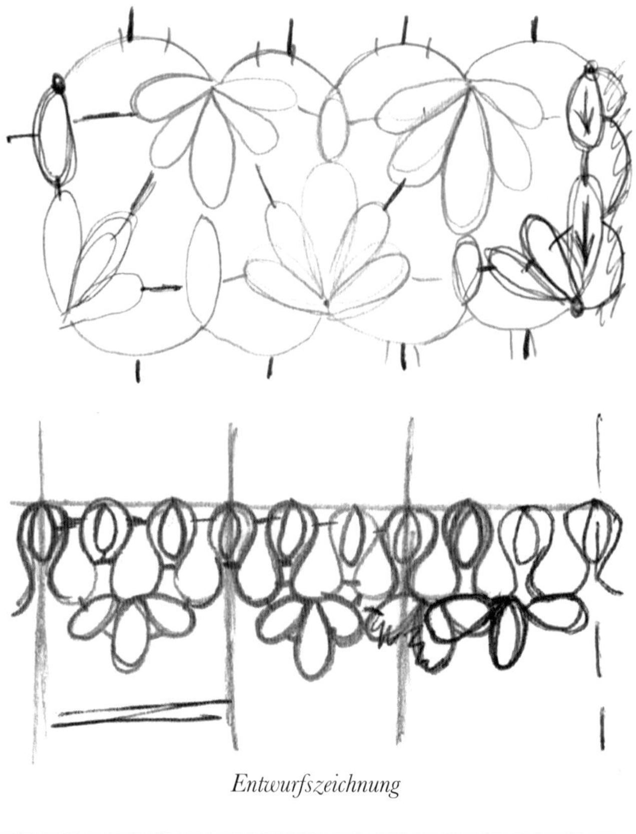

Entwurfszeichnung

erste Probe. Nehmen Sie bei Bedarf kleine Änderungen vor und tragen Sie die Korrekturen in die Zeichnung ein.

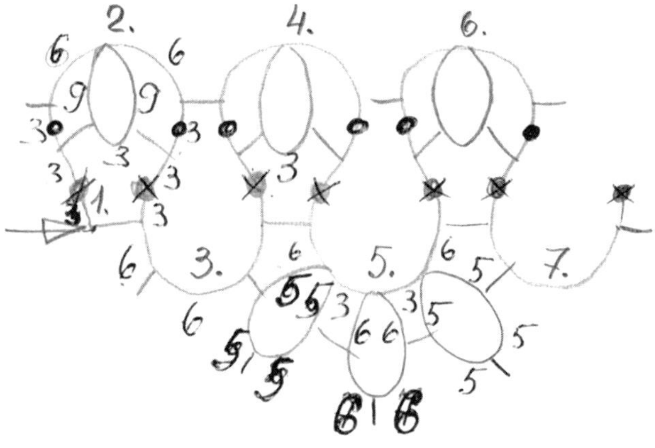

Eintragen der Anzahl der Doppelknoten

Fertige Spitzen

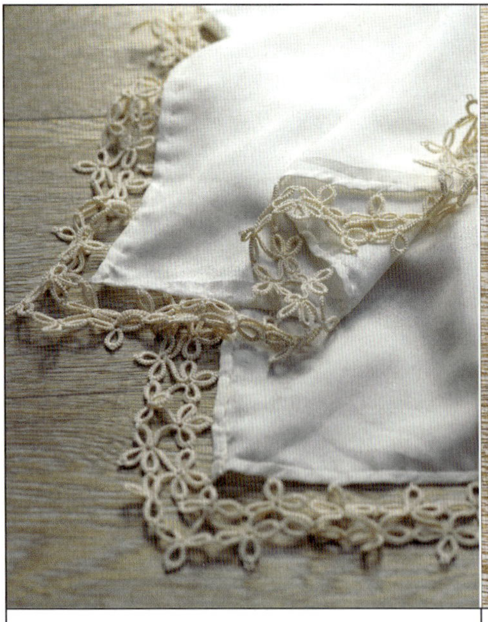

1) Tuch (s. S. 45)

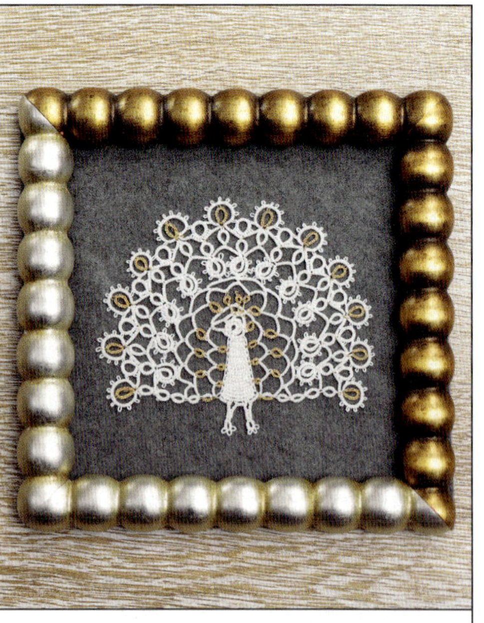

2) Pfau in Gold und Elfenbein (s. S. 134 f.)

3) Pfau auf Blaudruck (s. S. 134 f.)

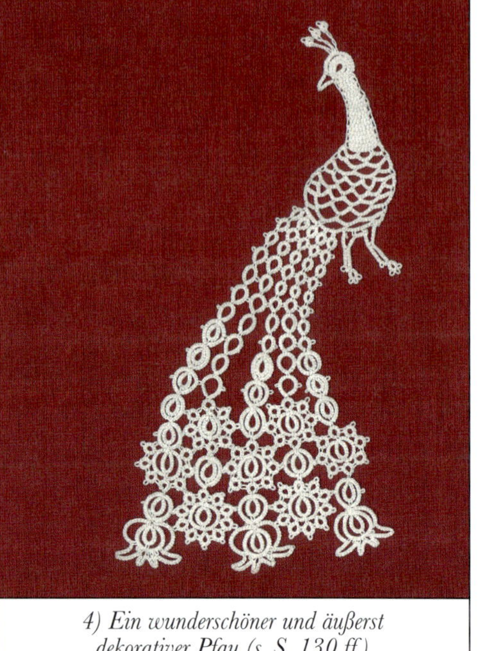

4) Ein wunderschöner und äußerst dekorativer Pfau (s. S. 130 ff.)

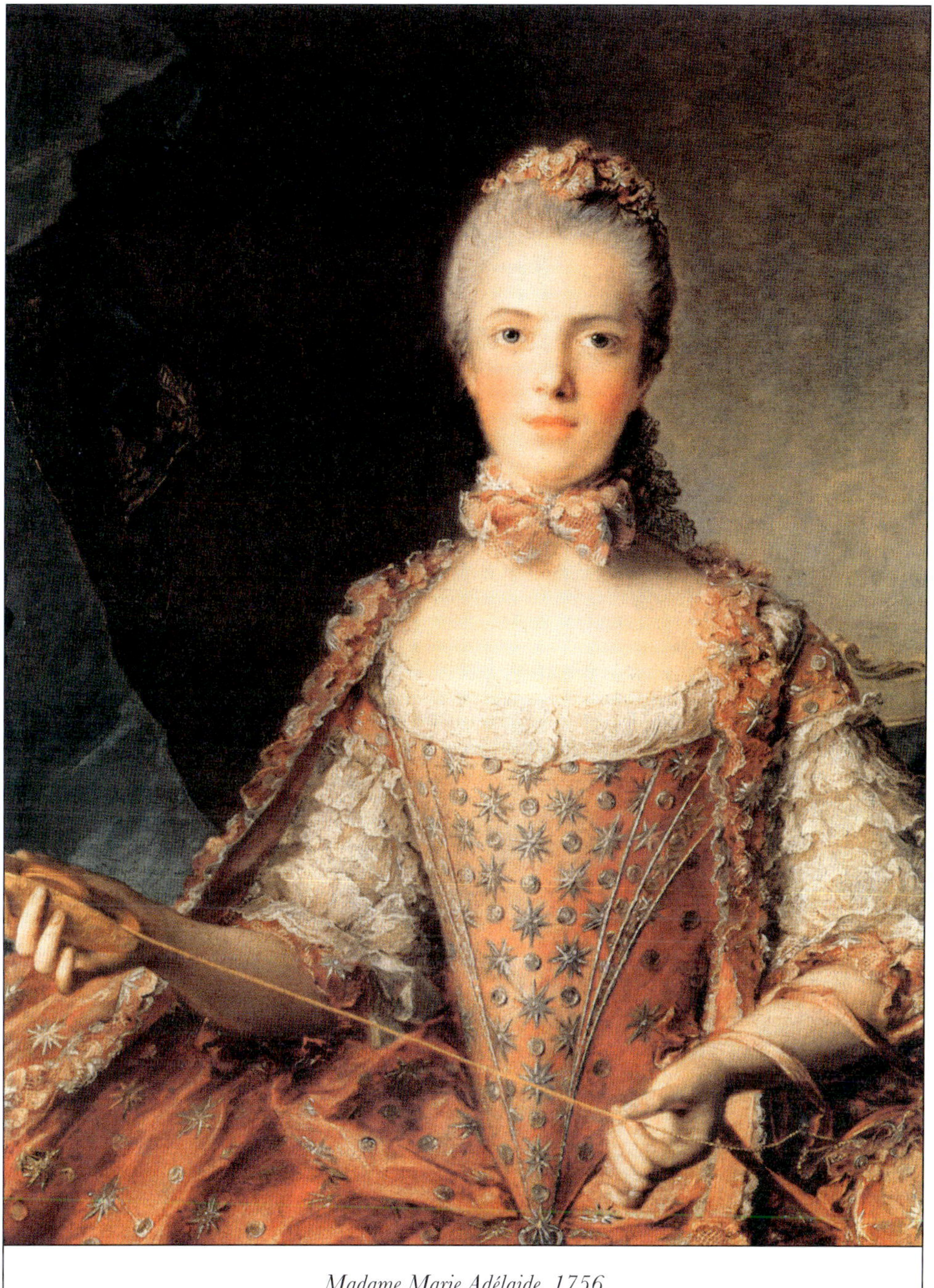

Madame Marie Adélaide, 1756

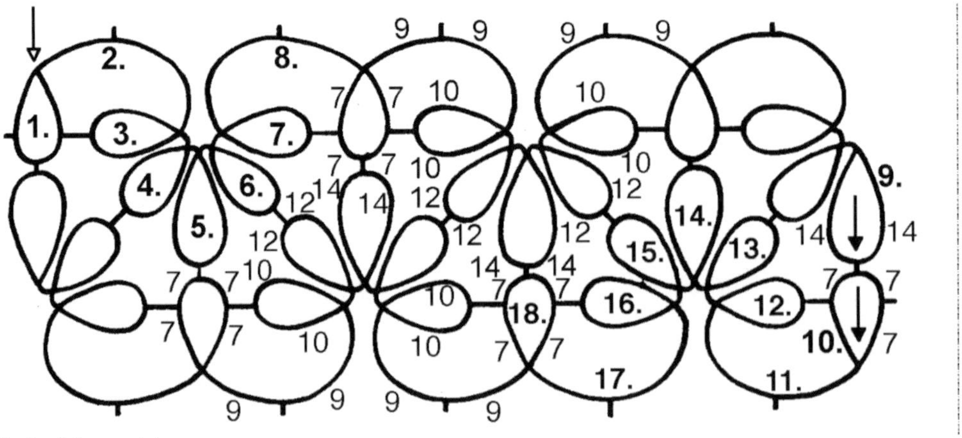

Fertige Musterzeichnung

(Siehe Farbbild 3 neben Seite 89)

1. **R_1 (7 ▲ 7 △ 7 △ 7)**
2. **B_2: 9 △ 9**
3. **R_1 (10 ▲ 10)**
4. **R_1 (12 △ 12)**
5. **R_1 (14 △ 14)**
6. **R_1 (12 △ 12)**
7. **R_1 (10 △ 10)**
8. **B_2: 9 △ 9**

---

9. R_1 (14 / 14) R_2
10. R_1 (7 △ 7 / 7 △ 7) R_2

---

11. – 12. wie **2. – 3.**
13. **R_1 (12 ▲ 12)**
14. **R_1 (14 ▲ 14)**
15. **R_1 (12 ▲ 12)**
16. **R_1 (10 ▲ 10)**
17. **B_2: 9 △ 9**
18. **R_1 (7 ▲ 7 ▲ 7 △ 7)**

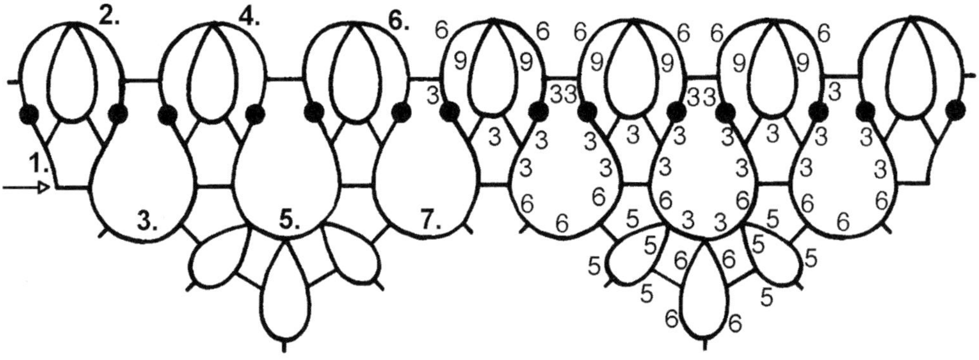

Fertige Musterzeichnung

1. B_1: 3 Δ 3 Wendeknoten

2. **B_2/R_1: 3 ▲ 6 (9 ▲ 3 △ 9) 6 △ 3** Wendeknoten
3. **B_1: 3 ▲ 3 ▲ 6 △ 6 △ 6 △ 3 △ 3** Wendeknoten
4. **B_2/R_1: 3 ▲ 6 (9 ▲ 3 △ 9) 6 △ 3** Wendeknoten
5. **B_1/R_1: 3 ▲ 3 ▲ 6 (5 ▲ 5 △ 5 △ 5) 3 (6 ▲ 6 △ 6 △ 6) 3 (5 ▲ 5 △ 5 △ 5) 6 △ 3 △ 3** Wendeknoten
6. **B_2/R_1: 3 ▲ 6 (9 ▲ 3 △ 9) 6 △ 3** Wendeknoten
7. **B_1: 3 ▲ 3 ▲ 6 ▲ 6 △ 6 △ 3 △ 3** Wendeknoten
von **2. – 7.** wiederholen

Beabsichtigen Sie, einzelne Motive zu einer größeren Arbeit zusammenzusetzen, so fertigen Sie mehrere Schablonen in der Größe des Einzelmotivs an und stellen Sie diese zu einer größeren Komposition zusammen. Leergebliebene Stellen füllen Sie mit anderen Motiven.

Teil I

1. R_1 (7Δ7)
2. R_1 (2Δ3Δ5▼Δ5Δ5)
3. B_1: 4 Wendeknoten
4. B_2/JK: 5▼4▼2 (– 6Δ6 –) 1 (– 6Δ6 –) 1 (– 6Δ6)
   3▼6▼5 anschließen
5. B_1: 5 anschließen und wenden
   B_2: 5 anschließen und wenden
   zweimal wiederholen
6. B_1: 6 anschließen und wenden
   B_2: 6 anschließen und wenden
   zweimal wiederholen
7. B_1: 7 anschließen und wenden
   B_2: 7 anschließen und wenden
   zweimal wiederholen
8. B_1: 8 anschließen und wenden
   B_2: 8 anschließen und wenden
9. B_1: 9 anschließen und wenden
   B_2: 9 anschließen und wenden
10. B_1: 10 anschließen und wenden

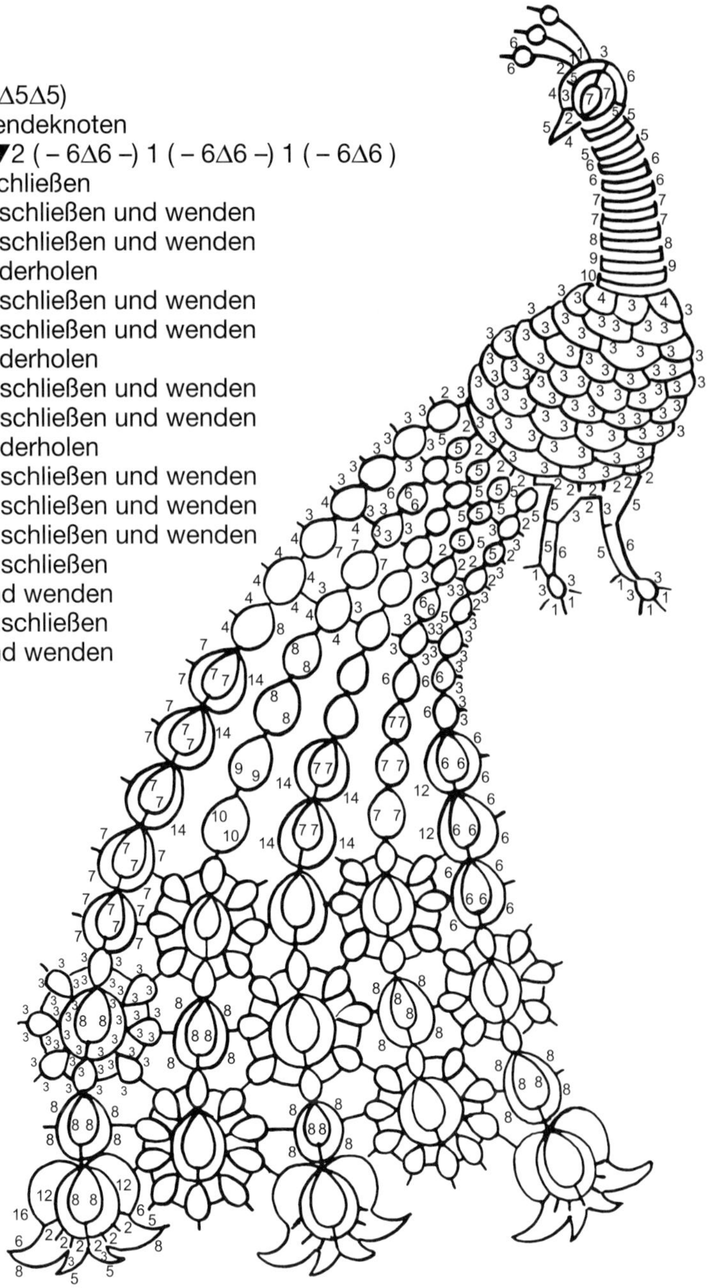

Teil II

1. B_1: 4Δ3Δ4 anschließen
2. B_1: 3Δ3 anschließen
dreimal wiederholen und wenden
3. B_2: 3Δ3
dreimal wiederholen und wenden
4. B_1: 3Δ3 anschließen
B_1: 3Δ3Δ3
zweimal wiederholen und wenden
5. B_2: 3Δ3 anschließen
fünfmal wiederholen und wenden
6. B_1: 3Δ3 anschließen
viermal wiederholen und wenden
B_1: 3Δ3Δ3 anschließen
und wenden
7. B_2: 3Δ3 anschließen
sechsmal wiederholen und wenden
8. B7: 3Δ3
anschließen
viermal wiederholen
und wenden
9. B_2: 3Δ3
anschließen
viermal wiederholen und wenden
10. B_1: 2Δ2
anschließen
B_1: 2Δ2Δ2
zweimal wiederholen
B_1: 2Δ2
anschließen

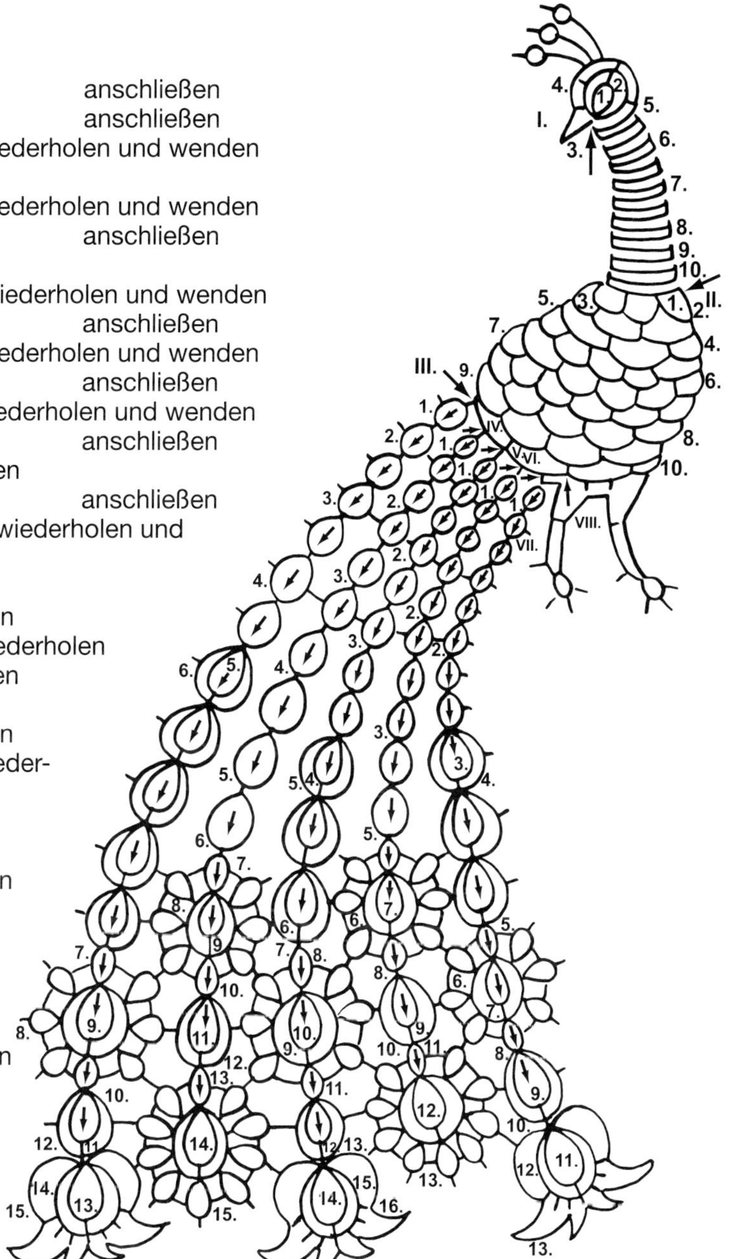

Teil III

1. R_1/R_2 (2△3 / 5)
2. R_1/R_2 (3△3 / 6) zweimal
3. R_1/R_2 (3△4 / 3△4) zweimal
4. R_1/R_2 (4△4 / 4△4) zweimal
5. R_1 (7△7)
6. R_1/R_2 (7△7▼/ 14) fünfmal
7. R7/R_2 (3△3 / 3△3)
8. B7/R_1: 3 (3▲3△3△3) 3 (3▲3△3△3) 3 (3▲3△3△3) 3△3 (3△3△3△3) 3 (3▲3△3△3)3 (3▲3△3▲3) 3 anschließen
9. R7/R_2 (8/8) anschließen
10. R_1/R_2 (3▲3 / 3▲3)
11. R_1 (8△8)
12. R7/R_2 (8△8▲ / 8△8)
13. R_1 (8△8)
14. R_1 (12△2△2△2▼△2△2△2△12)
15. B_2: 16 anschließen
B_1: 6 anschließen
Wendeknoten
B_2: 8 anschließen und wenden
B_1: 3 Wendeknoten
B_2: 5 anschließen
zweimal wiederholen
B_1: 3 anschließen und Wendeknoten
B_2: 8 Wendeknoten
B_1: 6 anschließen und wenden
B_2: 16 anschließen
Faden verknoten und abschneiden

Teil IV

1. R_1/R_2 (5/5)
In der Folge
R_1/R_2 (2▲3 / 2△3)
2. R_1/R_2 (6/6)
in der Folge
R_1/R_2 (3▲3 / 3△3)
3. R_1/R_2 (7 / 7)
in der Folge
(3▲4 / 3△4)
4. R_1/R_2 (8/8) zweimal
5. R_1/R_2 (9/9)
6. R_1/R_2 (10/10)
7. – 12. wie 7. – 12. im Teil III
13. wie 7. im Teil III
14. wie 9. im Teil III
15. B_2/R_1: 3 (3▲3△3△3) 3 (3▲3▲3△3) 3 (3▲3▲3△3) 3 (3▲3△3△3) 3 (3▲3△3△3) 3 (3▲3△3△3)3 (3▲3△3△3) 3 (3▲3△3△3) 3 (3▲3▲3▲3)
siehe Schließen eines Motivs auf Seite 95

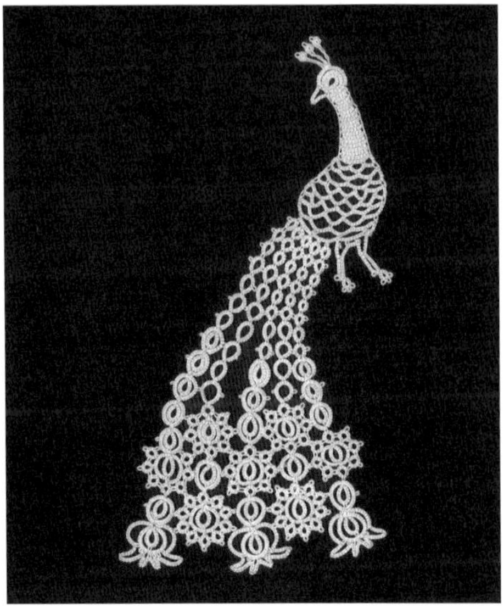

(Siehe Farbbild 4 neben Seite 127)

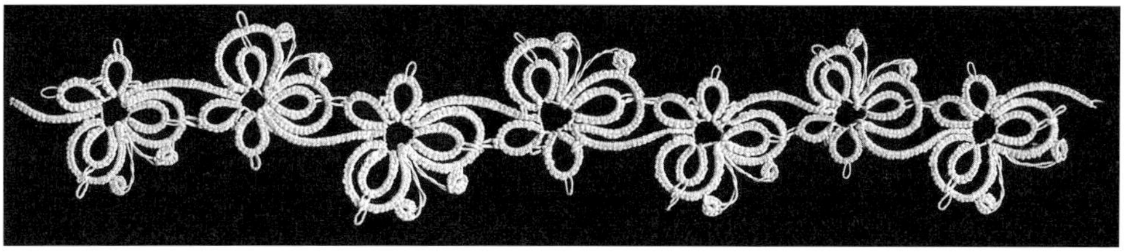

(Siehe Farbbild 2 vor Seite 50)

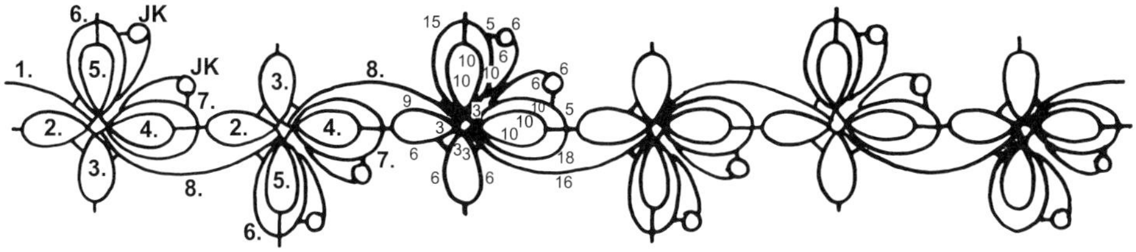

1. B_1 (8△3)
2. R_1 (9△6△3)
3. R_1 (3▲6△6△3) – Abstand entspricht der doppelten Breite der Knoten
4. R_1 (10△10) –
5. R_1 (10△10)
6. B_1/JK: 3▲14▼△5 (6△(10)6) 9 vor dem Anschließen Pikot mehrmals drehen ▼3 anschließen
7. B_1/JK: 3 – langes Pikot (6△6) – 10▲5▼△17 anschließen
8. B_1 (3▲18△3)

△(10) Zierpikot in der Länge von 10 Doppelknoten

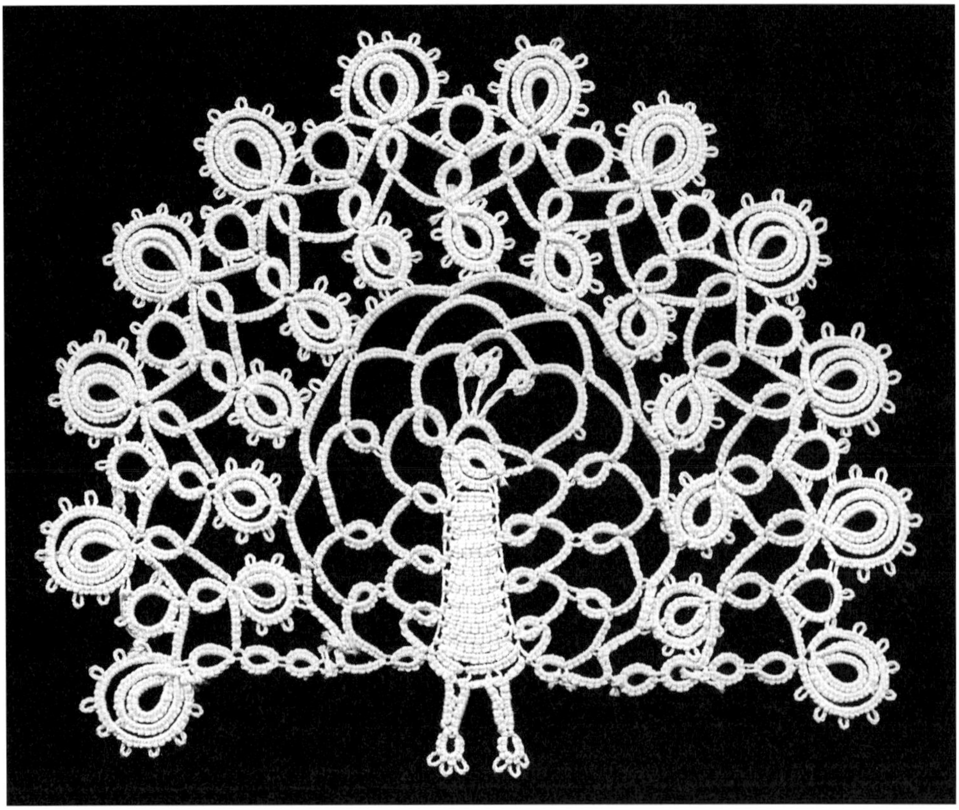

(Siehe Farbbild 4 vor Seite 50 und Farbbild 2 und 3 nach Seite 127)

Teil I

1. R_1 (6∆6)
2. R_1 (3∆7▼∆5∆5∆2)
3. B_1: 4 Wendeknoten
4. B_2/JK: 5∆3 (6∆6) 1 (6∆6) 1 (6∆6) 5▼∆6▼∆5 anschließen
5. B_2: 5 anschließen und wenden
B_1: 5
dreimal wiederholen
6. B_2: 6 anschließen
B_1: 6
7. B_2: 7 anschließen
B_1: 7
8. B_2: 8 anschließen
B_1: 8
9. B_2: 9 anschließen
B_1: 9
10. B_2: 4∆3∆4
11. B_1/R_1: 3∆3∆3 (3∆1∆1∆3) 3▲3▲ anschließen 3▲
anschließen 3∆3 (3∆1∆1∆3)
3▲3▲3

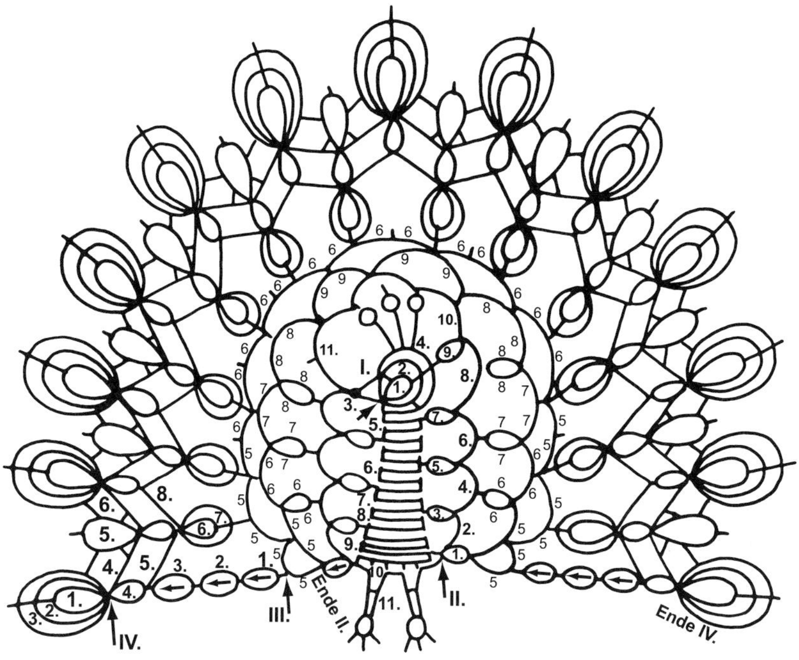

Teil II
1. Reihe

1.	R_1 (5△5)
2.	B_2: 5
3.	R_2 (5▲5)
4.	B_1: 5△5
5.	R_2 (6▲6)
6.	B_1: 6△6
7.	R_2 (6▲6)
8.	B_1: 7△7
9.	R_2 (7▲7)
10.	B_1: 7△7 zweimal wiederholen und anschließen
11.	B_1: 7△7△7 anschließen
	8. bis 2. in umgekehrter Reihenfolge wiederholen
	R_1/R_2 (5/5)

Teil III

1.	R_1/R_2 (6/6)
2.	R_1/R_2 (7/7)
3.	R_1/R_2 (8/8)
4.	R_2 (9△9)
5.	B_1: 8
6.	R_2 (8△8)
7.	R_2 (3△3△3△3▼▲ 3△3△3△3)
8.	B_1: 8
	4. bis 8. wiederholen

Teil IV

1.	R_1 (9△9)
2.	R_1 (18▼△18)
3.	R_1 (3△3△3△3△3▼△3△3△3△3△3)
4.	B_2: 5△4
5.	R_1: (4▲4▲4△4△4△4)
6.	B_2: 4▲5

Teil II: 2. und 3. Reihe nach Zeichnung arbeiten

Eckbildung

Nehmen Sie für den Entwurf einer Ecke einen Spiegel zur Hand. Stellen Sie diesen in einem Winkel von 45° senkrecht auf die Spitze, so daß die gespiegelte Spitze im rechten Winkel zur tatsächlichen Spitze verläuft. Fahren Sie nun mit dem Spiegel über das Muster, bis Sie auf eine geeignete Stelle für eine Eckbildung stoßen. Übertragen Sie die Ecke in die Musterzeichnung und fertigen Sie ein Probestück an.

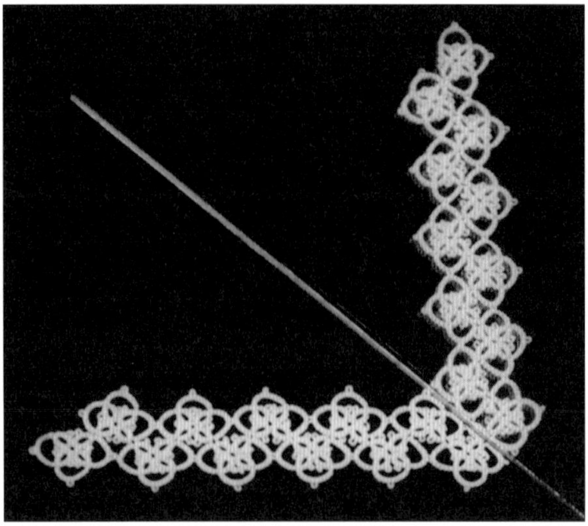

Eckbildung mit Hilfe eines Spiegels

Herstellung von Spitzenstoffen

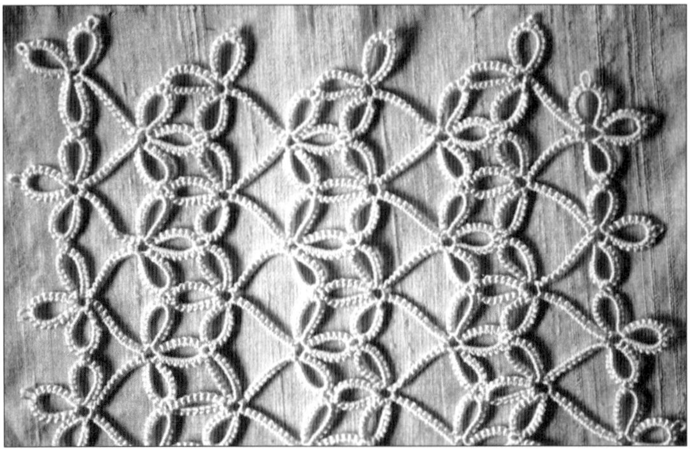

Spitzenstoffe

Zur Herstellung von breiteren Spitzeneinsätzen bis hin zu Spitzenstoffen für Ball- oder Hochzeitskleider eignen sich alle Muster, die an beiden Rändern in gleichen Abständen mit Pikots – d. h. möglichen Verbindungsstellen – versehen sind.

Ausgehend von einem einfachen Muster, entnommen dem „Bazar" Nr. 4 vom 15. Februar 1868 *(Siehe Muster Seite 44 oben)*, zeigen wir einige Variationsmöglichkeiten bei der Zusammenfügung einzelner Elemente zu einem Spitzenstoff. Je nach Art der Verbindung der einzelnen Spitzenstreifen entstehen Spitzenstoffe mit unterschiedlicher Wirkung. Die Abbildungen zeigen Spitzenstoffe auf hellem Grund, einmal quer- und einmal hochgestellt.

Blättern Sie den Musterteil durch und stellen Sie sich Ihren eigenen Spitzenstoff zusammen.

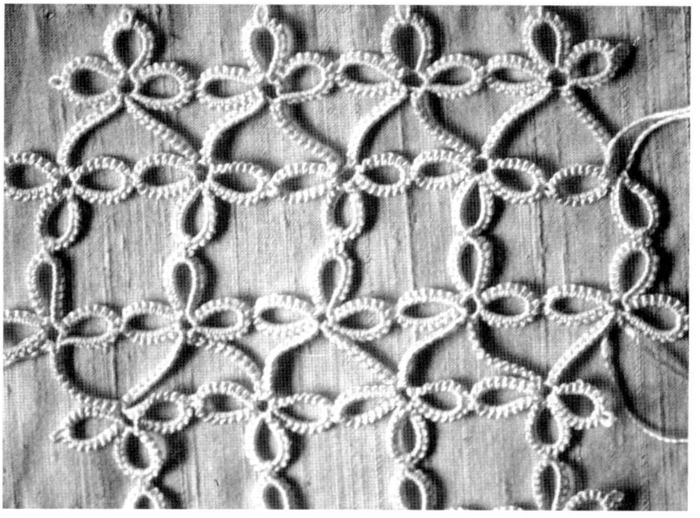

Kleid & Spitze

Bei all diesen Verfahren der Spitzenstoffherstellung ist es wichtig, zuerst einen Schnitt für das Kleidungsstück, das Sie schneidern wollen, anzufertigen. Beabsichtigen Sie, ein einfaches Ballkleid im Empirestil mit hoher Taille mit einem Leib aus Spitzenstoff anzufertigen, so übertragen Sie den Schnitt für den Leib zuerst auf Packpapier, das Ihnen später als Schablone für den Spitzenstoff dienen soll. Schneiden Sie die einzelnen Teile des Schnittes mit einer Zugabe von 2 cm aus dem Packpapier aus und zeichnen Sie darauf jeweils die vordere Mitte, die hintere Mitte und den Fadenlauf ein. Beginnen Sie nun mit dem Knüpfen des Spitzenstoffes. Denken Sie daran, daß das Muster parallel oder quer zur vorderen Mitte bzw. zum Fadenlauf verlaufen muß. Arbeiten Sie nun den

Spitzenstoff ungefähr nach dem Schnitt. Geben Sie dabei bei der Spitze genügend Nahtzugabe zu, damit sich die Spitze später nicht aus den Verbindungsnähten löst. Haben Sie alle erforderlichen Teile geknüpft, dann schneiden Sie die Stoffteile zu, mit denen die Spitze unterlegt werden soll. Danach heften Sie die Spitze mit Heftstichen auf den Stoff, so daß Sie nun alle für den Leib erforderlichen Teile aus Spitzenstoff vor sich haben. Nähen Sie nun das Kleid nach vorhandenem Schnitt und vorhandener Anleitung.

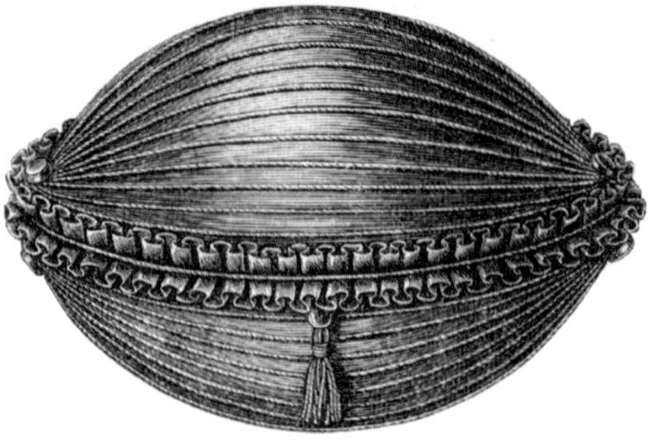

Behälter zur Frivolitätenarbeit, geschlossen

Anhang

Occhischrift

Aus der Occhischrift ersehen Sie, welches der beiden Schiffchen gerade den Knüpffaden trägt. Dieser liegt immer in der linken Hand.

	Ring (R)
R	bedeutet, daß die Spitze nur mit 1 Schiffchen gearbeitet wird
—	Faden weiterspannen
$\mathbf{R_1}$	bedeutet, daß der Ring mit dem Schiffchen Nr. 1 gearbeitet wird
$\mathbf{R_2}$	bedeutet, daß der Ring mit dem Schiffchen Nr. 2 gearbeitet wird
	Bogen (B)
$\mathbf{B_1}$	das Schiffchen Nr. 1 trägt den Knüpffaden
$\mathbf{B_2}$	das Schiffchen Nr. 2 trägt den Knüpffaden
	Doppelknoten
8	Die Zahlen geben die Anzahl der Doppelknoten an
	Pikot
△	Zierpikot
▲	Pikot anschließen
▼	Doppelringe anschließen
—	Faden weiterspannen
JK	Josephinenknoten
o	Perlen einknüpfen
△10	Zierpikot in der Länge von 10 Doppelknoten

Musterzeichnung

→	Beginn einer Reihe oder Runde
1., 2.,	Reihenfolge der Ringe und Bogen
1.1, 1.2	1. Reihe oder Runde sowie Reihenfolge der Ringe und Bogen
2.1, 2.2	2. Reihe oder Runde sowie Reihenfolge der Ringe und Bogen
3 4 6 8	Anzahl der Doppelknoten
•	Wendeknoten
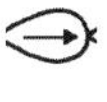	Occhi verkehrt

Quellen zum Musterteil

Alle Muster, die nicht in der folgenden Liste aufscheinen, stammen aus: Kurs frivolite pri Dom Kul'tury „Rodina" g. Chimki; S. 42: Rubli (o.J.), S. 32; S. 43: vgl. Rubli (o.J.), S. 8; S. 45 oben: Bazar (1868), S. 54; S. 45 unten: vgl. Bazar (1871), S. 384; S. 51: Bazar (1871), S. 384; S. 60: Endrucks-Leichtenstern (1920), S. 5; S. 61: Endrucks-Leichtenstern (1920), S. 7; S. 65 unten: Entwurf M.L.; S. 67: Bazar (1868), S. 362; S. 76: Ich kann Handarbeiten (1913), S. 181; S. 77: Ich kann Handarbeiten (1913), S. 185; S. 78: Ich kann Handarbeiten (1913), S. 185; S. 80: Ich kann Handarbeiten (1913), S. 181; S. 83: Ich kann Handarbeiten (1913), S. 185; S. 86: Entwurf T.S.; S. 90: Ich kann Handarbeiten (1913), S. 180; S. 92: Bazar (1871), S. 269; S. 94: Ich kann Handarbeiten (1913), S. 185; S. 101: Entwurf M.L.; S. 104/105: Entwurf T.S.; S. 111: Entwurf T.S.

Verzeichnis der Abbildungen

S/W-Abbildungen:

S. 9 (Nadelspitze), Steiermärkisches Landesmuseum Joanneum, Referat für Kunstgewerbliche Sammlungen.

S. 10 (Klöppelspitze), Entwurf und Ausführung Tatiana Scharowa

S. 10 (Holzschiffchen), aus: Der Bazar. Illustrirte Damen-Zeitung, 1. Juli 1860. VI. Jahrgang, S. 200

S. 12 (Stellung der Hände), aus: Der Bazar. Illustrirte Damen-Zeitung, 1. Juli 1860. VI. Jahrgang, S. 200

S. 13 (Langettenbogen), aus: Der Bazar. Illustrirte Damen-Zeitung, 1. Juli 1860. VI. Jahrgang, S. 200

S. 13 (Frivolitätenhäkchen), aus: Der Bazar. Illustrirte Damen-Zeitung, 1. Juli 1860. VI. Jahrgang, S. 200.

S. 14 (Anschlingen des Pikots), aus: Anleitung zum Erlernen der Frivolitätenarbeit und der Weißstickerei. Mit zahlreichen Abbildungen. Hrsg. von der Redaktion der Illustrierten Damenzeitung „Der Bazar". Berlin: Verlag der Bazar=Actien=Gesellschaft o.J., S. 1

S. 14 (Kravattenende), aus: Der Bazar. Illustrirte Damen-Zeitung, Nr. 6, 15. März 1868. XIV. Jahrgang, S. 90

S. 14 (Fanchon), aus: Der Bazar. Illustrirte Damen-Zeitung, Nr. 17, 1. September 1868. XIV. Jahrgang, S. 263

S. 15 (Rosetten), aus: Der Bazar. Illustrirte Damen-Zeitung, 1. Juli 1860. VI. Jahrgang, S. 200

S. 15 (Manschette), aus: Der Bazar. Illustrirte Damen-Zeitung, 15. December 1860. VI. Jahrgang, S. 367

S. 16 (Lehrgang gehäkelte Frivolitäten), aus: Der Bazar. Illustrirte Damen-Zeitung, Nr. 3, 1. Februar 1868. XIV. Jahrgang, S. 44

S. 16 (gehäkelte Frivolitäten), aus: Der Bazar. Illustrirte Damen-Zeitung, Nr. 11, 1. Juni 1868. XIV. Jahrgang, S. 166f

S. 17 (Anlegen eines Hilfsfadens), aus: Anleitung zum Erlernen der Frivolitätenarbeit und der Weißstickerei. Mit zahlreichen Abbildungen. Hrsg. von Redaktion der Illustrierten Damenzeitung „Der Bazar". Berlin: Verlag der Bazar=Actien=Gesellschaft o.J., S. 2

S. 17 (Ende eines Haubenbandes), aus: Der Bazar. Illustrirte Damen-Zeitung, Nr. 13, 8. 1. Juli 1868. XIV. Jahrgang, S. 198

S. 17 (Eckbordüre), aus: Der Bazar. Illustrirte Damen-Zeitung, Nr. 16, 15. August 1868. XIV. Jahrgang, S. 246

S. 18 (Spitzen Tina Frauberger), aus: Ich kann handarbeiten. Illustriertes Hausbuch für die Techniken der weiblichen Handarbeit. Hrsg. von Mizi Donner und Carl Schnebel. Berlin und Wien: Ullstein 1913, S. 181–185

S. 19 (Spitzen E.E.-L.), aus: Endrucks-Leichtenstern, Eleonore: Die Schiffchenspitzen der Frau Eleonore Endrucks-Leichtenstern. Mit 4 Musterbeilagen. Leipzig: Beyer 1920, S. 6, 12

S. 20 (Spitzen M. B.-R.), aus: Stickerei- und Spitzenrundschau. Darmstadt: Verlagsanstalt Alexander Koch. XVII. Jahrgang. März 1917. Heft 6, S. 181, 183f

S. 21 (Behälter geöffnet), aus: Der Bazar. Illustrirte Damen-Zeitung, Nr. 7, 10. April 1871. XVII. Jahrgang, S. 113

S. 107 (Antimacassar), aus: Der Bazar. Illustrirte Damen-Zeitung, Nr. 7, 1. April 1868. XIV. Jahrgang, S. 102

S. 138 (Behälter geschlossen), aus: Der Bazar. Illustrirte Damen-Zeitung, Nr. 7, 10. April 1871. XVII. Jahrgang, S. 113

Farbabbildungen:

Neben S. 16: (Madame Dangé), aus: Gowing, Lawrence: Die Gemäldesammlung des Louvre. Mit einer Einleitung von Michel Laclotte. Köln: Dumont 1988, S. 489
Neben S. 17: (Holzschiffchen mit geschlissenem Seidenfaden), aus dem Besitz des Elisabethinenklosters Klagenfurt
Nach S. 48: Günter Hauer
Vor S. 49: Günter Hauer
Vor S. 114: (Kleid), aus dem Besitz des Elisabethinenklosters in Klagenfurt
Vor S. 114: (Kelchtuch), aus dem Besitz des Elisabethinenklosters in Klagenfurt
Vor S. 127: Günter Hauer

Alle übrigen Fotos stammen von:

Hammer Elena: Farbabb. 2 und 3 nach S. 65, Farbabb. 1 und 2 vor S. 66, Farbabb. 3 vor S. 89
Mag. Michael Hlatky: Farbabb. neben S. 24 und 25
Mag. Marianne Langwieser (marielan@gmx.at): S. 9, 10, 21, 27, 28, 29, 62, 86, 91, 121, 125, 127 Farbabb. 1 neben S. 17, Farbabb. 1 nach S. 65, Farbabb. 1 und 2 vor S. 89, Farbabb. neben S. 96 und 97, Farbabb. vor S. 114
Christian Nußbaumer: S. 93, 136, 137, Farbabb. nach S. 88, Farbabb. nach S. 113
DSR – Werbeagentur Rypka GmbH: S. 41, 46, 49, 51, 52, 53, 54, 55, 57, 65 oben, 66, 73, 74, 79, 81, 82, 84, 87, 88, 97, 98, 99, 102, 106, 132, 133, 134
DDr. Aleksej Scharow: alle restlichen S/W-Abb. im Musterteil
Helma Siepmann: Farbabb. 2 neben S. 17

Grafiken: Tatiana Scharowa

FUSSNOTEN

1 Nach Kraatz (1989), S.12
2 Vgl. Geschichte des Kunstgewerbes (1930), S. 141
3 Zitiert nach Wuzmer (1995), S. 5
4 „Nutzbares, galantes und curieuses Frauenzimmer-Lexicon" (1773), S. 1767
5 Vgl. Wuzmer (1995)
6 „Nutzbares, galantes und curieuses Frauenzimmer-Lexicon" (1773), S. 3057f
7 Siehe Palmer, S. 11–13
8 Vgl. „Der Bazar" (1868), S. 43
9 „Stickerei- und Spitzenrundschau", XVII. Jahrgang (März 1917), Heft 6, S. 181
10 Siehe Arbeiten von Helma Siepmann (Hattingen), der wir für ihre freundliche Unterstützung zu großem Dank verpflichtet sind.
11 Sie können den Knoten auch mit Daumen und Zeigefinger fassen und den Faden dann über die Finger der linken Hand bis hin zum kleinen Finger laufen lassen (= traditionelle Methode)
12 Siehe Ich kann handarbeiten (1913), S. 179–187

BIBLIOGRAPHIE

Anleitung zum Erlernen der Frivolitätenarbeit und der Weißstickerei. Mit zahlreichen Abbildungen. Hrsg. von der Redaktion der Illustrierten Damenzeitung „Der Bazar". Berlin: Verlag der Bazar=Actien=Gesellschaft o.J.

Der Bazar. Illustrirte Damen-Zeitung.
VI. Jahrgang 1860.
XIV. Jahrgang 1868.
XVII. Jahrgang 1871.
XXI. Jahrgang 1975.

Brommer Ulrike / Stradal, Marianne: Mit Nadel und Faden. Kulturgeschichte der klassischen Handarbeiten. Freiburg / Basel / Wien: Herder 1990.

Burda special. Occhi – Schiffchenspitze – Frivolité. Offenburg: Burda 1989.

De Dillmont, Thérèse: Encyklopädie der weiblichen Handarbeiten. Neue vermehrte und verbesserte Ausgabe. Mülhausen: Th. de Dillmont 1908.
(Reprint. Ravensburg: Otto Maier 1983)

Eine große Tochter Maria Theresias: Erzherzogin Marianna, in ihrem Haupt=Monumente, dem Elisabethinenkloster in Klagenfurt. Jubelgabe zur Feier des 200jährigen Bestehens vom Elisabethinen=Konvent. Hrsg. von P. Adolf Innerkofler. Innsbruck: Verlag der Vereinsbuchhandlung 1910. (Ergänzt und neu gedruckt. Klagenfurt: Druckerei Carinthia 1993)

Endrucks-Leichtenstern, Eleonore: Die Schiffchenspitzen der Frau Eleonore Endrucks-Leichtenstern. Mit 4 Musterbeilagen. Leipzig: Beyer 1920.
Frauberger, Tina: Handbuch der Spitzenkunde. Technisches und Geschichtliches über die Näh-, Klöppel- und Maschinenspitzen. Mit 183 Illustrationen. Leipzig: Seemann 1894.
(Reprint. Hannover: Schäfer 1984)
Frivolité. Mit und ohne Schiffchen. Avec et sans navettes. Reiden: Lang o.J.
Geschichte des Kunstgewerbes aller Zeiten und Völker. Bd. 4. In Verbindung mit zahlreichen Fachgelehrten hrsg. von Th. Bossert. Berlin/Zürich: Wasmuth 1930.
Gowing, Lawrence: Die Gemäldesammlung des Louvre. Mit einer Einleitung von Michel Laclotte. Köln: Dumont 1988.
Graff-Höfgen, Gisela: Die Spitze. Ein Lexikon zur Spitzenkunde. München: Callwey 1983.
Ich kann handarbeiten. Illustriertes Hausbuch für die Techniken der weiblichen Handarbeit. Hrsg. von Mizi Donner und Carl Schnebel. Berlin und Wien: Ullstein 1913.
Jakovleva, T. Ju.: Frivolite dlja načinajuščich. Moskva: 1994.
Kraatz, Anne: Die Kunst der Spitze. Textiles Filigran. Frankfurt am Main / Berlin: Propyläen 1989.
Liebert, Emmy: Schiffchen=Arbeiten (Frivolitäten). 15. Auflage.
Schiffchen=Arbeiten. Heft II. Leipzig: Otto Beyer o.J. (= Beyers Handarbeitsbücher der „Deutschen Modenzeitung“. 36 und 40)
(Reprint. Augsburg: Augustus 1994)
Jean-Etienne Liotard. Genf 1702–1789. Sammlung des Musée d'art et d'histoire, Genf. Kunsthaus Zürich 16. Juni – 24. September 1978.
Klejmenova, T. A.: Frivolite. Stupeni masterstva. Sankt-Peterburg: Paritet 1999.
Loschek, Ingrid: Reclams Mode & Kostümlexikon. Mit 470 ein- und mehrfarbigen Abbildungen. 3., revidierte und erweiterte Auflage. Stuttgart: Philipp Reclam jun. 1994.
Nutzbares, galantes und curieuses Frauenzimmer-Lexicon... 3., durchgehends umgearbeitete Auflage. Leipzig: Gleditsch 1773.
Occhi: Schiffchenspitze. Augsburg: Augustus 1998. (Burda Praxis)
Palmer, Pam: Tatting. Princes Risborough: Shire Publications Ltd 1996. (= Shire Album. 323)
Rubli, Johanna: Frivolités. Ein Handbuch über Schiffchen-Arbeiten und deren Anwendung. Zug: o.V. o.J.
Seiler-Baldinger, Annemarie: Systematik der Textilen Techniken. Basel: Wepf & Co 1991. (= Basler Beiträge zur Ethnologie. 32)
Sekunova, T.I.: Volšebnye uzory. Frivolite. Makrame. Samara: 1994.
Semenova, N. I.: Krju□ok, □elnok i klubok. Posobie dla na□inajuš□ich rukodel'nic. Kiev: Tajm-aut 1995.
Stepnaja, Ekaterina: Frivolite – Ankars. Moskva: Olma-Press 2000.
Stickerei- und Spitzenrundschau. Darmstadt: Verlagsanstalt Alexander Koch.
XVII. Jahrgang (März 1917), Heft 6.
XVII. Jahrgang (Juli 1917), Heft 10.
Svirina, G.A.: Frivolite. Ekaterinburg: 1992.
Utkina; T: Frivolite. Moskva: Olma Press 1999.
Večerskaja, A.G.: Frivolite. Kurs praktičeskogo pletenija kruževčelnokami. Moskva: 1991.
Wuzmer, Christel: „Shuttle Ladies: Schiffchen als schmückendes Beiwerk in der Porträtkunst des 18. Jahrhunderts“, In: Deutsche Spitzengilde I (1995), S. 5–9.

DANKSAGUNG

an unsere Familien und an alle Freunde und Kollegen, die uns bei der Arbeit mit Rat und Tat unterstützt haben.

Besonderer Dank gilt: Frau Helma Siepmann aus Hattingen, Frau Einsiedl vom Joanneum Graz, dem Elisabethinenkloster in Klagenfurt und den Modesammlungen des Historischen Museums der Stadt Wien.